欧美主权债务

风险溢出效应及中国应对策略研究

陈建奇 著

国家社会科学基金（12CGJ016）资助成果

知识产权出版社
全国百佳图书出版单位

图书在版编目（CIP）数据

欧美主权债务风险溢出效应及中国应对策略研究/陈建奇著. — 北京：知识产权出版社，2016.11（2018.1重印）

ISBN 978-7-5130-4529-2

Ⅰ.①欧⋯ Ⅱ.①陈⋯ Ⅲ.①债务管理–风险管理–研究–西方国家②债务管理–风险管理–研究–中国 Ⅳ.①F831.2②F832.4

中国版本图书馆CIP数据核字（2016）第251081号

内容提要

金融危机爆发以来，欧美主权债务高位运行问题日益突出，其潜在的溢出效应构成未来重大不确定性风险源。本书分析欧美主权债务风险溢出效应问题，通过创新理论分析框架，结合欧美经验数据的实证分析，研究欧美主权债务风险演变趋势及其可持续性，客观揭示欧美主权债务风险溢出效应传导机制、传导渠道及影响程度，评估欧美债务风险叠加对国际货币体系及中国外汇储备安全性的溢出效应，在此基础上提出防范主权债务风险负向溢出效应的国际政策协调与中国开放宏观战略选择。

责任编辑：李　娟　　　　责任出版：孙婷婷

欧美主权债务风险溢出效应及中国应对策略研究
OUMEI ZHUQUAN ZHAIWU FENGXIAN YICHU XIAOYING JI ZHONGGUO YINGDUI CELÜE YANJIU

陈建奇　著

出版发行：	知识产权出版社 有限责任公司	网　　址：	http://www.ipph.cn	
电　　话：	010-82004826		http://www.laichushu.com	
社　　址：	北京市海淀区气象路50号院	邮　　编：	100081	
责编电话：	010-82000860转8594	责编邮箱：	aprilnut@foxmail.com	
发行电话：	010-82000860转8101/8029	发行传真：	010-82000893/82003279	
印　　刷：	北京中献拓方科技发展有限公司	经　　销：	各大网上书店、新华书店及相关专业书店	
开　　本：	720mm×1000mm　1/16	印　　张：	13.75	
版　　次：	2016年11月第1版	印　　次：	2018年1月第2次印刷	
字　　数：	214千字	定　　价：	49.90元	
ISBN 978-7-5130-4529-2				

出版权专有　侵权必究
如有印装质量问题，本社负责调换。

前　言

近年来欧美主权债务高位运行,希腊、爱尔兰、西班牙等频频爆发欧债危机,美国主权债务在2011年丧失"AAA"评级,2013年美国政府还因为财政预算问题而出现关门现象。欧美主权债务高位运行状况短期内难以改观,其潜在的溢出效应仍将是未来重大不确定性风险源。研究分析欧美主权债务风险溢出效应问题,不仅对于促进全球经济稳步复苏增长具有重要的理论和现实意义,而且对于促进中国开放宏观经济稳定及外汇储备风险防范具有重要的政策含义。对此,本书专题研究欧美主权债务风险溢出效应,并探讨中国的应对策略。

本书首先分析溢出效应的理论内涵,针对IMF(国际货币基金组织)近年来对系统重要性经济体溢出效应的评估进行综述,同时,对学术界关于财政政策溢出效应的相关研究文献进行梳理。在此基础上,分别研究欧美主权债务风险的演变及根源。研究发现,欧债危机直接根源在于欧元区成员方财经纪律松弛不断推升财政风险,而金融危机超常规赤字政策使本已债台高筑的财政风险暴露出来。深层次根源在于欧元区的制度设计缺陷,欧元区汇率调节手段缺失、劳动力成本分化及强势欧元内生债务国预算约束软化三者构成的制度设计缺陷内在推动危机国债务的非常规累积,该机制的延续必然要求盈余国对赤字国的转移支付,但各国财政的独立运作制约了制度缺陷的修复空间。

关于美债风险演变及根源问题。研究表明,相比"欧猪"国家的财政状况,美国财政问题并不乐观,但美国没有爆发债务危机的重要原因在于美国拥有独立的货币政策,美联储可以通过持续发行货币满足美债偿还需求。然而,美国国债丧失"AAA"最高评级,客观上反映美国财政面临深层次结构性矛盾。美国财政债务问题既有金融危机背景下超常规救助的因素，也与美国特定的财经制度安排相关。固守总需求刺激的宏观政策成为当前财政收支矛盾的短期原因，财经纪律松弛构成美国财政困境的制度原因，共和党的赤字偏好导致美国财政错过收支矛盾整顿改善的良机，"医疗保险"及"婴儿潮"引发的"银发海啸"成为制约修复美国财政的深层次根源。

关于欧美主权债务风险溢出效应的问题，其理论机制主要是三个方面，即对金融资本市场产生溢出效应、对大宗商品价格产生溢出效应、对国际贸易产生溢出效应。从欧洲主权债务风险波动溢出效应的实证分析来看，欧元区主权债务风险波动对美国、英国、日本及中国四个系统重要性经济体的溢出效应并不相同。美国、英国与欧元区具有相近的产业结构，欧元区由于债务问题而引发的经济减速会增大美国和英国的市场份额，虽然短期内会通过降低英美外需而降低经济增速，但从长期来看，替代效应更为显著，而中国与欧元区处于产业链的不同阶段，相互之间合作关系强于竞争关系。欧元区经济债务问题引发的增速变动对日本影响较为中性。总体来看，欧洲债务风险波动对其他国家的溢出效应有赖于外国经济体与其经济体的产业结构的相似度。

从美国主权债务风险波动溢出效应的实证分析来看，美国扩张性财政政策在短期内对英国的影响最大，但对于欧元区的影响不管在短期还是长期都持续为负面。同时，美国扩张性财政政策往往增加低收入群体的社会福利，促使该群体从中国等发展中国家购买更多的消费品，因为低收入群体大多对发达国家生产的高档消费品的需求较弱，由此促进中国等外需增长。当然，长期来看，美国扩张性财政政策对中日英的影响均由正转负，潜在原因在于美国扩张性财政政策可能引发利率上升，促使国际资本流动进而推高其他经济体利率，构成对其他经济体的负面影响。

欧美主权债务风险对国际货币体系稳定性的溢出效应不容忽视。欧美主权债务风险上升本质上反映欧美信用风险升级，动摇了支撑欧元、美元稳定的信用支撑，美元、欧元主导的国际货币体系稳定性将受到影响。通过构建分析框架研究表明，欧美主权债务风险将通过债券市场价格变动而影响国际货币体系稳定性。在现代国际货币体系下,当国际储备货币发行国实际经济增长率大于或者等于通货膨胀率与国际货币发行国国债收益率之和时,国际储备与实际GDP之比的动态路径将收敛,国际货币体系具有内在稳定性;相反地,国际货币体系稳定性难以保证。结合经验数据实证研究发现,欧美主权债务风险升级引发债务风险溢价上升,推升利率水平,促使美欧实际经济增长率小于通货膨胀率与国债利率之和的趋势难以改变,预示美元和欧元主导的国际货币稳定性不容乐观。

关于降低溢出效应的欧美财政政策空间问题。通过构建理论分析框架及实证分析表明,当前美欧等发达经济体财政赤字已经偏离稳态水平,财政政策空间显著缩窄,由此倒逼央行推行量化宽松货币政策,量化宽松货币政策通过债务货币化拓展财政政策空间,但即使考虑金融危机期间超常规的量化宽松货币政策,当前美欧仍然难以实现财政债务负担率的稳定,预示财政政策空间的缩窄。因此,美欧等发达经济体债务高位运行的潜在风险问题短期内难以有实质性改善。

欧美主权债务高位运行的事实引发国际社会对欧美主权债务信用风险的担忧,中国巨额外汇储备的"安全性、流动性、收益性"面临较大挑战,同时,欧美债务水平高位运行制约宏观经济的改善,加剧了中国产能过剩问题。因而,中国应对欧美主权债务风险波动的战略选择需要以外储管理创新及产能过剩治理为重点。第一,中国应理性评估自身债务风险,注重构建可持续的公共财政体制,避免重蹈覆辙。第二,加快"走出去"步伐必须兼顾"走出去"的收益与外汇储备变化对市场影响之间的平衡。第三,稳外需与扩内需并举,稳步化解产能过剩。第四,加快经济发展方式转变,促进产业由低附加值向高附加值延伸。第五,积极推动国际经济规则调整,稳步提升国际话语权。

目 录

第1章 导论 ·· 1
  1.1 研究背景和问题提出 ··· 1
    1.1.1 债务危机频繁上演 ·· 2
    1.1.2 债务风险升级的溢出效应不容忽视 ······································ 4
    1.1.3 中国应警惕欧美主权债务风险升级的双向溢出效应 ··············· 5
    1.1.4 欧美主权债务风险溢出效应亟待深入的研究应对 ··················· 7
  1.2 主要内容及重要观点 ··· 8
    1.2.1 主要内容 ·· 9
    1.2.2 研究方法 ·· 12
    1.2.3 研究重点 ·· 12
    1.2.4 主要观点 ·· 13

第2章 溢出效应理论溯源、内涵及文献综述 ································· 14
  2.1 溢出效应的理论溯源、内涵界定 ·· 14
  2.2 IMF关于溢出效应的评估报告综述 ·· 17
  2.3 学术界关于财政溢出效应的研究综述 ·· 21

第3章 欧洲主权债务风险演变及根源分析 ····································· 26
  3.1 欧洲债务"抱团"危机事件观察 ··· 26
  3.2 欧债危机根源分析:基于危机时点的数据分析 ··························· 32
    3.2.1 直接根源:危机的超常规应对及财经纪律松弛 ···················· 32
    3.2.2 长期根源:制度设计缺陷及经验证据 ································ 33

第4章 美国主权债务风险演变及根源分析 ····································· 42
  4.1 欧债危机折射美国债务风险:欧债危机爆发前的数据比较 ········· 42

4.2 美国财政债务规模演变观察:赤字与债务水平变化 ……………… 46
4.3 美国财政结构演变观察:财政预算结构及特征 …………………… 49
  4.3.1 美国财政预算收支结构 …………………………………… 49
  4.3.2 美国财政收支结构演变特征 ……………………………… 52
4.4 美国债务风险升级根源:财经纪律及社保制度 …………………… 56

第5章 欧美主权债务风险演变溢出效应:统计分析 …………… 66
5.1 欧美主权债务风险演变的溢出效应 ………………………………… 66
  5.1.1 欧美主权债务风险对金融资本市场的溢出效应 ………… 67
  5.1.2 欧美主权债务风险对大宗商品价格的溢出效应 ………… 73
  5.1.3 欧美主权债务风险对国际贸易的溢出效应 ……………… 77
5.2 欧美主权债务风险对中国的溢出效应 ……………………………… 81

第6章 欧美主权债务风险对系统重要性经济体的溢出效应:
实证研究 …………………………………………………………… 88
6.1 欧美主权债务风险波动的溢出效应理论模型选择 ………………… 88
  6.1.1 动态计量分析方法的选择 ………………………………… 89
  6.1.2 GVAR计量分析方法的优点及特征 ……………………… 95
  6.1.3 变量定义与平稳性检验 …………………………………… 97
6.2 欧美主权债务风险对系统重要性经济体溢出效应
的实证分析 …………………………………………………………… 108
  6.2.1 欧洲主权债务风险波动溢出效应的实证分析 …………… 108
  6.2.2 美国主权债务风险波动溢出效应的实证分析 …………… 115

第7章 欧美主权债务风险对国际货币体系稳定性的溢出效应:
实证研究 …………………………………………………………… 122
7.1 国际货币体系稳定性演变 …………………………………………… 123
7.2 主权债务风险影响传统下国际货币体系稳定性的机制 ………… 126
  7.2.1 基本分析框架 ……………………………………………… 126
  7.2.2 纳入主权债务风险的扩展分析框架 ……………………… 129
  7.2.3 综合分析框架 ……………………………………………… 130
7.3 欧美主权债务风险影响现代国际货币体系稳定性的机制 ……… 133

7.3.1　基本分析框架 ·· 133
　　　7.3.2　纳入反映主权债务风险变化的收益率变量的
　　　　　　扩展分析框架 ·· 135
　7.4　欧美主权债务风险对现代国际货币体系稳定性影响:实证分析 ··· 138

第8章　降低溢出效应的欧美财政政策空间分析 ················145
　8.1　全球经济复苏增长分化新常态构成欧美宏观经济不确定性环境　145
　8.2　发达经济体财政债务高位运行状况尚未实质性改变 ··········· 153
　8.3　降低负向溢出效应的欧美财政政策空间分析 ·················· 160
　　　8.3.1　宏观财政政策空间理论分析框架 ·························· 160
　　　8.3.2　欧美发达经济体财政政策空间:实证分析 ················ 165

第9章　中国外汇储备应对欧美主权债务风险升级的选择 ········169
　9.1　欧美主权债务风险升级对中国外汇储备的影响 ··············· 169
　9.2　"走出去"战略成为应对外汇储备管理困境的占优选择 ······· 174
　9.3　对外资产负债结构失衡倒逼"走出去"战略提速 ············· 176
　9.4　"走出去"战略如何解决外汇储备难题:对外投资空间评估 ··· 180
　　　9.4.1　大国经济增长伴随对外直接投资稳步扩张是客观规律　180
　　　9.4.2　中国对外直接投资空间评估 ······························ 182
　9.5　加快"走出去"步伐应对外汇储备管理困境的政策建议 ······ 185

第10章　中国宏观经济应对主权欧美债务风险升级的选择 ······188
　10.1　欧美主权债务风险升级影响中国宏观经济的表现:产能过剩　188
　10.2　"马歇尔计划"不是中国应对欧美主权债务风险的占优选择 ··· 193
　10.3　中国宏观经济应对欧美主权债务风险的宏观政策困境 ······· 197
　10.4　中国宏观经济应对欧美主权债务风险的战略选择 ············ 200

参考文献 ··204

第1章 导论

1.1 研究背景和问题提出

近年来全球经济遭受诸多冲击,金融危机及地缘政治风险等相互交叉,构成全球经济较大不确定性因素。主要发达经济体实施超常规的财政货币扩张性政策应对宏观经济减速,但以欧债危机为代表的发达经济体财政债务风险升级不仅导致相关经济体财政政策空间缩窄,而且构成全球经济的较大负面影响。欧债危机不仅导致希腊等危机国家陷入深度衰退,而且呈现向欧元区核心国家、东欧外围国家、金融资本市场等显著的负向溢出效应。美国主权债务在2011年丧失"AAA"评级,2013年美国政府还因为财政预算问题而出现关门现象。上述事件引发全球资本市场、外汇市场剧烈波动,显示了欧美主权债务风险变化潜在的溢出效应。如何防范或者消除欧美主权债务风险演变的负向溢出效应,已经构成促进全球经济金融稳定的重要内容。

然而,欧美主权债务水平依然高位运行,财政整顿尚未取得实质性的突破。根治欧债危机的财政联盟构建短期内难有大的进展,2015年年初希腊大选中最大反对党激进左翼联盟(Syriza)击败执政的保守党,促使希腊"退欧"风险上升,欧债风险再次出现波动。美国在第二次世界大战后"婴儿潮"引发的"银发海啸",促使"医疗保险"(medicare)和"医疗救助"(medicaid)等财政社保支出刚性增长,导致美国债务持续攀升。欧美主权债务高位运行状况短期内难以改观,其潜在的溢出效应仍将是未来重大不确定性。对于货物出口跃居世界首位及拥有近4万亿美元外汇储备的中国来说,如何保障在欧美主权债务风险波动的背景下的宏观经济稳定性及外汇储备安全性尤其重要。为此,研究分析欧美主权债务风险溢出效应问题,不仅对于促进全球经济稳步复苏增长具有重要的理论和现实意义,而且对于中国应对开放宏观经济波动及外汇储备风险防范具有重要的政策含义。

1.1.1 债务危机频繁上演

财政债务危机是债务风险升级的极端情形,然而,虽然欧美财政债务高位运行的局面没有改变,但注定要再次发生财政危机吗?相信不同的群体会有不同的答案,尽管都有其背后的道理,但各方均难以预测未来欧美财政问题会如何发展。就像金融危机以来的欧债危机一样,尽管有人预计欧元区失衡模式难以持续,但谁也没有想到会以主权债务危机的形式爆发。客观来说,评判欧美财政风险确实是一件富有挑战的事情。但有一点是确定的,财政债务危机并不少见。

观察近半个世纪世界经济的演变,不难发现财政债务危机是难以挥去的故事,其中当属20世纪80年代以来的拉美危机最为典型,此后还有俄罗斯债务危机、墨西哥债务危机。从经济理论讲,财政危机最重要的是债务危机,即一国采取违约等手段拒绝偿还财政债务,以此标准来看,债务危机并非什么新话题,前IMF首席经济学家罗格夫出版的关于财政状况的专著《未来的挑战:这次不一样》(Reinhart,Rogoff,2009)表明,历史上几乎每个国家都有债务违约的历史,英国、法国等都曾经出现违约。

可见,财政危机在历史上并非鲜见,但问题是人类总是不断学习,不断进步,历史经历的事件在当今可能将逐步消停,各国可以通过不断学会而更好地应对财政困境,从而避免旧事重犯。

要回答上述问题,也许看看当今世界大事记,就不言自明。就在本次金融危机爆发不久,世界忧心忡忡应对金融危机之时,号称海湾明珠的迪拜阿拉伯联合酋长国向世界发出债务危机的信号,令危机前景更加模糊。但最为瞩目的还是2009年希腊债务危机,此后爱尔兰、葡萄牙等都向国际机构申请援助,欧洲多国抱团爆发财政危机的事实不仅向世界各国表明债务危机在现实社会爆发的可能性,而且揭示了财政状况背离经济发达程度的可能性。

相比历史主权债务问题集中在发展中国家的现象,本次债务危机显著特点是债务风险在发达国家集聚。希腊债务危机暴露了发达国家财政状况的脆弱性。紧跟希腊之后的意大利、葡萄牙、西班牙及爱尔兰等欧元区较弱经济体集团财政状况不容乐观,除此之外,塞浦路斯也经历了危机的问题,更令人担心的是,美国财政债务绝对额位居全球首位。

结合实际数据来看,如果美国是欧元区的成员,那么美国或许已经爆发了债务问题。图1-1是2010年欧债危机爆发之时部分发达国家赤字占GDP比重及债务占GDP比重,数据显示,2010年日本债务占GDP达到了220%的水平,将其他国家远远抛在脑后,美国尽管相对水平不比日本严重,但其绝对债务水平却是日本的两倍多,而且其所处位置显然与欧洲较弱经济体集团不相上下,其中的含义不言而喻,即显示美国潜在的债务风险也不容低估。

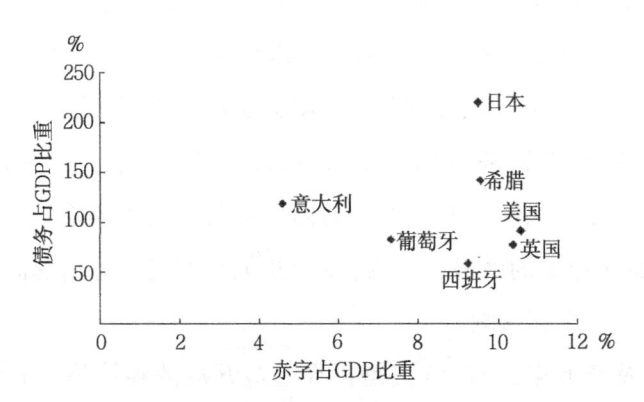

图1-1 2010年欧债危机时部分发达国家赤字占GDP及债务占GDP比重

资料来源:IMF全球经济数据库、欧盟统计局。

综合来看,本次金融危机以来欧美主权债务风险的升级尤其是欧债危机的爆发,表明历史在不断重演,相比历史主权债务问题集中在发展中国家的现象,本次债务问题的显著特点是债务风险在发达国家集聚。希腊债务危机暴露了发达国家财政状况的脆弱性。美国作为债务绝对水平最高的发达国家,其风险必然难以忽视,欧美债务风险高位运行的问题越发突出。

1.1.2 债务风险升级的溢出效应不容忽视

欧美主权债务风险不仅受到相关各国的重视,也受到世界其他主要国家的持续关注。究其原因,在于欧美属于世界最大的发达经济体,欧美债务风险所释放的影响远远超过本国的范围,通过金融、贸易、产业等渠道向其他国家产生溢出效应。如果世界各国不加强协调共同应对风险,那么可能对其他国家乃至全球经济产生重大影响。

从国际金融渠道看,欧美拥有全球最重要的国际金融中心,欧美债务风险升级的直接影响是主权债务相关资产大幅缩水,企业尤其是金融机构资产负债表将面临挑战,有些企业可能因此出现资不抵债而面临倒闭,股市将大幅下挫。在当前金融全球化的背景下,持有欧美主权债务的其他国家企业尤其是金融机构将面临资产缩水难题,资本市场同步大幅震荡的情况或难避免。另外,当今世界国际货币体系由美元及欧元主导,而支撑美元及欧元货币稳定的是欧美的信用,从本质上看,欧元及美元就是欧美央行对货币持有者的负债,欧元、美元的信用与欧美财政主权债务信用相当。欧美主权债务风险上升最根本的体现是欧美信用风险的升级,动摇了支撑欧元、美元稳定的最根本因素,欧元及美元可能因此出现波动,国际货币体系稳定性将受到影响。

从贸易及产业渠道看,欧美是世界上最开放的经济体,与全球其他国家的联系极为紧密,也成为其他很多国家的重要贸易伙伴,在此情况下,欧美主权债务风险上升将缩窄财政政策空间,财政整顿构成经济下行的压力,由此将降低对其他国家的进口需求,导致其他国家贸易下降。如果欧美主权债务风险没有得到有效的控制,那么欧美主权债务问题可能引发本国经济大幅减速,由此将通过国际贸易渠道对其他经济体形成紧缩效应,结果是全球经济面临较大的下行压力。与此同时,从全球产业分工看,欧美位于产业技术最前沿。欧美主权债务风险升级客观上形成对科技创新支持的财税政策空间的缩窄压力,欧美科技创新步伐可能会受到影响,对全球前沿技术的创新构成负面影响,由此将对其他经济体产业转型升级及结构调整形成外部冲击。

综合欧债危机以来的情况看,欧债危机并不孤立,它已经呈现向金融领域传染的迹象。结合主权债务 CDS(信用违约互换)变化与金融部门 CDS 变化的关系,可以发现,欧洲主权债务 CDS 变化与金融部门 CDS 呈现显著的正相关关系,本次欧债危机引起的国债 CDS 持续上升,导致金融部门 CDS 也出现上升现象,欧债危机呈现向金融部门传染的现象。欧债危机影响金融部门的另一渠道是影响商业银行的资产,如果欧债出现违约,商业银行持有的相关主权债务资产将出现亏损,某些商业银行将陷入困境,由于商业银行在金融系统乃至实体经济中扮演非常重要的角色,其危机可能引发金融系统性危机。相比2008年雷曼兄弟的资产,欧债危机可能影响的商业银行资产显然高几个数量级,因而,欧债危机对商业银行乃至金融经济的影响难以低估,如果欧债危机没有得到有效控制,那么通过金融渠道等溢出效应可能成为欧债危机影响的重要表现。

1.1.3　中国应警惕欧美主权债务风险升级的双向溢出效应

欧美主权债务高位运行的事实引发国际社会对欧美主权债务信用风险的担忧,欧债危机警示国债的"金边无风险债券"的美誉不再成立,中国巨额外汇储备"安全性、流动性、收益性"面临重大挑战,社会各界对改革外汇储备管理制度的呼声日益强烈,其中不乏将大量外汇储备转为购买黄金或者投资实体经济等建议,外汇储备管理制度的改革十分迫切。但与经济总量跃居世界第二相比,中国金融开放改革仍然有待推进,有评论认为中国仍处于"金融弱国"也不无道理,在此背景下,中国外汇储备管理应秉持什么理念？这对于外汇储备管理制度改革至关重要,小国心态可以相对超脱地制定自身决策,而大国思维则必须权衡相关行为对外部市场的溢出效应,中国面临着"金融弱国"的小国心态与经济大国的大国思维之间的权衡。

国家决策适用"小国模型"在于其行为对外部影响很小,在国际交往中是价格的被动接受者。相比而言,中国外汇储备在总量上已构成了影响外部市场的能力。截至2014年中国外汇储备总额达到3.84万亿美元,是2012年德国GDP的1.1倍、法国GDP的1.4倍、英国GDP的1.5倍,英德法都是当今世界大国,预示中国外汇储备规模的巨大,揭示其对外部市场的潜在影响力。

在美国财政部公布的2014年1月世界其他国家政府持有其国债的最新数据显示,中国持有美国国债1.27万亿美元,占中国外汇储备总额的1/3左右。如果中国政府由于美国主权债务信用风险上升而要减持美国债,那么其对美国国债市场乃至全球金融市场的影响不容忽视。在美联储实施第二轮量化宽松(QE2)政策之前,中国持有美国国债占到美联储所持美国国债的一半,即使在QE2之后,仍然高达40%,目前规模相当于美联储QE2数量的两倍,回顾QE2对市场的强烈影响,折射出中国外汇储备制度管理变革的溢出效应难以低估。

上述仅仅考虑外汇储备减持美债可能形成的影响,但外汇储备的管理变革显然不是局限于金融产品之间的置换,毕竟美国国债比全球其他金融资产的风险依然较低,持有较多美债从金融产品配置方面看依然是合理的。即便从国家战略角度考虑有适当增持黄金的必要,但截至2014年9月,世界各国官方持有黄金储备31866.1吨,总额1.5万亿美元左右,占中国外储40%左右。如此看来,中国通过大量减持美债而增持黄金的做法可能导致黄金价格大幅飙升,而且其他国家也未必能大规模出售黄金。因而,中国外汇储备管理改革需要突破金融资产的结构调整而考虑向实体经济的转换问题。

如果探讨将外汇储备较多投资实体经济的问题,那么首先需要解决的是将外汇储备由央行的资产转为国家可以动用的资产。按照成立中投公司时注资的做法,假如中国希望动用5000亿美元外汇储备,那么必须由财政部在市场上发行3万多亿元人民币国债,然后将筹集所得资金向人民银行购买外汇,人民银行再通过外部市场拍卖外汇金融资产而获得5000亿美元的现金。如此操作可能引发国内外债券市场及国际金融市场的双重波动,而且将大幅增加中国财政的债务水平,相关影响随着动用的外汇储备规模变化而不同。特别地,美联储从金融危机前2008年8月至2014年9月6年时间实施超常规宽松货币政策而导致美联储资产大幅增长,2013年9月中国外汇储备总额是其一倍多。美联储非常规货币政策已对美元主导的国际货币稳定性形成较大影响,招致国际社会的广泛关注和批评。如果中国外汇储备短期内大规模调整而投资实体经济,那么可能引发经济金融较大不确定性,显示外储备改革不应局限小国心态。

然而,外储改革可能引发溢出影响并不意味着相关制度可以持续。观察中国外汇储备演变,从2000年1月到2014年12月外汇储备上升了20多倍,中国人民银行因为购买外汇储备而被动投放的货币达超过25万亿元人民币,形成了近几年货币较为宽松的格局,即便2008年修订后的《外汇管理条例》不再实施结售汇制度,但外汇储备依然继续增长了1万多亿美元,构成当前超过100多万亿元人民币的货币供应量M2的内在动因,预示货币政策独立性的下降,但中国大国经济成长亟待独立货币政策,内在引发外汇储备管理的大国思维。因而,欧美主权债务风险升级必然影响到中国外汇储备的管理,而外汇储备的管理又必须创新,特别是必须秉承大国心态。

1.1.4 欧美主权债务风险溢出效应亟待深入的研究应对

虽然包括美国本土一些经济学家在内的学者对美国财政状况持乐观态度,认为美国财政状况是由于本次危机而恶化的,但危机过后或许能够缓和,因而美国财政问题也许没有想象的那么严重。这种观点的前提是危机过后美国财政政策能全身而退,然而,结合当下的美国经济来看,尽管美国经济呈现复苏向好态势,但结构性问题依然存在,奥巴马第一个任期内将赤字减半的计划未能按时完成,体现了美国财政整顿低于预期的事实。当前美国财政赤字依然处于较高水平,财政债务负担尚未出现企稳下降的现象,预示美国财政债务累积的风险值得关注。

欧债问题的根治客观上需要欧元区制度安排需要重大的创新,着力解决深层次的问题。一方面,必须在现有制度下,构建完备的退出机制及惩罚机制,加入欧元区的弱国可以借助欧元这一公共产品,获取超额的利益,特别是获得额外的信贷资金,满足过度的消费需求,构建欧元区惩罚机制,有助于促进成员方主动进行必要的调整,而退出机制则是应对极端情况的最后策略。另一方面,欧元区必须成立财政联盟,建立规范的转移支付制度。欧元区成员方具有不同的经济周期和竞争力,必须通过财政转移支付平滑周期性的赤字,与欧洲央行统一的货币政策形成一致的制度安排,理顺财政政策与货币政策的矛盾。当然,如果不能有效实现上述目标,欧债问题就没有实现治本的目标。

由此可见,欧美主权债务问题的化解都具有潜在的挑战及困难,虽然欧美都采取各自的措施进行财政整顿,但效果有待观察。在此背景下,欧美主权债务问题依然面临较大的不确定性,当前持续累积的欧美主权债务客观上增大潜在的债务风险。如何评估欧美主权债务风险变化的溢出效应?欧美主权债务如何演变?中国应如何防范欧美主权债务高位运行的负向溢出效应?等等,这些问题都亟待进行深入的研究。

1.2 主要内容及重要观点

本书总体思路依据"理论、实证及对策"的逻辑,通过创新理论分析框架,结合欧美经验数据的实证分析,研究欧美主权债务风险演变趋势及其可持续性,客观揭示欧美主权债务风险溢出效应传导机制、传导渠道及影响程度,评估欧美主权债务风险叠加对系统重要性经济体溢出效应,以及对国际货币体系稳定性的溢出效应,在此基础上,分析中国外汇储备及宏观经济应对欧美主权债务风险溢出效应的政策选择。主要研究内容及重

要观点如下:

1.2.1 主要内容

第1章,导论。阐述本研究的背景,并给出报告的基本架构。

第2章,溢出效应理论溯源、内涵及文献综述。溢出效应尽管由来已久,但引发财政债务变化的宏观政策溢出效应问题却在近年来才受到较多关注,尤其是本次金融危机以来,在经济全球化及国际协调机制有待完善的大背景下,发达经济体与新兴经济体宏观经济政策存在显著差异甚至完全相反,宏观经济政策分化乃至冲突的现象日益严峻,宏观经济政策失调的溢出效应等问题引发各界关注。本章将着重阐述溢出效应的理论内涵,并进而梳理影响债务风险波动及影响其变化的宏观政策溢出效应的相关文献综述,在此基础上,针对IMF近年来对世界系统重要性经济体溢出效应的评估进行综述总结,同时,对学术界关于财政政策溢出效应的相关研究文献进行系统性梳理。

第3章,欧洲主权债务风险演变及根源分析。尽管欧元区加快步伐制定各种宏观稳定政策,但欧债危机所引发的欧洲经济疲软态势未见根本改观,2015年希腊退出欧元区的风险再次升级预示欧债危机仍存在不确定性,欧洲经济受到金融危机和欧债危机双重打击。然而,欧债危机为何影响如此之大?欧债危机的根源是什么?如何评估当前化解欧债危机的政策效果?等等。尽管官方、学者、媒体甚至公众都对上述问题进行热议,但观点仍然存在较大分歧甚至完全相反,对有些问题的判断缺乏前后一致的理论逻辑,因而,本章重点分析和理顺上述问题,有助于揭示欧洲主权债务危机深层次矛盾及内在根源。

第4章,美国主权债务风险演变及根源分析。相比其他国家,美国财政债务负担并不低,美国财政债务绝对量已经超过GDP而位居全球首位,如果要美国立即偿还债务,那么需要动用的资金超过一年的国内生产总值,如此大的债务,外界的担心显然不是空穴来风。虽然美国经济金融危机以来持续稳步复苏增长,为财政债务偿还奠定了基础,但截至目前美国财政债务依然持续上升,财政赤字依然处于较高水平,而且以布什为代表的美国"婴儿潮"出生的人口开始进入退休年龄,由此引发的"银发海啸"如何应对?奥巴马备受争议的医疗改革对财政整顿的作用有待观察。未来美国财政债务风险依然具有不确定性,在此背景下,本章重点评估美国债务问题及其内在根源。

第5章,欧美主权债务风险演变溢出效应:统计分析。欧美主权债务风险演变的溢出效应既有债务相关变量变化或者危机等相关事件爆发所引起的对外直接影响,也有通过本国宏观经济变化而引起的对外的间接影响。尤其是美欧债务高位运行引发财政整顿需求而导致宏观政策与其他主要经济体分化,促使资本呈现跨境频繁流动,宏观政策冲突或者失调的溢出效应显现。对此,本章将从统计分析的角度对欧美主权债务风险变化的溢出效应进行研究,揭示溢出效应的传导机制及传导渠道,为更深入探讨溢出效应问题及开展国际协调奠定基础。

第6章,欧美主权债务风险对系统重要性经济体的溢出效应:实证研究。与其他宏观经济变量之间的相互影响不同的是,欧美主权债务风险波动溢出效应的实证研究必须关注国与国之间的宏观变量的关系,这对计量经济方法提出了更高的要求。尽管溢出效应在近年来受到的关注度持续上升,IMF在金融危机以来也作为重要技术部门介入研究。但相关研究采取的方法既涉及初级的计量回归,又有复杂的系统性模型,在评估不同系统重要性经济体溢出效应时,缺乏统一的分析框架,得出的结论也并不一致。对此,本章主要实现两个目标,即创新分析方法,借鉴GVAR思想作为主要的分析方法构建分析框架。同时,创新分析内容,探讨欧美主权债务风险波动对其他系统重要性经济体的溢出效应。

第7章,欧美主权债务风险对国际货币体系稳定性的溢出效应:实证研究。当前国际货币体系由美元及欧元主导,而支撑美元及欧元货币稳定的是欧美的主权信用,从本质上看,欧元及美元就是欧美央行对货币持有者的负债,而欧元、美元的信用与欧美财政主权债务信用相当。欧美主权债务风险上升最根本的体现是欧美信用风险的升级,动摇了支撑欧元、美元稳定的最根本因素,欧元及美元可能因此出现波动,国际货币体系稳定性将受到影响,这就是欧美主权债务风险升级会对国际货币体系稳定性产生溢出效应的内在原因。本书将着重研究现代国际货币体系稳定性,结合经验数据对国际货币体系稳定性溢出效应进行分析。

第8章,降低溢出效应的欧美财政政策空间分析。欧美主权债务高位运行亟待财政整顿,但欧美都是高度开放的经济体,财政整顿有赖于宏观经济的发展状况的评估,较好的宏观经济表现有助于增大财政政策空间,但疲软的经济状况可能进一步缩窄财政政策空间,推高财政风险。结合欧美经济来看,其发展态势的评估不仅与自身经济基本面有关,而且与全球经济发展息息相关,因为全球经济构成欧美经济重要的宏观环境。对此,本章将重点研究降低溢出效应的欧美财政政策空间。

第9章,中国外汇储备应对欧美主权债务风险升级的选择。中国巨额外汇储备客观上反映了近年来外贸高速发展对于我国国际支付能力提升的巨大贡献,体现了我国应对国际金融波动风险的能力上升,但如此大量外汇储备也带来管理难题,特别是金融危机以来美国等发达经济体持续实施量化宽松货币政策,引起主要国际储备货币出现贬值预期,对我国外汇储备构成贬值压力(陈建奇,2012c)。欧债危机的爆发警示国债"金边无风险债券"美誉不再成立,国际评级公司标普2011年8月5日下调美国国债评级预示美债风险上升,国债作为外汇储备当前的主要投资对象,欧美债务风险升级构成外汇储备安全性的风险,由此迫切要求推动经济金融管理体制改革,破解外汇储备管理难题。对此,本章分析欧美主权债务风险升级影响中国外汇储备的机制,在此基础上,分析促进外汇储备管理优化的政策选择。

第10章,中国宏观经济应对主权欧美债务风险升级的选择。欧美主权债务风险升级成为引发欧美经济减速的重要原因,美欧是中国最重要的出口市场,美欧经济疲软引发的中国出口下降直接导致了中国总需求不足,结果是产能过剩问题凸显。从历史上看,最值得借鉴的经验可以追溯到第二次世界大战后的产能过剩问题,当时英德等欧洲大国由于战争重创而百废待兴,倚重欧洲市场的美国经济出现产能过剩难题,美国此后通过"马歇尔计划"帮助欧洲重建,既确立自身在欧洲的地位,也化解了美国的产能过剩难题。审时度势,历史经验是否能够为中国提供借鉴?欧美主权债务高位运行背景下中国产能过剩的形成机制是什么?中国产能过剩问题如何化解?等等,一系列的问题都有待深入的研究,本章将从全球化背景下的开放宏观视角对此进行分析与探讨。

1.2.2 研究方法

本书总体上采用定性与定量相结合的研究方法,综合运用规范分析与实证分析。具体而言,本课题在构建主权债务风险溢出效应理论分析框架时,采用数理分析与演绎推理方法;在推测欧美主权债务风险演变及其可持续性时,主要采用历史比较及逻辑推理的方法,同时采用归纳分析方法;在研究欧美主权债务风险溢出效应时,采用动态计量实证分析与演绎分析相结合的方法。在评估欧美主权债务风险叠加对国际货币体系稳定性及中国外汇储备安全性的溢出效应时,采用统计分析及归纳分析方法进行研究。

1.2.3 研究重点

本书研究重点有三个方面:一是研究欧美主权债务风险演变及根源,回顾欧美主权债务风险演变过程,分析欧美主权债务整顿进展,研究欧美主权债务高位运行的潜在根源;二是分析欧美主权债务风险升级的溢出效应传导机制,构建溢出效应理论分析框架,结合欧美经验数据进行实证分析,重点揭示欧美主权债务风险对系统重要性经济体及国际货币体系的溢出效应;三是分析欧美主权债务风险升级对中国外汇储备及宏观经济的影响,研究促进中国外汇储备实现"安全性、流动性、收益性"的制度安排,研究促进中国宏观经济稳定的开放宏观政策。

1.2.4 主要观点

本书的主要观点可以归结为以下几个方面:一是全球商业银行对欧美债务风险具有较高的风险敞口,欧美债务风险升级对国际金融稳定性将产生负面溢出效应,极端情形下溢出效应将演变为全球金融动荡或者系统性危机;二是美国强国基础有助于稳定主权债务短期风险,但代议制民主引起财政收支矛盾出现间歇式激化,促使其对全球金融市场及实体经济产生负面溢出效应,而且未来美国长期债务货币化风险升级将对金融市场及国际储备形成较大的潜在负面溢出效应;三是欧美主权债务风险叠加对美元及欧元主导的国际货币体系稳定性产生较大的负面溢出效应,同时影响包括中国在内的国际外汇储备安全性;四是全球应加强G20等国际平台下的国际协调,降低主权债务风险负面溢出效应,同时,中国应通过深化金融体制改革来降低外汇储备风险,推动开放宏观政策调整来促进宏观经济稳定。

第2章 溢出效应理论溯源、内涵及文献综述

溢出效应尽管由来已久,但引发财政债务变化的宏观政策溢出效应问题却在近年来才受到较多关注,尤其是本次金融危机以来,在经济全球化及国际协调机制有待完善的大背景下,发达经济体与新兴经济体宏观经济政策存在显著差异甚至完全相反,宏观经济政策分化乃至冲突的现象日益严峻。宏观经济政策失调的溢出效应问题无疑成为当下亟待深入研究的重要课题,财政债务风险波动的溢出效应等引发各界关注。本章将着重阐述溢出效应的理论内涵,并进而梳理影响债务风险波动及影响其变化的宏观政策溢出效应的相关文献综述,在此基础上,针对IMF近年来对世界系统性重要经济体溢出效应的评估进行综述总结,同时,对学术界关于财政政策溢出效应的相关研究文献进行系统性梳理。

2.1 溢出效应的理论溯源、内涵界定

溢出英文为spill over,对照英文词典的解释,含义最初指液体超过容器容量而流出,溢出效应(spill overr effect)意指一个地方的问题或者局势变化产生传递效应,对其他地方产生积极或者消极影响。结合经济学理论,溢出效应本质上就是外部性,小到个人企业等微观主体大到国家社会宏观政策,会对外部环境或者微观主体产生影响,积极或者消极影响分别构成正的或者负外部性。

理论上,对于融入全球经济的开放经济体,其宏观经济波动会导致经济结构或者经济总量发生变化,由此将对与之紧密联系的经济体产生直接影响,受之影响的经济体会产生适当变化,从而再往外影响其他相关的经

济体,如此影响最终会间接传导到诸多国家乃至全球。从这一点看,任何开放国家的经济波动都会产生或大或小的溢出效应,开放国家宏观经济溢出效应早已有之,溢出效应问题并非新话题。

然而,追溯相关文献,目前对溢出效应的相关定义大多是结合某个领域展开,比如人力资本投资溢出效应、R&D溢出效应、外商直接投资溢出效应等,但直到近年来才开始涉及对开放经济体综合溢出效应的分析研究。可能的原因在于溢出效应十分普遍,容易理解而没有必要进行定义式说明,或者是由于溢出效应涵盖经济社会方方面面的内容,内涵具有较大的复杂性,难以准确把握。尽管IMF在近年来发布的官方报告或者研究报告,多次提到溢出效应,但仍然没有给出完整清晰的概念内涵界定。

理论界缺乏相关的概念并不意味着溢出效应内涵分析不重要,这一工作不仅有助于厘清溢出效应的作用渠道、传导机制,也有助于解释潜在的直接影响及间接影响。从学术研究范式讲,这也是溢出效应研究的前提和基础,直接决定了溢出效应相关分析的学理基础。因而,尽管溢出效应内涵分析富有挑战性,但有必要对溢出效应的内涵进行分析界定。由于本书研究财政主权债务风险等宏观经济政策相关的溢出效应,从而接下来将尝试揭示宏观经济政策溢出效应的内涵。

直观来讲,Lorenz(1972)年提出的蝴蝶效应可以作为溢出效应的生动阐释,即"一只蝴蝶在巴西轻拍翅膀,可以导致得克萨斯州的一场龙卷风"。一国宏观经济政策也可能产生类似的效果,顾名思义,宏观经济政策溢出效应就是反映一国宏观经济政策制定、调整及其实施过程对外部经济体所产生的影响程度。从传导机制看,可以分为两个层面,一是对外部经济体的宏观经济变量产生直接扰动,导致外部经济体宏观政策有效性受到影响。一国宏观经济政策变化或者财政债务风险等宏观变量变化,可能影响外部经济体资本流动,从而引起汇率波动、利率波动或者是股市等资产价格波动,促使外部经济体宏观政策产生影响,导致外部经济体宏观政策有效性变化,由此可能提高外部经济体的宏观效果,外部经济体也可能被迫采取对冲性措施,或者致使外部经济体宏观政策陷入困境。二是对外部经济体的产出或者经济结构造成间接影响,导致外部经济体宏观经济政策环境发生变化。即一国宏观经济政策变化或者财政债务风险等变量变化将影响本国的产出水平及经济结构,从而影响自身的进出口结构或者国际收支平衡,由此将对外部经济体贸易结构或者国际收支状况产生非对称性影响,促使外部经济体的产出水平及经济结构出现扰动,最终改变外部经济体的宏观经济政策环境。

上述两个层次的效应中,第一层次对外部经济体宏观经济变量的直接影响可以通过观察一国宏观政策变化或者财政债务风险等变量变化对外部经济体宏观经济变量的影响来衡量。而对第二层次关于产出及经济结构的间接影响则往往具有时滞效应,这就促使衡量其相关影响比较困难,因为产出及经济结构的影响是多方面的因素,既有宏观经济政策的溢出效应因素,也有全球经济环境的影响,还受到世界能源资源要素在不同时期的影响,因而往往难以简单从对产出及经济结构的溢出效应中分离出宏观经济政策还是非政策因素。

关于宏观经济政策或者财政债务风险等变量变化溢出效应的程度大小,一方面,取决于一国宏观经济与外部经济体之间国际经济关系的密切程度,经济开放程度越高,外部依赖越强,其融入经济全球化的深度越高,其与外部经济体之间的溢出效应程度可能就越大。中国改革开放30多年来,从计划经济到如今的市场经济贸易大国,中国经济经历对外开放到深度融入世界经济的过程,本次金融危机见证了中国与外部经济体息息相关的经济联系,更体现了溢出效应高度强化的表现,即外部经济下滑导致中国出口急剧下降,而金融危机期间中国经济四万亿元刺激计划主导的复苏增长则促进外部经济稳步回升。另一方面,溢出效应的程度还取决于其经济规模大小。经济规模越大,在国际经济体系中的溢出效应较之其他经济体更大。在同样的宏观经济政策下,美国作为世界经济强国,其溢出效应要显著高于其他国家,本次金融危机发生在美国的事实决定了其对世界影响的巨大,而美国宏观经济政策特别是QE1(第一轮定量宽松货币政策)、QE2(第二轮定量宽松货币政策)、QE3(第三轮定量宽松货币政策)等为代表的多轮量化宽松货币政策无疑给世界其他经济体产生深度影响。

总体来看,溢出效应涉及面广,颇具复杂性。尽管如此,溢出效应研究已经从单纯学术探讨上升为官方评估,IMF的介入促使这一工作更加富有技术性和学理性,然而,现有分析框架包括模型大多是分析外部经济波动的溢出效应,较少专题关注财政债务风险等宏观变量变化的溢出效应,接下来将梳理相关研究。

2.2 IMF关于溢出效应的评估报告综述

尽管IMF工作人员可能较早就关注溢出效应,但IMF官方在2007年4月《世界经济展望》中才正式发布与溢出效应相关的官方报告,当年研究报告主要关注美国经济增长对其他国家的溢出效应,并对造成不同程度溢出效应的因素进行分析,进而探讨了美国经济对全球经济周期波动的影响。结果表明,美国当时经济放缓的主要因素是美国自身特有的问题,主要是房地产和制造业的问题,而不是与主要工业化国家高度相关的普遍性问题,从而认为美国经济放缓对全球产生的影响是有限的,大多数国家可以与美国"脱钩"而保持较快增长(IMF,2007)。

针对国际金融危机以来全球经济复苏增长不平衡及政策分化的现象,G20(20国集团,是一个国际经济合作论坛)成员方开展相互评估计划,旨在促进宏观政策协调,其中重要内容就是对系统性经济体溢出效应进行评估,IMF作为技术支持部门负责对此进行分析。IMF在2011年度"第四条款磋商"报告中加入了对五个系统重要性经济体(S5,包括美国、欧元区、英国、日本和中国)的溢出效应评估报告(IMF,2011)。该报告主要探讨系统重要性经济体经济政策的对外影响。IMF采取的方法繁多,主要涵盖如下内容:IOF(Input-Output Framework)、Global VAR(GVAR)、Global Integrated Monetary and Fiscal model (GIMF)、supply-demand VARs、Cross-Cutting Themes and Possible Policy Framework、A simple Regression、Calibration、A structural Vector Auto Regression(VAR)、CAPM model、Panel regressions、A refined version of the structural G20 macroeconometric model、Dynamic Dependence Structure model (DDS),等等。上述显示了IMF较强的技术特征。

IMF溢出效应报告侧重如下问题,即5个系统性经济体的经济波对主要伙伴国和其他国家的影响。溢出效应报告中提到的重要伙伴国包括其他S5和部分新兴经济体,包括巴西、中国香港、印度、印度尼西亚、韩国、墨西哥、波兰、俄罗斯和泰国。

第一,关于美国经济体的溢出效应。IMF在报告中指出,除了通过贸易渠道对其周边国家❶传导其溢出效应外,美国对于世界其他国家的影响主要是通过金融活动,这是由于美国的债券和股票市场在全球金融市场中具有核心地位,并起到全球金融市场晴雨表的作用。短期内美国经济增长的溢出效应非常大,重要伙伴国对美国实施经济刺激政策以提振全球经济表示赞扬,但同时也对这些政策有可能导致的负面影响表示担心。这些担心主要体现在以下三个方面:一是宽松的货币政策有可能加剧资本向新兴经济体流动和导致大宗商品价格上涨;二是美国政府高额赤字水平和债务存量提高了债券市场尾部风险;三是巴塞尔协议Ⅲ之前做出的相关法律政策改变可能会激起金融部门套利活动。

IMF认为未来美国货币政策从宽松转向紧缩的预期可能会使此前流向新兴市场的资本出现逆转。渐进可信的财政整顿对全球经济的溢出效应并不大,而且其影响方向也是不确定的。但如果美国高额赤字和债务最终影响到美国债务可持续性信心,则会对全球经济产生相当大的负面影响。对美国的投资银行进行强有力的监管,可以有效防止美元基金市场的波动对全球经济带来的负面影响。总体来看,为了防止全球经济发生重大的尾部风险,美国和其他国家在财政政策上有更多共识,而在货币政策上则分歧较大。

第二,针对欧元区政策的溢出效应,重点关注欧债危机问题。IMF在报告中指出,重要伙伴国对欧元区解决欧洲主权债务危机所进行的努力表示赞扬,但由于欧元区和全球金融市场的高度联动性,重要伙伴国也对欧债

---

❶ 主要是加拿大和墨西哥。

危机进一步恶化,尤其是向欧元区核心国家扩散的潜在风险表示担心。如果欧债危机加剧并蔓延到欧元区核心国家,全球则面临重大风险。欧元区实行的财政整顿对总需求产生的微弱负面影响可被因重塑市场信心而获得的正面作用所抵消,从而在整体上有利于经济的恢复和发展。

该地区的货币紧缩速度略快于市场预期,但其溢出效应有限。但如果采取非常规手段控制欧债风险,欧元区则必须要考虑到与银行体系的互联性,并合理释放市场压力,从而降低对其他国家的影响。拟议中的增强银行体系免疫力的改革、加强潜在增长水平的劳动力和商品市场的改革,以及多哈回合下的贸易自由化改革具有适度正的溢出效应。

第三,针对英国经济政策的溢出效应,IMF的研究报告表明英国金融部门的规模和互联性使其成为冲击的重要来源、传导渠道,也使其成为全球冲击的潜在减震器。因此,英国金融部门的稳定性和有效性是一种全球公共品,有必要对其进行最高级别的监督和规制。和英国的宏观审慎政策一样,更稳健的流动性、资本和杠杆率有助于抑制信贷周期波动并降低系统性风险。IMF在报告中指出重要伙伴国对英国溢出效应问题的关注主要表现在以下两个方面:一是对于世界其他国家而言,英国金融部门在何种程度上能够成为冲击来源或者冲击传导渠道;二是英国对金融部门的监管政策在增强全球金融稳定性中发挥的作用。

国际合作对于英国发挥维持全球稳定潜力具有重要作用。如果欧盟在制定经济政策时置英国的金融监管政策于不顾,或者限制宏观审慎政策,则英国金融稳定政策的效力会被打上折扣。不论欧盟国家与英国的合作还是欧盟之外国家的合作都有助于限制监管的套利机会,同时也有助于降低资金池分散化的风险,增强母银行在危机期间对子银行或者分支银行的支撑,从而维持全球金融市场的稳定性。最后,IMF提到由于英国的金融部门的规模和在全球金融市场中的地位使得英国具有较大的信息优势,因此英国政府可以在对全球系统性风险的监管中发挥重要作用。

第四,针对日本经济政策的溢出效应,IMF在报告中重点关注以下方面:一是公共债务的动态演化;二是被推迟的财政整顿的潜在影响;三是日本大地震的影响。IMF的研究报告表明,日本地震后全球经济所受到的影响充分体现出日本在全球精密技术产品生产链中的地位。日本是亚洲重要的需求来源,在日本"失去的十年"中,由于世界其他主要经济体的经济增长形势比较好,在一定程度上减轻了日本对世界经济的负的溢出效应,但由于目前美国和欧洲的经济形势都不好,这就有可能使得日本对世界经济的影响有所扩大。

日本的财政整顿在短期内可能会对某些亚洲国家造成负面影响,但长期来看,将会对所有地区都会有正面的影响。日本"增长战略"的快速设施将有利于减轻日本财政政策的负面影响,而日本的货币政策的溢出效应则有限。日本金融部门的溢出效应比其他系统性经济体小,这很大程度上是因为日本的金融部门面向国内经济。但是,如果日本的财政整顿不能及时推进,则日本政府债券和银行资产负债表都会受到严重影响,从而影响到日本的贸易伙伴。尤其是如果日本政府债券收益率上升有可能导致日本利率上升,从而影响到实体经济。

第五,针对中国经济的溢出效应,IMF的研究表明中国传导和产生实际冲击的能力在扩大,中国的稳定对世界具有重要影响。IMF在报告中指出中国的重要伙伴国得益于中国的经济增长,特别是经济危机期间的增长,但也在不同程度上关注以下方面产生的溢出影响:一是中国迄今为止的稳步增长可能出现中断;二是货币调整步伐缓慢;三是外汇储备(已经位居世界第一)进一步积累,以及资本账户封闭。鉴于中国出口导向型增长模式是构成外部压力的重要来源,因而经济再平衡至关重要。货币升值对再平衡过程很重要,但仅靠货币升值只会产生有限的溢出影响。为了实现对其他国家产出和贸易的显著积极影响,必须实行全面转型,降低中国居民和企业的储蓄率,并提高受到压抑的要素价格。提高要素价格还能减轻对中国的竞争力来自扭曲成本结构的担忧,从而缓解贸易摩擦——贸易摩擦本身对世界经济构成风险。相反,中国若不能实现经济再平衡,出口市场份额将空前增长,产能可能出现过剩,由此产生的企业和银行资产负债表压力将导致不利的溢出影响。

2.3 学术界关于财政溢出效应的研究综述

上述关于IMF溢出效应的研究综述揭示了财政溢出效应的某些观点,但21世纪以来伴随着全球一体化程度的加深,各国联系日益密切,各国财政政策或者相关的财政风险变化引发的溢出效应问题开始逐步受到关注,当然,截至目前财政溢出效应的研究文献并不丰富,这也不奇怪,因为如果世界上各国财政周期是独立的,那么一个国家的财政政策或者风险变化可能被其他国家的财政波动所抵消,因而整体上就没有太大的影响。然而,在金融危机期间伴随着全球衰退,世界各国同时实施扩张性财政政策,世界主要国家处于同步的扩张周期,同样地,对于欧洲很多国家来说,金融危机之后的财政主权债务危机又促使宏观经济陷入困境,财政整顿是欧洲各国共同面对的问题。在此背景下,分析财政同步整顿的溢出效应就成为财政溢出效应的重点。

对此,Ivanova和Weber(2011)研究指出,全球很多国家同时财政整顿产生的溢出效应难以低估。比如当前发达国家集体的财政主权债务风险上升面临的集体的财政整顿,同时还出现集体产生危机的风险,因而分析这种现象具有重大意义。现有文献存在两点不足:一是现有的论文估计得出的溢出效应大多很小,对经济增长的影响也是很小的。然而,在大多数情形中,溢出效应的分析基于单个国家,即假设其他国家的财政政策不变,而其中一个国家财政风险变化的溢出效应,这显然与当下财政集体整顿出现的环境不同。二是在单个国家中尽管财政乘数存在差异,但有一点是确定的,当前利率是零利率,财政整顿产生的投资挤入效应很小,而且金融危机以来私人部门资产负债表不尽如人意也不支持大规模的私人信贷扩张,因而当前的财政乘数应该比以前大。

Jan(2013)运用结构化的多国模型来分析2011—2013年欧元区财政整顿所产生的影响。他认为溢出效应有三个渠道:首先是需求溢出效应,即一个国家的财政整顿会影响贸易伙伴国的进出口,通常是实施财政整顿会降低国内经济增速与国内需求,对其他国家总需求构成负向溢出效应。其次是竞争力渠道,财政整顿的紧缩性政策会压低物价和工资,从而提升竞争力水平,由此会对其他国家形成负向的溢出效应。最后是金融资本跨境流动渠道。一国财政整顿会影响资本回报率,引发本国与其他国家的资本跨境流动直到资本收益再次相等为止,同样由此可能引发汇率波动对贸易产生影响。研究表明,财政支出整顿比收入整顿有更大的影响乘数。国内财政冲击的平均乘数在0.5~1,主要的差异取决于开放度。财政整顿通过需求渠道和竞争力渠道有较大的溢出效应。德国及其他欧元区的核心国家的财政整顿对欧元区整体经济形势造成较大负面影响。经常账户盈余的国家的短期财政刺激会刺激产出并且降低外部失衡。

Giuliodori和Beetsma(2005)基于VAR模型运用乔克力冲击及结构化方法分析欧洲财政溢出效应。研究发现,德国、法国与意大利的财政扩张促使诸多欧盟国家的进口增长。Subarna(2012)采用VAR计量模型研究美国、墨西哥、加拿大、德国及澳大利亚等国的财政政策变化对伙伴国产出产生的溢出效应,同时进一步分析这些国家之间溢出效应程度的高低,结果发现并没有一致的结论,而且没有发现各国之间进行财政政策协调的迹象。

Beetsma、Giuliodori和Klaassen(2006)运用面板模型分析欧洲财政政策冲击对贸易的溢出效应,作者将影响区分为直接与间接,直接影响主要指政府对外国产品增加购买力度或者对居民收入减税而引发外国对本国的出口增长,间接效应主要指财政政策变化引发的微观主体行为变动进而引起的从国外进口的波动。研究表明,直接效应是不显著的,而间接效应在溢出效应中起着主导作用,财政增支幅度达到1%的GDP的力度会对应引起其他国家对本国出口增长1.4%,但同样力度的减税仅仅能带动外国对本国出口增长0.3%。

Auerbach和Gorodnichenko(2012)研究了OECD国家之间政府购买对产出的跨国溢出效应,研究表明,各国溢出效应对产出波动有较大的影响,尤其是那些处于衰退之中的国家受到伙伴国政府购买的溢出效应影响程度更大。Cova、Pisani 和 Rebucci(2010)研究中国2009—2010年财政刺激计划的溢出效应,研究表明,中国财政扩张对本国经济有着重要的拉动作用,当期的财政扩张分别拉动了2009年、2010年中国经济增长2.6个及0.6个百分点,这种效应在钉住美元的汇率制度下更为显著。中国总需求增长带动了从其他地区的进口,尤其是从日本及美国、欧洲。然而,中国的财政刺激对其他国家来说是比较有限的。

关于美国财政溢出效应的研究,Bagliano 和 Morana(2012)采用开放宏观经济计量模型研究包括财政波动在内的美国经济波动对外的溢出效应,研究表明,美国对外影响的渠道中资产价格渠道大于流动性渠道。美联储或者财政部实施的货币或者财政扩张应对宏观经济波动的效果并不一致,美国对其他国家的溢出效应尽管在金融危机期间表面上是表现在房价的下跌上,但实质上却在贸易渠道上对外构成更大的冲击。Alper(2011)通过构建不同模型研究公债比例与长期债务实际收益率之间的关系,主要是确认美国等大国财政债务风险是否对其他国家的债务收益率产生溢出效应。研究表明,美国等主要发达经济体公债水平对其他发达经济体或者新兴经济体的长期债务收益率产生较强的溢出效应。

尽管美国债务仍然拥有AA+的较高评级,但美国财政政策空间缩窄的问题日益突出,陈建奇(2014)通过构建理论分析框架及实证分析表明,当前美国等发达经济体财政赤字已经偏离稳态水平,财政政策空间显著缩窄,由此倒逼央行推行量化宽松货币政策,量化宽松货币政策通过债务货币化拓展财政政策空间,但即使考虑金融危机期间超常规的量化宽松货币政策,当前美国财政政策仍然难以实现财政债务负担率的稳定,预示财政政策空间的缩窄,由此可能导致美国更多的由财政转向货币政策,引发间接的溢出效用。梁琳和黄蕊(2013)研究美国量化宽松政策对中国通货膨胀的溢出效应,研究发现,美国扩张性的货币政策会对中国货币政策制定产生协同效应,并对中国通货膨胀水平形成正向冲击。但冲击程度会受到人民币汇率升值、经济周期波动等因素的制约。面对复杂的国内外经济形势,中国通胀问题的治理应更侧重于结构性的经济改革,促进整个产业的技术进步与转型,从而在经济内部引致真实的有效需求,实现货币供给与需求的切实同步,最终依靠内生动力,平抑因货币扩张而造成的通胀风险,从根本上实现经济的平稳发展。

与研究美国财政溢出效应的文献较少类似,国内关于欧洲财政溢出效应相关问题的研究文献也并不丰富。欧阳雪艳、杨晓光和李应求(2014)采用COVAR(条件风险价值法)方法分析欧元区金融市场的风险关联,通过测度金融市场间的系统性风险溢出效应,考察单个市场的脆弱性和对系统性风险的贡献性。实证发现,一方面,危机程度较严重的欧洲五国市场的风险关联较强,但风险传染并不明显,陷入危机主要是源于自身经济出现问题;另一方面,德国靠其强大的经济基础,受到的影响是有限的,扮演着稳定市场的角色。刘璐和武月(2014)研究发现,欧债危机爆发5年来,欧洲保险业遭受重大影响。长期低利率的市场环境使保险公司的投资收益和市值大幅下降,对问题国国债的减持使保险公司遭受巨额的资产减记损失。同时由于市场大幅抛售欧债,保险公司的融资成本上升,偿付能力下降。欧债危机引发全球经济低迷,国际投资银行为储备足够的流动性纷纷减持中国上市保险公司的股票,使其股价大幅下跌。而且受欧债危机溢出效应的影响,中国出口贸易遭到重创,出口信用保险赔付成本大幅上升,保费收入下降。

展礼香(2012)分析了欧洲主权债务危机给中国经济带来的影响。研究发现,欧洲主权债务危机的日益扩散和严峻化,给中国的经济发展带来了影响。首先,欧洲主权债务危机给中国的经济发展提供了有利机会。由于欧洲企业市值下降,给中国的对外投资提供了机遇;欧债危机使欧元和美元面临信任风险,以此为契机有利于推进中国的人民币国际化进程;欧债危机也有利于缓解人民币的升值压力,促进中国的产业结构调整。但是,欧洲主权债务危机也给中国经济带来了负面影响。由于欧元贬值、欧洲市场需求萎缩、贸易环境复杂化等原因抑制了中国的对外贸易;欧洲大量的投资主体资金短缺,打压了中国吸引外资情况;并对中国的外汇储备造成了消极影响。

从上面的讨论来看,溢出效应问题十分复杂,涉及诸多方面的内容,有必要从更综合的角度进行分析。对此,陈建奇(2013)研究了G20主要经济体宏观经济政策溢出效应研究,主要分析美国、中国、日本、欧元区及英国五个系统重要性经济体宏观政策溢出效应。研究表明,主要国际货币发行国基础货币总和与资本跨境流动具有显著的正向关系,相关政策对资本跨境流动尤其是流入新兴经济体的资本产生较强溢出效应。同时,发达经济体占据产业链高端而通过产业链条对国际贸易形成溢出效应。另外,中国经济通过总量扩张、外汇储备资产积累及生产链条等渠道对大宗商品价格、国际金融市场及国际贸易产生溢出效应。为此,各国应进一步加强国际协调,降低系统重要性经济体宏观经济政策负面溢出效应。

综合来看,溢出效应尽管在近年来受到的关注度持续上升,IMF作为重要的技术部门也介入研究,相关成果不断创新。但IMF关注的内容不局限于财政风险升级等溢出效应,与本书研究重点有重叠但不相同。IMF采取的方法既涉及初级的计量回归,又采取复杂的系统性模型,采取不同方法分析不同问题,会出现问题导向的特征,即迎合结果的计量方法,同时这些方法的设置存在自相矛盾的问题,这些都可能导致结果的客观性。IMF在评估不同系统重要性国家溢出效应时,缺乏统一的分析框架,也没有梳理出溢出效应的传导机制,导致各国之间难以对比。同时,其他相关的研究也不是沿袭主权债务风险问题进行系统深入的研究,对此,本书尝试进行创新,着重研究欧美主权债务风险的溢出效应。

第3章 欧洲主权债务风险演变及根源分析

欧债危机不仅导致希腊等危机国家陷入深度衰退,而且呈现向欧元区核心国家、东欧外围国家、金融资本市场蔓延传染的现象。尽管欧元区加快步伐制定各种稳定政策,但欧债危机所引发的欧洲经济疲软态势未见显著改观,2015年希腊退出欧元区的风险再次升级预示欧债危机仍存在不确定性,欧洲经济受到金融危机和欧债危机双重打击。然而,欧债危机为何影响如此之大?欧债危机的根源是什么?如何评估当前化解欧债危机的政策效果?尽管官方、学者、媒体甚至公众都对上述问题进行热议,但观点仍然存在较大分歧甚至完全相反,对有些问题的判断缺乏前后一致的理论逻辑,因而,进一步分析和理顺上述问题,有助于揭示欧洲主权债务危机深层次矛盾及治本之策。

3.1 欧洲债务"抱团"危机事件观察

主权债务是指一国中央政府以主权信用为基础,向外国或者IMF等国际机构借来的债务,该债务大多以国际储备货币或者其他国家货币计价。传统主权债务危机指一国主权负债的利息和本金支付发生违约情况。然而在当代经济全球化及金融创新发展背景下,主权债务实际发生违约可能性与历史时期比较有较大幅度下降。因而学术界有观点认为单纯用实际发生违约定义主权债务危机是不恰当的,需要扩展定义内涵使主权债务概念更好反映当代实际情况。尽管国际上关于主权债务危机尚未形成一致定义,但通常如果发生下面两种情形之一,即被视为发生主权债务危机:一是在债务合同期限内无法偿付主权债务利息或者本金的情况;二是债务国向国际货币基金组织或其他国际机构申请贷款援助(陈建奇,2012a)。

从各国主权债务表现看,希腊、葡萄牙、爱尔兰、塞浦路斯均已申请援助,成为陷入主权债务危机的事实案例。与以前主权债务危机相比,本次债务问题突出的特征在于其涉及多个国家,而且危机国家在欧元区内抱团,这与传统主权债务危机大多发生在发展中国家的现象形成鲜明对比,由此决定了本次债务问题的特殊性、复杂性。从统计数据来看,欧洲与美国的债务演变比较相似,而与日本存在一定的差异。为了更客观反映欧洲的情况,这里给出了欧元区与欧盟两个经济体的数据变化。从图3-1可以看出,美欧在金融危机之前债务率大体保持在适度的区间内震荡,而金融危机以来开始呈现持续大幅上升的态势。欧元区债务率从2007年的66.5%上升到2013年的95.2%,上升了30个百分点,欧盟债务率从2007年的58.9%上升到2013年的88%,上升了29个百分点。尽管金融危机之前的表现有所差异,危机以来美欧日债务率持续飙升是共同特征。

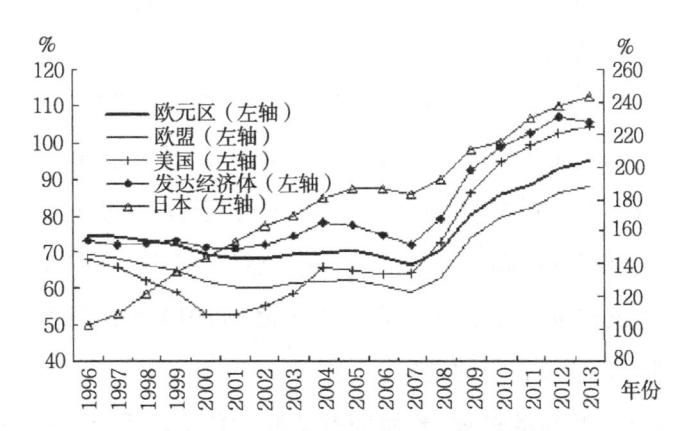

图3-1 发达经济体及美日欧债务总量占GDP比重(1996—2013)

资料来源:IMF数据库。

总体来看,金融危机以来欧洲财政债务风险演变大致经历5个阶段,即危机爆发、蔓延、扩散及恶化四个"急性期"阶段和目前的"慢性期"阶段。

第一阶段为2009年10月至2010年10月的危机爆发阶段。2009年10

月以来,希腊财政数据造假事件引发外界对希腊债务问题的关注。2009年10月20日,希腊新执政党泛希社运宣布当年财政赤字占GDP的比例由原执政党新民主党宣布的5.1%上调至12.7%,债务率同步由99%上调至113%,据此外界认为希腊财政数据造假,从而引发希腊债务评级大幅遭受下调。事实上,2009年在金融危机爆发后的第一年,很多国家实施大规模的财政赤字扩张政策,由此导致债务赤字非预期变动在所难免,在此背景下,希腊为何会遭受财政造假质疑呢?归根结底是希腊曾经在2001年申请加入欧元区时的财政数据造假。2001年希腊政府为隐瞒债务负担与高盛公司达成了一笔"货币掉期交易",掩饰了希腊一笔高达23.67亿欧元的公共债务,使2001年希腊财政债务占GDP比重下降了1.6%,希腊得以顺利成为欧元区成员方。2004年欧盟统计局重新计算发现希腊造假问题。

希腊财政数据造假有前科,因而,外界确认希腊财政造假的事实具有其合理性,结果是国际评级机构大幅下调希腊主权债务评级,希腊债务融资成本大幅攀升,希腊陷入财政困境并申请援助,以希腊为导火索的欧洲主权债务危机正式爆发。尽管其后欧元区和IMF联合向希腊提供1100亿欧元的贷款,但市场并没有企稳,2010年5月10日,欧盟27国财政部长在布鲁塞尔经过紧急磋商,出台"欧元稳定一揽子计划",创建一个高达7500亿欧元的稳定基金。同时,欧央行表示将实施"干预"以保证市场的"深度和流动性",欧央行开始购入债券。这些措施对市场产生积极效果,希腊主权债务CDS由2010年5月的1018点高点下降到2010年10月的665点的相对低点,欧洲债务呈现企稳的迹象。

然而,回顾这几年的进程,希腊问题是欧债危机的重要问题,潜在的推测是希腊是欧元区的重要国家,否则为何这么难治理呢?结合数据资料发现,希腊地处南欧,具有悠久历史的文明古国,面积13.2万平方千米,与我国安徽省面积略同。2009年希腊债务总额为2987亿欧元,占欧元区债务4.2%,占欧元区GDP的3.3%。可见希腊就是欧元区的小型经济体,希腊尽管本身财政负担很重,但相对欧元区来说并不大,而希腊问题却迟迟未能有效解决,反映了欧元区治理效率极其低下的问题,凸显了欧元区货币一体化而财政分散的事实,结果是外界对欧元区的治理存在怀疑,由此催生了外界对于与希腊财政债务状况相似的国家的财政状况的质疑。

第二阶段为2010年11月至2011年5月的危机蔓延阶段。希腊暂时的债务风险企稳局面没能持续,市场对于希腊债务的解决缺乏足够的信心,同时,爱尔兰、葡萄牙主权债务风险持续攀升,国际主权评级机构持续调降这两国主权债务评级(见表3-1),爱尔兰政府于2010年11月21日开始提出援助申请,并在其后接受欧盟和国际货币基金组织(IMF)以及英国、瑞典、丹麦联合提供的总额为850亿欧元的一揽子金融援助方案。此举意味着爱尔兰陷入财政困境的事实,表明欧洲债务出现蔓延现象,爱尔兰步入希腊后尘加入欧债危机的行列。2011年4月底至5月初,葡萄牙申请资金援助,并与国际货币基金组织(IMF)、欧盟和欧洲央行三方达成援助协议,葡萄牙明确在2013年实现预算赤字减至3%的目标,而葡萄牙也将为此换得未来三年累计780亿欧元(约合1156亿美元)的资金援助。从希腊到爱尔兰,再到葡萄牙,都发出了申请援助的信号,甚至意大利和西班牙的债务风险也在持续发酵,一系列的事件表明债务危机已经呈现持续蔓延的迹象,相关媒体引用爱尔兰、西班牙、葡萄牙、希腊及意大利五国的首字母构成了"猪群"集团,债务危机呈现欧洲国家抱团的现象。

表3-1 欧债危机初期三大评级机构对部分欧洲国家主权债务的评级变化

国家	穆迪			标普			惠誉		
	日期	评级	展望	日期	评级	展望	日期	评级	展望
希腊	2011-06-01	Caa1	负面	2011-05-09	B*-	负面			
	2011-05-09	B1*-	负面	2011-03-29	BB-*-	负面	2011-05-20	B+*-	负面
	2011-05-09	B1*-	负面	2011-03-29	BB-*-	负面	2011-05-14	BB+	负面
	2011-05-09	B1*-	负面	2011-03-29	BB-*-	负面	2011-01-14	BB+	负面
	2011-05-09	B1*-	负面	2011-03-29	BB-*-	负面	2011-01-14	BB+	负面
	2011-03-07	B1	负面	2011-03-29	BB-*-	负面	2011-01-14	BB+	负面
法国	1988-09-28	AAA	正面	1992-07-27	AAA	正面	1995-10-26	AAA	正面
德国	1993-04-29	AAA	正面	1992-03-17	AAA	正面	1995-10-26	AAA	正面

续表

国家	穆迪			标普			惠誉		
	日期	评级	展望	日期	评级	展望	日期	评级	展望
爱尔兰	2011-04-15	BAA3	负面				2011-04-14	BBB+	
	2004-05-29	BAA1	负面	2011-04-01	BBB+	负面	2004-06-34	BBB+*−	负面
意大利	2010-10-05	AA2*−	负面	2011-02-02	A-*−	负面	2010-12-09	BBB+	负面
	2002-05-15	AA2	正面	2011-10-19	A+	负面	2006-10-19	AA-	负面
	2002-05-15	AA2	正面	2006-10-19	A+		2006-10-19	AA-	
荷兰	1998-05-05	AAA	正面	1995-03-17	AAA	正面	2095-10-26	AAA	正面
葡萄牙	2011-07-05	BA2*−	负面						
	2011-04-05	BAA1*−	负面	2011-03-29	BBB-	负面	2011-04-01	BBB-*−	负面
	2011-03-15	A3	负面	2011-03-24	BBB*−	负面	2011-03-24	A-*−	负面
西班牙	2011-03-10	AA2	负面	2010-04-28	AA	负面	2010-05-28	AA+	负面
	2010-09-30	AA1	负面	2009-01-19	AA+	负面	2003-12-10	AAA	正面
	2010-06-30	AAA*−	负面	2009-01-12	AAA*−	负面			
	2001-12-13	AAA	正面						

资料来源：Wind数据库、华泰联合证券。

第三阶段为危机向核心外围国家扩散阶段。美国奥巴马总统在2011年8月1日签署提高美国国债上限法案，标志美国民主党和共和党债务上限之争告一段落，备受关注的美国主权债务技术违约得以避免，国际评级公司惠誉、穆迪将美国国债评级确认为AAA评级，但标普在当年8月5日将美国长期主权信用评级由"AAA"下调为"AA+"，并且维持"负面"展望，该事件迅速引起国际金融资本市场大幅波动。产生巨大影响的原因在于此事件出乎预料，一方面，美国债务持续上升超越美国民众的预期，20世纪80年代美国由于里根减税刺激经济导致赤字债务持续上升，财政可持续性问题引发美国民众的担忧。美国一个房地产商德斯特（Durst）在曼哈顿时代广场第六街道1133号的墙上挂了一个国债钟，该钟的最高标示债务是10万亿美元以下，这在本次金融危机之前并没有质的变化。而危机来了以后美国债务迅速超10万亿美元大关,截至2014年年底已超过17万亿美元,显示美国债务总额突破老百姓预期的事实。

另一方面,美国债务如此之高也突破美国政府的预期。20世纪90年代以来美国进入了新经济时代,时任美国总统克林顿执政时期创造了20世纪50年代以来的最大财政盈余,大量的财政债务被财政盈余不断的赎回。2001年克林顿总统在国情咨文中指出,2013年美国政府将消灭财政债务,但2013年美国财政债务不仅没有实现零的目标,反而出现了超过16万亿美元的巨额债务,预示美国财政状况严重偏离预期的事实。当然,尽管美国短期内出现债务危机的可能性很低,但美国是世界超级大国,主权债务位居世界首位,美债风险升级可能产生较大负面溢出效应,预示世界面临的主权债务风险大幅升级,体现债务演变发展到新的阶段。

第四阶段为危机恶化阶段。尽管欧盟出台多种措施应对欧债危机,但欧债危机不仅没有很快企稳,反而持续震荡甚至恶化。意大利属于欧元区第三大经济体,其拥有的债务是希腊、爱尔兰及葡萄牙三国总和的三倍多,意大利债务陷入困境只有一个结果,就是太大不能倒,同时是太大无法救。因而意大利债务升级预示欧债危机进入恶化阶段。2011年11月9日意大利10年期国债收益率飙升至希腊、爱尔兰、葡萄牙申请援助时的利率临界值,引发市场极度恐慌,至此,葡萄牙、意大利、爱尔兰、西班牙及希腊等"欧猪"集团形成。此外,希腊债务评级进入垃圾级,随时具有爆发违约的可能,相关领导人甚至已经开始讨论希腊退出欧元区的极端情形,债务危机开始触及欧元完整性和稳定性,上述诸多现象凸显债务危机恶化的事实。

第五阶段为"慢性期"调整阶段。2012年以来欧债危机治理出现一些积极因素,比如希腊进一步财政整顿以获得救助,欧盟各成员方加紧谈判并希望借银行联盟稳步推进一体化进程。欧洲央行在2012年9月推出了名为"直接货币交易"(Outright Monetary Transactions, OMT)的无限量债券购买计划,欧洲央行进一步降息以实施更宽松的货币政策,等等。上述措施为缓解欧债危机的短期恶化提供了积极的支撑。而且,2014年以来陷入财政债务困境的危机国家开始结束外部援助,重返国债市场融资,表明欧债问题出现了短期阶段性企稳,相关国家进入调整整顿阶段。但2015年以来希腊退出欧元区的问题重新引起争议,体现欧洲债务问题的不确定性,也突出了债务整顿的长期性。

3.2 欧债危机根源分析:基于危机时点的数据分析

欧债危机产生于金融危机形势下世界各国协同一致实施超常规赤字刺激政策的广义背景,其追根溯源显然离不开对短期刺激政策直接原因的分析。同时,欧元区抱团爆发主权债务危机,在理论上有其偶然性,但也揭示希腊等国共同的制度环境的潜在缺陷,值得从制度角度深层次分析欧债危机产生的根源。

3.2.1 直接根源:危机的超常规应对及财经纪律松弛

为应对2008年国际金融危机的影响,世界主要国家协同一致实施扩张性超常规财政刺激政策,结果是财政赤字的陡然上升。陷入债务困境的"欧猪"五国在2008年以来全部出现赤字(见图3-2),特别是西班牙与爱尔兰由于金融危机而导致财政收支由盈余转向赤字,2008年分别出现4%与7%的赤字率,而2009年赤字率更是上升到11%与14%,财政形势的逆转急剧推高财政债务水平,对财政债务风险上升起着推波助澜的作用。然而,观察世界各国财政状况,危机期间实施大规模赤字刺激政策是共性,但新兴经济体经济迅速触底反弹,超常规赤字财政政策得以及时退出,财政状况向持续改善的方向发展,为何欧洲多国会陷入债务困境并演变为危机?归根结底还是经济复苏不如预期,赤字财政政策遭到经济增长的绑架,爱尔兰在经济持续衰退的背景下,2010年的赤字率创下32%的新高。因而,国际金融危机的超常规应对成为欧债危机爆发的重要推手。

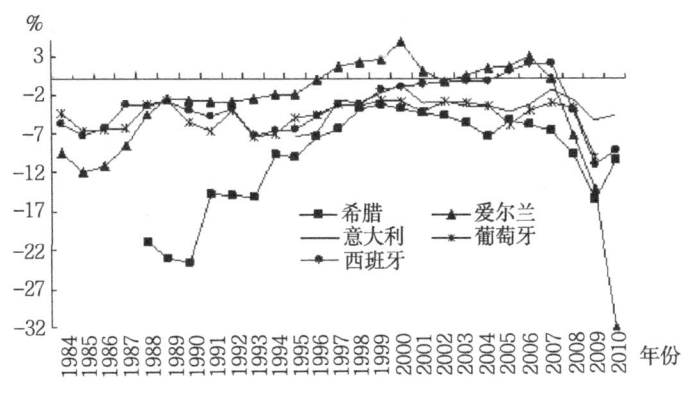

图 3-2 PIIGS 国家预算赤字占 GDP 比重（1980—2010）

资料来源：基础数据来自经济学人情报部（EIU）的 Country Data。

当然，从直接根源来看，国际金融危机仅仅是其中的一个方面，欧元区国家财经纪律松弛成为另一直接推手。《马斯特里赫特条约》规定的"3%赤字率、60%债务率"是加入欧元区国家的条件，也是约束欧元区国家财经纪律的标准。然而，除了芬兰及卢森堡外，其他14个欧元区成员方2010年赤字率全部高于3%，爱尔兰更是达到32%的高位。2010年债务率超过60%的国家有12个，占总额的75%，其中希腊债务率上升到142.7%。即便是在金融危机前的2007年，也有四个国家赤字率高于3%，而有八个国家债务率高于60%。欧元区国家大范围突破《马斯特里赫特条约》标准，不仅表明欧元区国家财经纪律的缺失，更体现欧元区财政政策没有统一而出现的监管失控的缺位问题。

3.2.2 长期根源：制度设计缺陷及经验证据

上述分析表明，欧债危机的直接根源在于财经纪律松弛及金融危机的双重影响，然而，这些因素是否必然促使欧洲多国同时陷入困境？图3-3是PIIGS国家债务负担率。数据显示，"欧猪"五国在历史上曾经经历巨高额财政负担的时代，在19世纪末期其债务率大多高于当前的水平，但并没有出现欧猪集体爆发危机的情形，20世纪30年代大萧条期间，希腊、意大利及西班牙等国的债务率也超过60%,但当时大危机的出现也没有导致欧洲多国陷入财政危机的现象,而是出现财政债务率持续的下降,潜在的含义是,这些经济体通过自身内在的调整机制逐步化解财政债务风险,财经纪律松弛及金融危机的双重影响并不必然促使欧洲多国同时陷入困境。

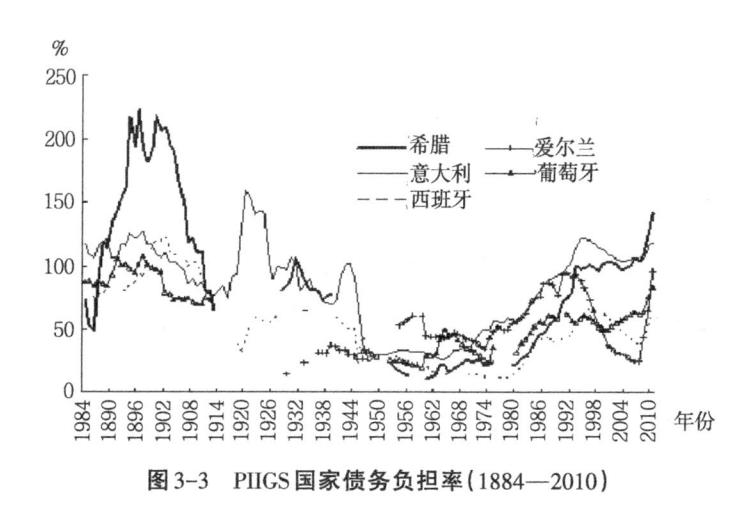

图 3-3　PIIGS国家债务负担率(1884—2010)

资料来源:基础数据来自IMF网站。

值得反思的是,本次"欧猪"集团为何没有通过自身的调整机制来化解潜在的财政风险?有些国家可能由于某些个性因素而使调整机制缺失,但PIIGS多国危机的集体爆发客观揭示了本次危机并非各国的特定因素所致,而是某些共同的因素导致这些国家债务风险调整机制的集体失灵。观察PIIGS国家的共同特征,欧元区共同货币是最具代表性的现象,从欧元区制度安排分析,将有助于理解或者破解欧债危机爆发的深层次因素。

理论上讲,欧元区统一货币并由欧洲央行担当欧元区的央行职责,表明成员方将货币主权让渡给欧洲央行,意味着成员方将缺乏独立的货币政策,同时暗含成员方之间固定汇率的制度安排,即汇率调节机制的缺失。在这种制度安排下,成员方的宏观经济表现将由于货币一体化后引起的内在调节机制变化而呈现新的特征。具体而言，资本与劳动是决定经济增长的两大要素，经济全球化促使资本跨境频繁流动，各国的资金成本日趋一致，在此条件下，成员方之间如果劳动力流动不充分，那么劳动力成本将难以有效降低，由此导致各国产品的竞争力存在差异，从而促使不同竞争力的成员方之间出现外部失衡，外部赤字国家需要通过外部融资来弥补赤字缺口。在欧元区货币尚未统一之前，持续的外部赤字往往伴随该国货币汇率贬值及债券融资成本上升，该国被迫紧缩总需求以实现外部赤字减少，最终逐步实现国际收支平衡，但欧元区成立后，货币汇率调节机制的缺失导致外部失衡的调整压力全部落在融资成本因素。然而，成员方加入欧元区以后，欧元背靠德国等强大经济体的支持而出现强势升值现象，由此支持欧元债券融资成本的持续下降，结果是外部赤字国家获得低成本的外部融资（利率的约束弱化），进而促进外部失衡的循环持续扩张，结果是赤字国不断推升债务水平，债务风险持续累积，最终导致债务危机爆发蔓延的现象。

可见，欧债危机国家具有共同的制度缺陷，但由此断定欧债危机的长期根源还缺乏相关经验证据，还需要结合具体数据做进一步的检验。根据上面的分析，经验分析主要集中在两个方面，即欧元区成员方劳动力成本是否出现持续分化及欧元债务融资成本是否长期低位徘徊。图3-4是PIIGS国家与德国劳动力成本指数。可以看出，德国与PIIGS国家在欧元区成立前劳动力成本变化差异显著，德国与希腊分别处于最低与最高水平。欧元区成立后，德国与PIIGS国家劳动力成本不仅没有收敛，反而持续扩大，希腊与其他PIIGS国家呈现持续的上升态势，2010年希腊劳动力成本比欧元区成立时的1999年增长70%，爱尔兰、意大利、葡萄牙、西班牙同期分别增加了69%、62%、73%、71%。而德国尽管也出现上升，但仅仅增长31%，凸显欧元区劳动力成本显著分化。

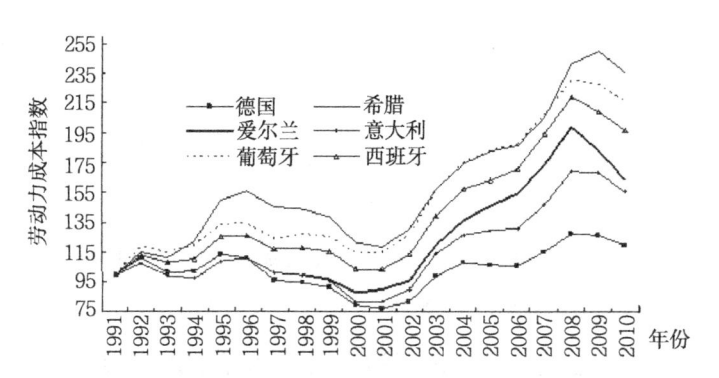

图 3-4　PIIGS 国家与德国劳动力成本指数(1991—2010)

资料来源:基础数据来自经济学人情报部(EIU)的 Country Data。

在欧元区的区域经济一体化大背景下,如果劳动力充分流动,那么劳动力成本差异并不会出现大问题,因为劳动力差异将引起劳动力的流动,最终促使各国的工资趋同,从而各国的竞争力也就不会出现大的差异。结合实际来看,图 3-5 是 PIIGS 国家与德国失业率水平。数据显示,PIIGS 国家与德国失业率差异显著,2010 年德国与西班牙失业率分别为 7.1% 与 20.1%,表明尽管欧元区属于区域经济一体化的典范,但劳动力流动并不充分,由此将由于劳动力成本差异导致各国工资的差异,图 3-6 报告 PIIGS 国家与德国平均工资指数数据,清楚反映德国与 PIIGS 国家在劳动力工资方面的显著差异的事实,直接结果是各国产品的竞争力存在显著分化。

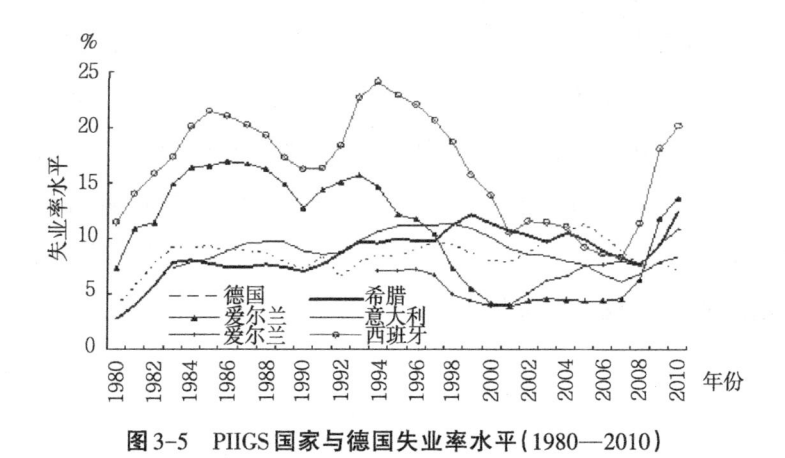

图 3-5　PIIGS 国家与德国失业率水平(1980—2010)

资料来源:基础数据来自经济学人情报部(EIU)的 Country Data。

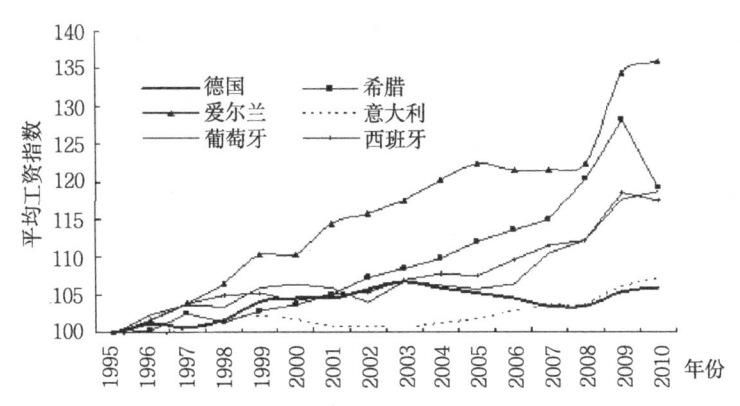

图 3-6　PIIGS 国家与德国平均工资指数(1995—2010,1995 年为 100)

资料来源：基础数据来自经济学人情报部(EIU)的 Country Data。

劳动力成本差异及工资分化引起的各国产品竞争力差异,将促使各国外部账户出现不平衡,德国具有劳动力成本优势,支撑外部账户盈余,而 PIIGS 竞争力缺失直接引起外部账户陷入逆差境地。图 3-7 是 PIIGS 国家与德法经常账户占 GDP 比重数据,可以看出,德国自 2002 年以来出现持续的经常账户盈余,而 PIIGS 集团则出现持续的赤字,而且在金融危机之前德国盈余的程度出现持续地扩大,凸显其竞争力持续增强的基本事实。尽管金融危机强制性的外部失衡调整,但随着全球经济复苏增长,德国外部盈余呈现逐步恢复的迹象,这一事实表明欧元区内部竞争力差异引发内在的外部失衡问题将长期存在。

欧元区国家之间外部失衡的存在就涉及外部融资问题,而融资成本构成融资需求的直接约束,融资成本的变化成为解释近年来"欧猪"集团债务持续上升问题的焦点。图 3-8 是欧元区成立前后部分国家央行及欧洲央行利率数据,可以看出,加入欧元区后,诸多国家的融资成本出现显著的下降,这种变化一方面得益于德国大国经济的支撑,另一方面得益于欧元强劲的表现。图 3-9 是欧元对美元汇率,数据显示,欧元自成立以来持续升值,表现出强劲的基本态势,迅速成长为与美元相竞争的国际货币,强劲的欧元促使外部对欧元投资需求的增长,这将导致外部对欧元债券的投资需求,从而促使欧元区成员方发行债务的成本下降,客观上为外部融资提供便利。图3-10是欧元区新发行的债券总和,数据显示,每个月新发行债券数量从1999年1月的1883亿欧元上升到2009年1月的15370亿欧元,上升8倍多,表明欧元区成立后确实促使债券发行的大幅上涨,由此内在持续推升欧洲债务累积风险。上述事实验证了关于欧元区的理论推测,也揭示了欧元制度安排对于欧债危机的深层次影响。

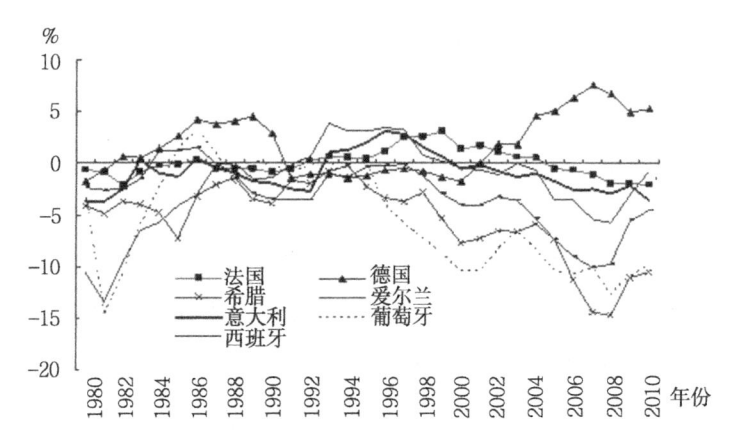

图3-7 PIIGS国家与德法经常账户占GDP比重(1980—2010)

资料来源:基础数据来自世界银行网站。

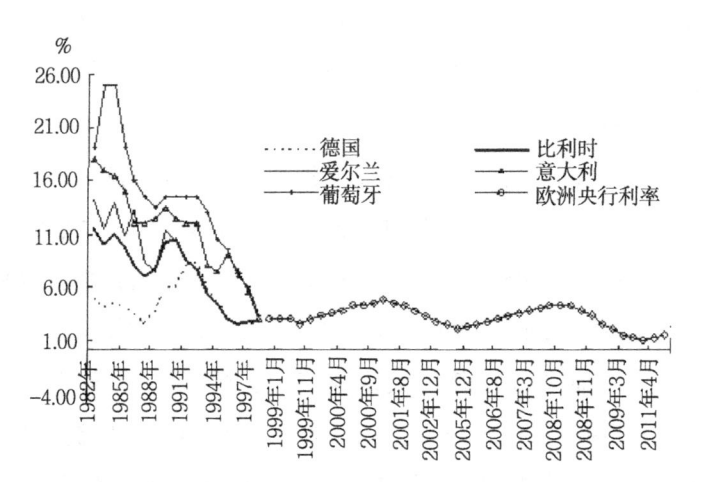

图3-8 欧元区成立前后部分国家央行及欧洲央行利率(1982—2011)

资料来源:基础数据来自欧洲统计数据库(Eurostat)。

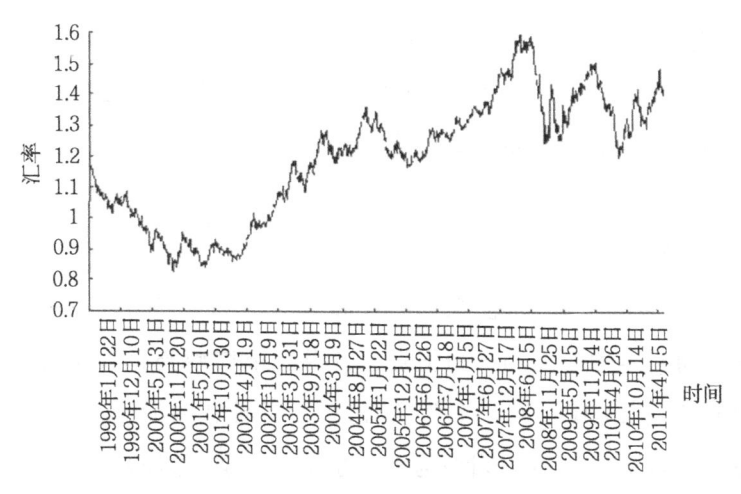

图 3-9　欧元对美元汇率（1999年1月—2011年5月）

资料来源：CEIC 数据库。

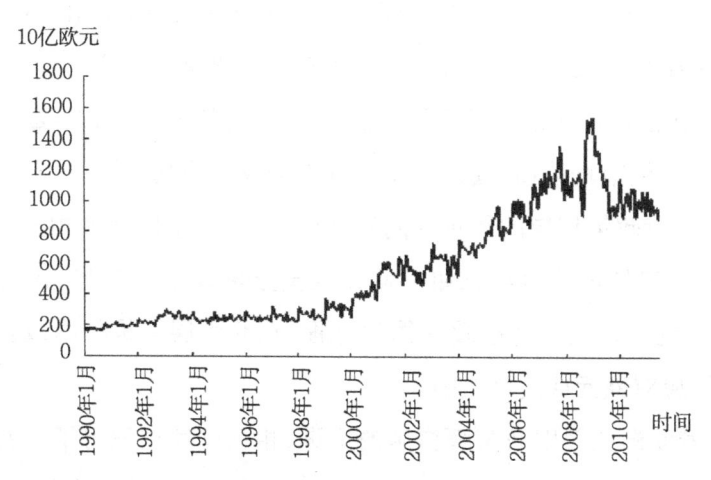

图 3-10　欧元区每年新发行的债券总和（1990年1月—2010年1月）

资料来源：基础数据来自欧洲央行网站。

综上所述，欧债危机直接根源在于欧元区成员方财经纪律松弛不断推升财政风险，而金融危机超常规赤字政策使本已债台高筑的财政风险暴露出来。深层次根源在于欧元区的制度设计缺陷，成员方劳动力成本差异及劳动力市场流动不充分导致外部失衡持续扩大，欧元区汇率调节手段缺失、劳动力成本分化及强势欧元内生债务国预算约束软化三者构成的制度设计缺陷内在推动危机国债务的非常规累积,该机制的延续必然要求盈余国对赤字国的转移支付,但各国财政的独立运作制约了制度缺陷的修复空间,希腊等危机国赤字借助低利率的欧元货币持续融资,结果是债务屡创新高,国际金融危机及财经纪律松弛压倒了欧债的最后稻草,欧债危机演变为"完美风暴"。

结合现实情况来看,欧债危机的外部援助倒逼主要财政困境国家紧缩调整,而救助主体的三驾马车扮演着救火队员兼财政整顿督察的角色。以欧盟、欧洲央行及IMF三驾马车为核心,推出各种救助措施,尽管各类政策复杂多样,但救助机制可以归结为4个方面。一是创建欧洲金融稳定基金(EFSF)与欧洲稳定机制(ESM),目标在于促进区域性财政金融稳定。二是欧洲央行救市。2010年5月,欧洲央行宣布启动临时性债券购买计划;2011年年底至2012年年初实施两轮长期再融资计划(Long-Term Refinancing Operation, LTRO);2012年9月6日欧央行宣布启动直接货币交易计划,在二级市场不设限购买成员方国债,而EFSF(欧洲稳定基金)和ESM(欧洲稳定机制)负责在一级市场购债,通过干预债券市场及向市场注资,规避欧债危机对欧央行货币政策传导的影响。同时,欧洲央行降息以降低相关国家债务融资成本。三是重塑财经纪律。欧元区国家紧缩财政支出,出售国有资产,开源节流。四是推动财政一体化进程,在欧盟层面推行财政及银行联盟的举措,应对欧元区制度缺陷。

伴随着欧洲相关财政整顿措施的推进,相关国家也取得了一些显著的进展。2013年12月15日,在接受救助3年后,爱尔兰正式退出救助,成为首个退出救助的欧元区国家。2014年1月7日,爱尔兰举行了退出救助计划之后的首次债券拍卖活动,并以近10年来的最低借贷成本筹得37.5亿欧元资金。爱尔兰没有申请延长救助期限,能回到债券市场发债,并且顺利获得市场的认购,标志着市场重新认可了爱尔兰。可以说,爱尔兰的危机暂告一段落了。第二个可喜的消息来自葡萄牙。2014年1月23日,葡萄牙自2011年接受救助以来首次重返长期债券市场,并成功发行了25亿欧元五年期债券,且顺利获得了市场认购。

然而,伴随着欧元区成员方财政状况的改善,从根源上解决欧债危机的财政联盟或者银行联盟进展并不大,核心原因在于相关联盟推进预示欧元区一体化的推进,这不仅需要各国领导人的齐心协力,更要各国民众的投票支持,欧债危机的持续震荡倒逼一体化进程的加速,但危机的缓解反而降低了构建财政或者银行联盟的诉求。欧债危机以来多国民众大规模抗议及由此引发的政坛动荡预示一体化进程的艰难,银行联盟乃至未来财政联盟的实现短期内仍然充满较大不确定性,由此决定了欧债整顿的长期性。

第4章 美国主权债务风险演变及根源分析

相比其他国家,美国财政债务负担并不低,美国财政债务绝对量已经超过自身GDP而位居全球首位,如果要美国立即偿还债务,那么需要动用的资金超过一年的国内生产总值,如此大的债务,外界的担心显然不是空穴来风。虽然美国经济金融危机以来持续稳步复苏增长,为财政债务偿还奠定了基础,但截至目前美国财政债务依然持续上升,财政赤字依然处于较高水平,而且以克林顿为代表的美国"婴儿潮"出生的人口开始进入退休年龄,由此引发的"银发海啸"如何应对?奥巴马备受争议的医疗改革对财政整顿的作用有待观察。未来美国财政债务风险依然具有不确定性,在此背景下,必须深入客观评估美国债务问题。

4.1 欧债危机折射美国债务风险:欧债危机爆发前的数据比较

美国绝对债务水平已经超过17万亿美元,远远高于陷入债务困境的"欧猪"集团的各国债务额,但美国并没有出现债务危机的问题,这背后有很多方面的原因,但也揭示了美国财政债务的潜在风险,因为尽管目前理论界尚未研究得出多高的债务水平必然出现危机,但也没有发现哪个国家可以无限举债,即债务持续飙升将不断提高该国的债务风险水平。欧债危机揭示了货币一体化而财政尚未一体化的潜在问题,但在此背景下所滋生的欧洲部分国家失衡程度加深是促使欧债危机爆发的直接原因,欧洲多国同时遭受财政困境却并非必然,或许存在某些相似的因素,危机只是一种结果,反映财政难以持续的现象。因而,通过各国经济内外宏观变量比较,有助于得出较为客观的结论。在此基础上,也能为评估美国财政债务的状况提供依据。接下来将集中分析"欧猪"集团与美国的共性特征。选取时间在2009年左右的时间,主要是考虑到这是爆发欧债危机的前奏,分析该段时间的数据更有借鉴比较意义。

一是"欧猪"集团与美国同为发达国家。这是本次主权债务问题的显著特征。不管是经合组织发布的发达国家报告,还是国际货币基金组织对发达国家的界定,"欧猪"五国及美国都是发达国家。图4-1报告OECD(经济合作与发展组织)国家人均GDP,数据显示,"欧猪"五国及美国人均GDP都超过了25000万美元,在OECD国家中处于中上水平,体现了本次债务问题集中在高收入国家的现实。

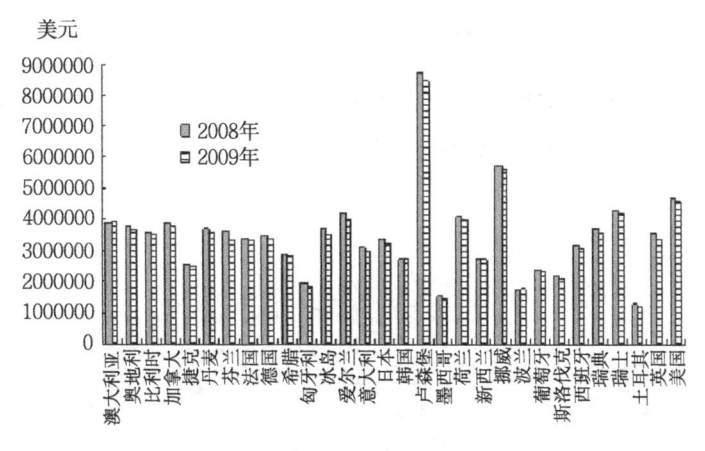

图4-1 OECD国家人均GDP比较(2008—2009)

资料来源:经济学人情报部(EIU)的CountryData。

二是"欧猪"集团与美国同为双赤字。双赤字是指经常账户赤字与财政赤字并存,"欧猪"集团与美国都出现双赤字的问题。图4-2是美国与"欧猪"集团经常账户赤字/盈余占GDP比重。数据显示,从2003年以来,美国与"欧猪"五国一直保持经常账户赤字,而且在金融危机之前,都出现经常账户赤字占比扩大的现象。图4-3是美国与"欧猪"集团财政赤字/盈余占GDP比重。数据显示,除了爱尔兰与西班牙以外,2001年以来美国等国都经历不断扩大的财政赤字问题。当然,爱尔兰与西班牙在2008年以来财政收支由盈余转为赤字,并且赤字迅速扩张,财政状况经历了快速恶化的现象。对比欧盟《马斯特里赫特条约》规定的3%赤字率的参考标准,这些国家都出现了显著背离,爱尔兰与葡萄牙都出现了15%以上的赤字率。这从一个侧面反映财政赤字状况不容乐观的共性。

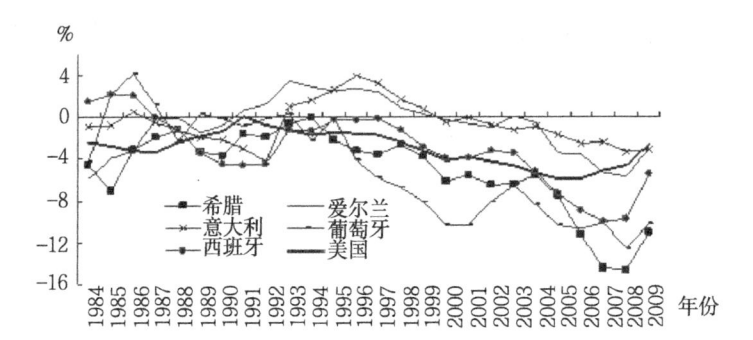

图4-2 美国与"欧猪"集团经常账户余额占GDP比重比较(1984—2009)

资料来源:经济学人情报部(EIU)的CountryData。

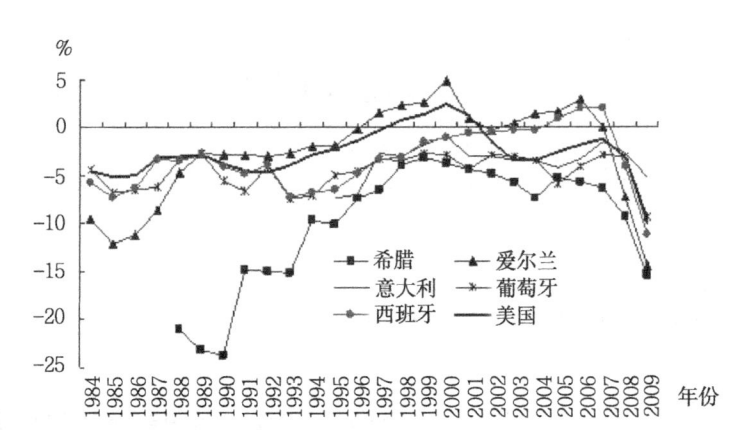

图4-3 美国与"欧猪"集团财政余额占GDP比重比较(1984—2009)

资料来源:经济学人情报部(EIU)的CountryData。

三是"欧猪"集团与美国同为高债务国家。目前各国公共债务水平合意性的衡量仍然颇为争议,但欧盟《马斯特里赫特条约》《稳定与增长公约》

提出60%的参考标准备受关注,也成为各国申请加入欧元区的财政健康状况的评价指标。结合该参数指标来看,"欧猪"集团与美国都已经突破上限,进入负债率较高的国家。图4-4报告美国与"欧猪"集团财政债务总量占GDP比重。数据显示,意大利、希腊、葡萄牙及美国债务率都已经大大超过60%的标准,尽管2009年爱尔兰及西班牙债务占GDP比重刚超越上限,但2010年的赤字已促使这些国家债务率呈现较快上升的现象。

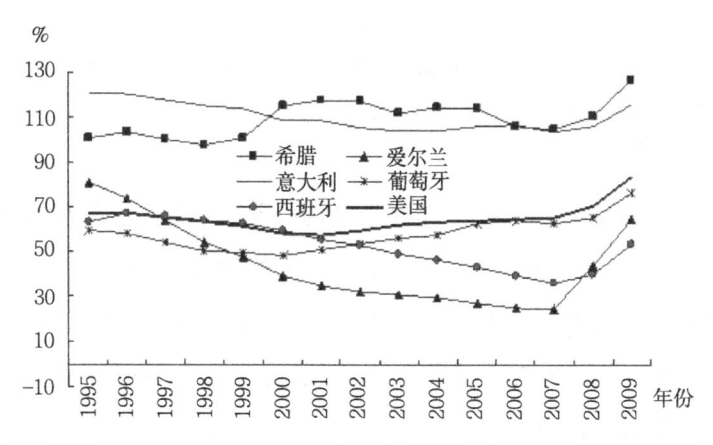

图4-4 美国与"欧猪"集团财政债务占GDP比重比较(1995—2009)

资料来源:经济学人情报部(EIU)的CountryData。

四是失业率高企是"欧猪"集团与美国面临的共同环境。在内部财政状况及外部账户不容乐观的情况下,"欧猪"集团与美国都面对失业率高位运行的问题。图4-5是美国与"欧猪"集团失业率比较,数据显示,各国在2009年都出现7%以上的失业率水平,相比2008年都有明显的上升。其中西班牙失业率最高,上升到18%左右,美国的失业率处于这些国家的中上水平,表明失业率高企都是这些国家共同面对的重要问题。而且基于财政扩张乏力及外部失衡没有显著改善情况下,刺激经济增长增加就业显然成为当时的重要问题。

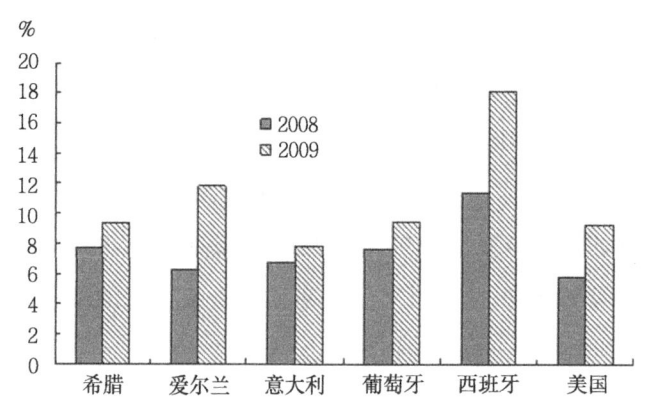

图4-5 美国与"欧猪"集团失业率比较(2008—2009)

资料来源:经济学人情报部(EIU)的CountryData。

上述分析表明美国不管在宏观经济内外平衡方面,还是在财政收支健康状况方面,都面临与欧洲"猪群"集团极为相似的问题,"欧猪"集团中多国出现主权债务危机,有其深层次的原因,但上述非常态的宏观问题构成其重要的背景,凸显相关国家积聚的债务风险,这无疑折射出美国潜在的财政风险和面临的挑战。

4.2 美国财政债务规模演变观察:赤字与债务水平变化

追溯第二次世界大战以来美国财政状况,容易发现美国财政困境并非历来就是如此,特别是在20世纪90年代克林顿总统执政时期,美国财政扭亏为盈,预算赤字转为预算盈余,财经秩序受到较好的整顿,而且经济也出现新的增长周期——新经济时代,克林顿总统甚至信心十足的表示,美国财政消灭债务的日子已经不再遥远。然而,为何短短十年时间美国财政就从持续向好转向持续扩大的赤字,如此大的逆转颇受社会各界乃至世界各国的普遍关注。因而,评估当前的美国财政问题,显然无法回避对新世纪以来财政形势逆转的考察。

从财政历史看,美国国债的历史由来已久,可以追溯到18世纪末美国诞生20年左右。图4-6报告历年美国国债占GDP比重（债务负担率）。数据显示，除了美国内战及第一次世界大战引起国债占GDP比重超过30%外，美国国债占GDP比重在第二次世界大战前总体保持低位，尽管出现波动，但变动方差并不大，大部分时间国债与GDP比例保持在20%甚至10%以下。第二次世界大战期间，国债负担率出现急剧飙升的态势。一方面，第二次世界大战引起国防预算大幅度上升导致财政支出大幅度上涨，另一方面，1929年大萧条以来采取凯恩斯思想而实施超常规的经济刺激计划，导致财政支出大幅增加，这些都导致第二次世界大战期间债务高涨，国债占GDP比重一度超过120%，美国国债负担率创历史纪录（陈建奇，2010）。

第二次世界大战之后，美国国债负担率呈现不断下降的趋势，20世纪80年代初期下降到30%左右的水平，尽管这与第二次世界大战前国债负担率不相上下，但与第二次世界大战120%以上的负担率相比，下降幅度达到90个百分点左右，凸显美国债务状况的改善。然而，这种状况并没有得到维持。20世纪80年代以来美国国债占GDP比重出现反转，总体趋势是不断上升，但中间出现一个短暂的插曲，20世纪90年代克林顿时期大量财政盈余促使国债负担率下降，此后美国国债负担率再次反转向上，没有再出现下降的现象。由此可见，在近20年来，克林顿总统执政时期财政债务负担出现逆转，美国债务负担由持续向上反转向下，呈现不断改善的迹象，但布什及奥巴马执政时期未能延续这种健康的发展态势，美国的债务负担再次出现逆转，转为不断上升趋势，国债占GDP比重屡创新高，2014年达到103.2%的水平，创第二次世界大战以来最高水平。

与国债负担率相似，美国赤字占GDP比重也大体经历了相似的几个阶段。19世纪美国内战、20世纪初第一次世界大战、第二次世界大战都促使赤字率偏离常规水平，出现大幅度增长的现象，其他阶段赤字率的变化相对温和。图4-7报告历年美国财政赤字占GDP比重（赤字率）。数据显示，第二次世界大战导致美国赤字率在1943年达到28.05%，创历史最高纪录，此后赤字率迅速缩窄，并在20世纪50、60年代出现盈余。

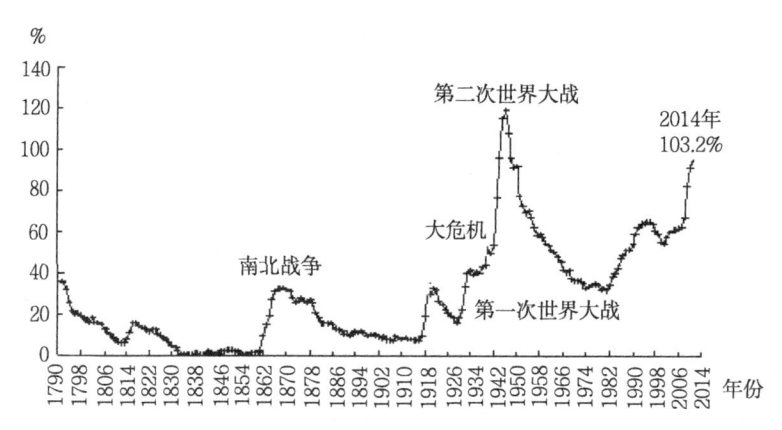

图 4-6　历年美国国债占 GDP 比重（1970—2014）

资料来源：1940 年之前美国联邦债务数据来自 http://www.treasurydirect.gov，之后的数据来自美国白宫网站 http://www.whitehouse.gov 公布的财政历史数据。1940 年以前美国 GDP 数据来自 http://www.measuringworth.org，之后的数据来自美国白宫网站 http://www.whitehouse.gov 公布的财政历史数据。

但 20 世纪 60 年代以后财政赤字率尽管出现反复，但总体呈不断扩大的趋势，到 20 世纪 80 年代由于里根时代的减税政策而攀至新的高度，美国财政赤字成为重要的问题。基于对财政赤字的约束，克林顿政府实施了一系列改革措施，财政赤字率出现反转，创造了 20 多年来的首次财政盈余，当然这种趋势未能延续，布什时代很快就重返赤字财政，财政形势逆转而下，特别是 2000 年来，美国财政赤字急剧增长，2009 年创造 9.8% 的赤字纪录，创第二次世界大战以来最高水平。

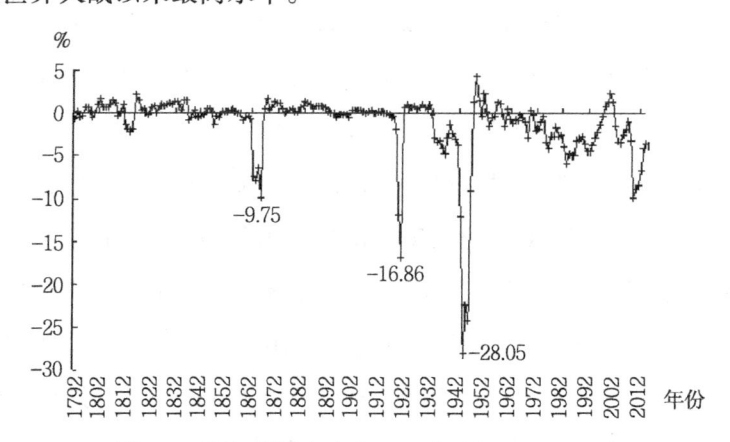

图 4-7　历年美国赤字占 GDP 比重（1792—2014）

资料来源：数据来自美国政府支出网站 http://www.usgovernmentspending.com/.

4.3 美国财政结构演变观察:财政预算结构及特征

如果不考虑战争时期对美国财政的影响,那么第二次世界大战之前,美国赤字率、国债负担率并不高,但第二次世界大战后特别是20世纪80年代以来,美国财政赤字、国债负担率持续上升引发广泛的关注。尽管发生这种变化的背后可能有各种复杂的深层次的原因,但美国财政状况变化值得从结构角度作进一步的观察,这就有必要分析美国独特的预算收支结构。

4.3.1 美国财政预算收支结构

1968年之前,美国联邦政府大多数时间推行行政预算(The Administrative Budget),联邦政府没有综合预算的概念。当时仅仅将联邦基金纳入行政预算,而信托基金没有纳入预算管理。随着信托基金的增长,行政预算越来越无法反映政府财政行为。1967年总统预算委员会关于预算概念的报告(*The 1967 Report of the President's Commission on Budget Concepts*)指出,预算应该在广泛的意义上反映联邦财政行为。该委员会推荐使用综合预算。将联邦基金与信托基金全部纳入预算管理。1968年约翰逊总统在1969年财政年度开始编制综合预算(The Unified Budget)。此后,综合预算成为美国联邦政府通用的预算方式。

综合预算将尽可能多的政府财政收支行为纳入其中,但在实施综合预算初期,仍然有三种机构的资金没有纳入综合预算,即美联储(The Federal Reserve System)、汇率稳定基金(The Exchange Stabilization Fund)及政府出资企业(The Government-Sponsored Enterprises)的相关资金等被列为预算外。然而,预算内外资金没有明确的区分原则,预算外资金越来越庞大,截至1984年,美国铁路协会(United States Railway Association)、美国邮政服务(U.S. Postal Service)等7个部门的资金纳入预算外管理。

针对预算外资金不断膨胀的情况,美国联邦政府在1985年出台了《平衡预算及应急赤字控制法案》(*The Balanced Budget and Emergency Deficit*

Control Act），预算外大部分资金被重新纳入预算内管理。与此同时，该法案明确将联邦老年、遗属保险信托基金（The Old-Age and Survivors Insurance and Disability Insurance，OASDI）纳入预算外资金。1989年美国政府又通过立法❶将邮政服务基金（The Postal Service Fund）纳入预算外项目，以此保持邮政服务的独立性。此后预算外资金一直保持这两个项目。为便于分析比较，目前美国财政预算报表往往也将1990年之前这两个项目单列出来，形成长时段可以比较的数据❷。

尽管美国联邦政府明确了预算外项目，但预算内外资金的划分缺乏明确的依据，比如将OASDI纳入预算外，但却没有将住院保险（The Hospital Insurance，HI）及补充医疗保险（The Supplementary Medical Insurance Trust Funds，SMI）纳入预算外，联邦政府还有其他类似的基金，同样也没有纳入预算外管理。因而，从预算内外资金角度难以完整反映美国财政预算资金的结构特征。

考虑到预算内外资金分类的问题，这里结合美国联邦政府的另一种预算分类进行分析，即将联邦政府预算划分为联邦基金（Federal Fund）及信托基金（Trust Fund）。联邦基金包含普通基金（General Fund）、特别基金（Special Fund）及周转基金（Revolving Rund）。普通基金主要是指在法律上没有规定收支挂钩的各种资金，即其收入没有明确规定必须用于特定的支出范围或者支出项目，普通基金的收入账户记录各种收入来源，支出记录各种具体支出项目，但收支中的各类账户没有明确的对应关系。普通基金在联邦基金中占主导地位，其支出占预算的2/3左右。

特别基金的收入有特定的支出用途。在法律上规定将特别基金用于特定的某一具体项目，但没有将其纳入信托基金范畴，比如土地和水资源保护基金（The Land and Water Conservation Fund），规定将其收入用于土地保护、土地征用及土地开发项目。特别基金的主要收入是政府通过税收、罚款及其他强制性收费等手段筹集的具有特定用途的资金。

---

❶ 法案名称为 Omnibus Budget Reconciliation Act of 1989。
❷ 资料来自 Budget of the U.S. Government：Fiscal Year 2011，p. 137。

周转基金用于特定商业行为的资金。其资金来源是通过提供商品或者服务以获取相关收益,然后将这些收益用于相关的运营支出。与其他基金不同,周转基金的收支账户相同,目前有两种周转基金:一是公共企业基金(Public Enterprise Funds),比如邮政服务基金(Postal Service Fund),主要从事一些公共运营事务;二是政府间基金(Intragovernmental Funds),比如联邦建设基金(Federal Buildings Fund),从事政府机构之间或者政府机构内部的一些商业投资活动。

关于联邦信托基金,政府在法律上将财政收支之间具有特定联系的某些基金归为信托基金(比如高速公路信托基金)。尽管与特别基金和周转基金类似,信托基金收支具有明确的对应关系,但特别基金和周转基金规模很小,而信托基金包含了具有收支联系的主要基金,将社会保险、医疗保险等大型基金包含在内,因而在反映该类资金的总体规模及特征上具有较高的代表性。

信托基金主要包括社会保障基金、医疗保险基金、失业补偿基金等,还包括高速公路基金、机场建设基金等。联邦老年、遗属保险信托基金(The Federal Old-Age and Survivors Insurance Trust Fund, OASI)是信托基金中最重要的基金,自1940年1月1日开始创建,该基金在美国财政部中单独开设一个账户。联邦伤残人保险信托投资基金(The Federal Disability Insurance Trust Fund, DI)于1956年8月1日开始在美国财政部创设独立的账户。OASI为合格的退休人员及遗属提供资金,DI为那些由于健康原因而不能参加工作的人提供自主,OASI与DI通常合称为OASDI。医疗保险信托基金和补充医疗保险是信托基金中的另一重要基金,创建于1965年,包含两个部分,即住院保险(The Hospital Insurance, HI)及补充医疗保险(Supplementary Medical Insurance Trust Funds, SMI)。与其他基金不同的是,SMI基金收入除了来自雇员的工资外,主要来自联邦基金中普通基金的转移支付。

总体来看,图4-8简单描述了美国联邦政府联邦基金及信托基金的关系。联邦基金大多是收支没有挂钩的,其支出范围主要是一般政府支出,如行政经费、国防支出、债务利息支出等。另外,信托基金由于要专款专用,收支没有脱钩,因而信托基金往往与联邦基金分别管理。SMI、OASDI、HI等信托基金收入直接进入信托基金账户,其盈余购买联邦政府定向发行的国债,相关债务收入转入联邦基金,投资收益作为这些信托基金收入,反之如果这些基金发生赤字,那么必须由联邦政府拨款弥补缺口,这些信托基金收入将根据法律支付给MI、OASDI、HI等项目的受益人。与信托基金不同的是,联邦基金支出项目往往没有明确的规定,而是根据各年的年度政府预算进行确定。

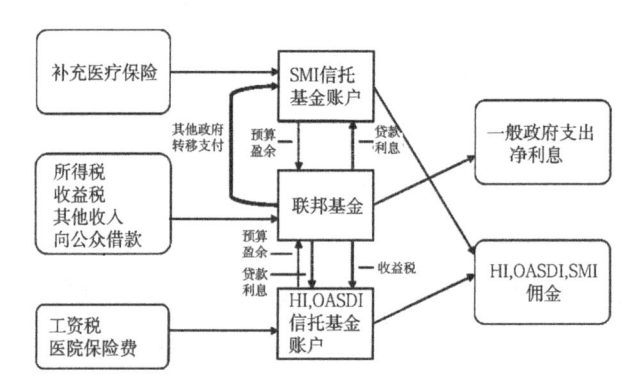

图 4-8 美国联邦政府联邦基金及信托基金的关系

资料来源:Office of Economic Policy of US Department of Treasury,200,Social Security and Medicare Trust Funds and The Federal Budget:an Expanded Exposition。

4.3.2 美国财政收支结构演变特征

从财政预算内外资金结构看,结构大体保持稳定。图4-9是财政预算内外收支占总收支比重。数据显示,1950—2010年,美国财政预算内收入占财政总收入比重平均为79.6%,美国财政预算内支出占财政总收入比重平均为84.8%。1950年至1980年预算内收支占比出现稳步的下降,预算外收支呈现一定程度的上升,但20世纪80年代以来预算内外收支结构相对稳定。

第4章 美国主权债务风险演变及根源分析

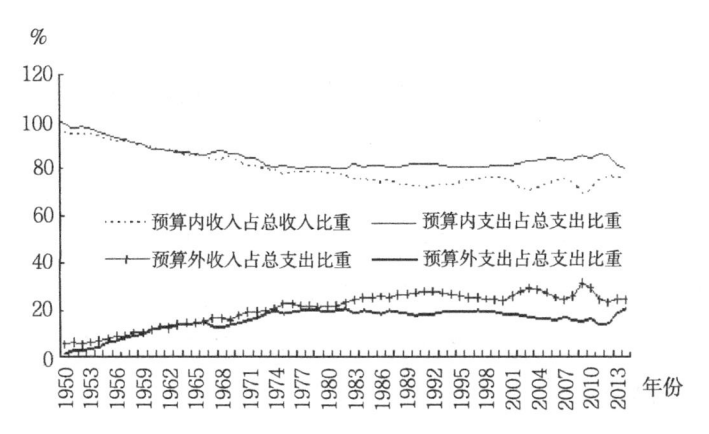

图4-9 财政预算内外收支占总收支比重(1950—2014)

资料来源：美国白宫网站 http://www.whitehouse.gov 公布的财政历史数据。

从财政预算内外资金的收支余额看，收支矛盾出现两局分化。图4-10是财政预算内外收支余额情况。数据显示，在20世纪70年代之前，财政预算内外收支余额相差不大，预算内外资金基本平衡。但此后预算内资金出现了急剧的变化，先是赤字总量不断增加，20世纪90年代克林顿总体时期经历了一段盈余的路径。其后很快便再次出现赤字，而且赤字绝对水平呈爆炸式增加，2009年达到了最高的1.55万亿美元。相比来看，预算外资金则显得比较稳健，自20世纪80年代中期以来，预算外资金一直保持盈余，而且在2008年盈余水平达到了1832亿美元的纪录高位，而2014年依然达到295亿美元。

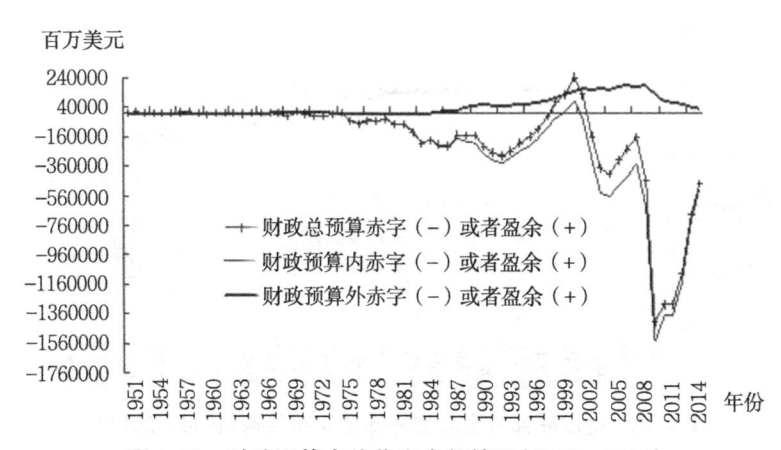

图4-10 财政预算内外收支余额情况(1950—2014)

资料来源：美国白宫网站 http://www.whitehouse.gov 公布的财政历史数据。

相比预算内外资金,从联邦基金与信托基金的角度看财政预算收支结构演变,大体演变趋势与预算内外资金相似。图4-11是联邦基金与信托基金的支出占比,图4-12是财政联邦基金与信托基金赤字结构。数据显示,自20世纪70年代以来,联邦基金收入与信托基金收入大体各占"半壁江山",但联邦基金支出与信托基金支出则"六四分成"。这种结构决定了各自的收支演变趋势,联邦基金预算由于长时间支大于收而保持赤字状况,而信托基金则由于长时期收大于支而出现盈余现象,因而信托基金对联邦基金长期存在"转移支付"的现象。

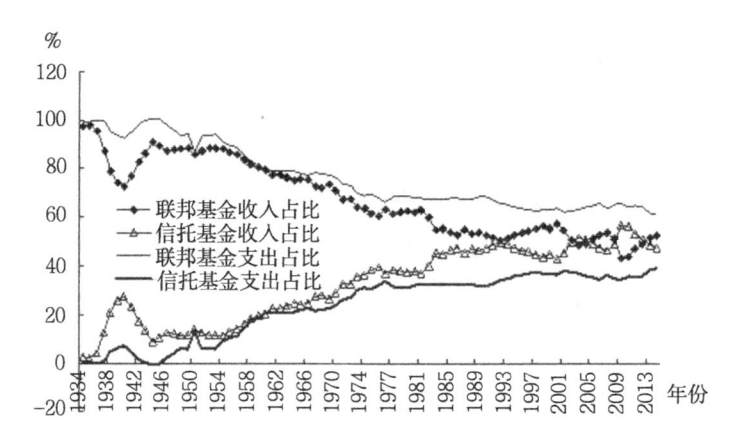

图4-11 联邦基金与信托基金的支出占比(1934—2014)

资料来源:美国白宫网站 http://www.whitehouse.gov 公布的财政历史数据。

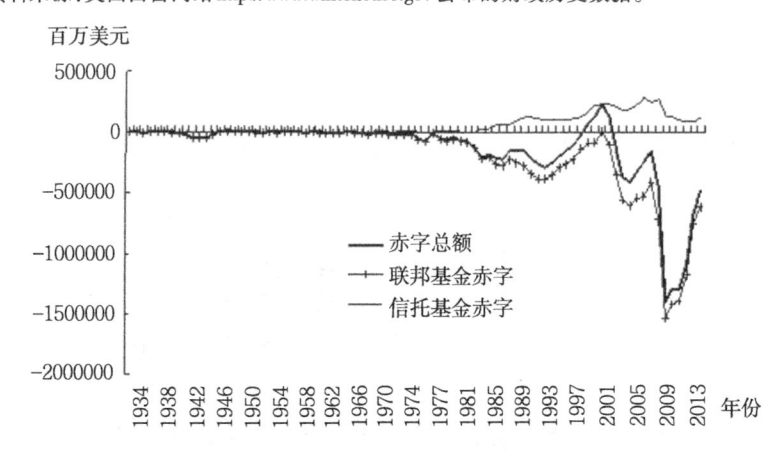

图4-12 财政联邦基金与信托基金赤字结构(1934—2014)

资料来源:美国白宫网站 http://www.whitehouse.gov 公布的财政历史数据。财政赤字总额=联邦基金赤字+信托基金赤字。

关于信托基金的盈余，主要是由OASI、DI、HI及SMI四个基金主导。图4-13报告信托基金主要项目盈余及其与总盈余占比情况。数据显示，OASI信托基金属于目前盈余最大的基金，但OASI并非一直以来都处于盈余，在1984年之前曾经长时间处于赤字状态，在20世纪80年代格林斯潘推行社会保障改革以后，该基金收支状况快速逆转，2009年盈余达到1457.8亿美元。1998—2008年DI、HI基金都处于盈余状态。OASI、DI、HI及SMI四个基金在2000—2009年盈余占信托基金总盈余84.65%，在2009年更是达到102.5%。

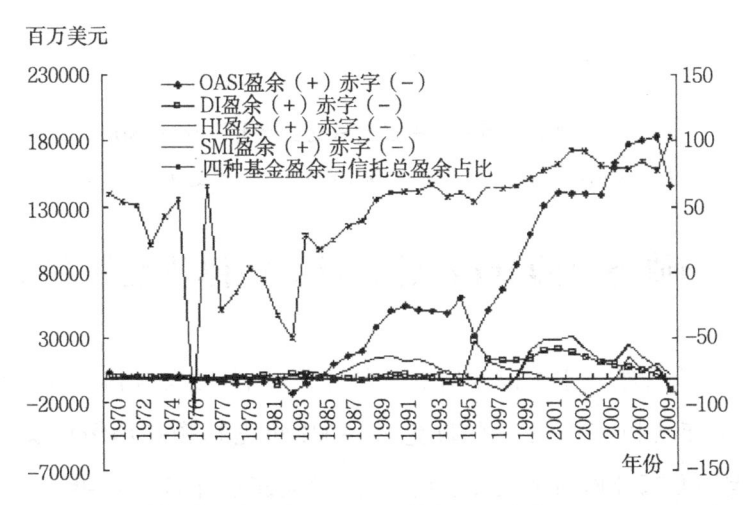

图4-13 信托基金主要项目盈余及其与总盈余占比（1970—2014）

资料来源：美国白宫网站http://www.whitehouse.gov公布的财政历史数据。

此外，美国联邦财政健康支出持续上升。美国联邦财政支出涵盖国防健康支出（Defense Health Program）、医疗保险医疗救助（Medicare、Medicaid）、退伍军人医疗保险（Veterans Medical Care）、联邦雇员健康佣金（Federal Employees Health Benefits）、健康改革支出（Health Reform Allowance）等项目。图4-14是财政健康支出占比。数据显示，财政健康支出不断上升的趋势十分明显，财政健康支出占GDP比重由1962年0.4%上升到2009年6%，同时财政健康支出占财政全部支出比重由1962年2.1%上升到2009年26.3%。

尽管2008年、2009年出现小幅下降,但此后绝对数量及相对占比却仍然保持明显的上升态势。

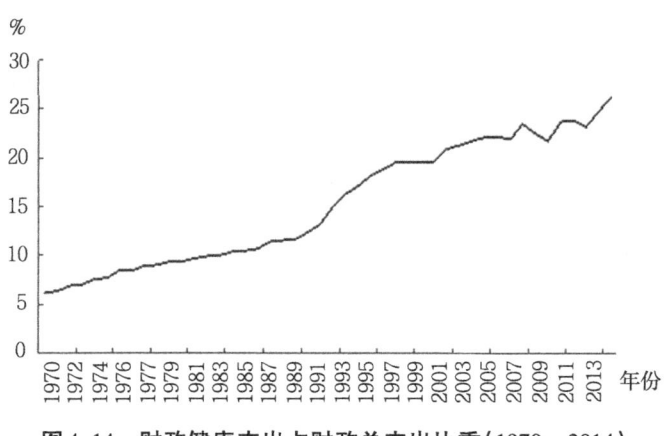

图4-14　财政健康支出占财政总支出比重(1970—2014)

资料来源:美国白宫网站http://www.whitehouse.gov公布的财政历史数据。

4.4　美国债务风险升级根源:财经纪律及社保制度

美债风险升级出乎美国政府的预料之外,克林顿总统执政期间创造了20世纪50年代以来的最大财政盈余,2001年克林顿在国情咨文中提出2013年美国联邦政府将消灭赤字的目标,但当前超过17万亿美元的债务预示美国财政状况偏离预期。相比"欧猪"财政状况,美国财政赤字率、债务率在欧债危机爆发前的2009年甚至高于西班牙及爱尔兰,但美国为何没有出现债务危机?重要原因在于美国拥有独立的货币政策,美联储可以通过持续发行货币满足美债偿还需求,以此避免债务危机的发生。然而,美国国债丧失"AAA"最高评级,客观上反映美国财政面临深层结构性矛盾和困境。美国财政赤字问题既有当前金融危机背景下超常规救助的因素,也与美国特定的财经制度安排相关,即便像标普这样美国本土并对美国抱有天然同情立场的国际权威评级机构也无法回避美国经济的深层矛盾。

第一,固守总需求刺激的宏观政策成为当前财政收支矛盾的短期原因。金融危机以来美国经济迅速复苏,但复苏进程并不顺利,而是经历了五年多的时间才开始出现经济基本面改善向好迹象,美联储在2014年年底才开始实现退出QE的政策。尽管如此,美国仍然面临结构性矛盾。重要的证据是美国银行业搁置大量现金而未进入实体经济。图4-15报告美国存款机构储备及现金资产总额,数据显示,美国存款机构现金和储备金额分别从2008年7月的3091.2亿美元和459.8亿美元,急速飙升到2011年6月的17406.8亿美元和16658.3亿美元。此后虽有所波动但仍然保持高位运行的局面,2014年11月底分别达到2.95万亿美元和2.56万亿美元的高位,分别是危机前2008年7月的9.6倍和56倍。美联储量化宽松政策基调的持续多年推行,以及美国商业银行储备高位运行,预示美国经济结构调整亟待进一步深化的事实。

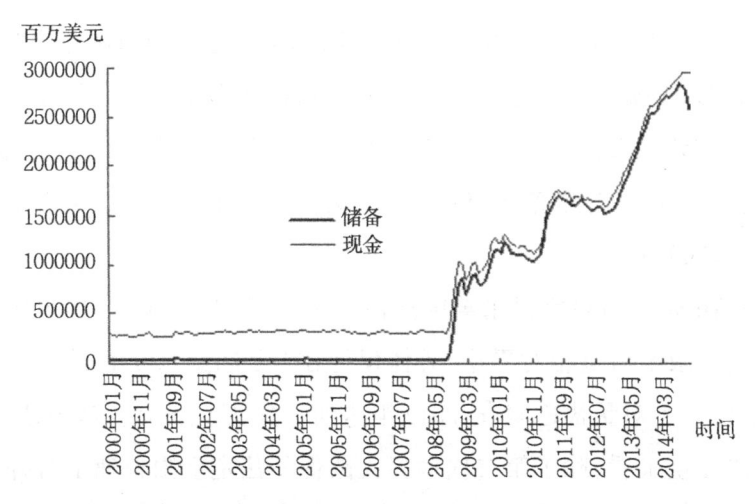

图4-15　美国存款机构储备及现金资产总额(2000年1月—2014年3月)

资料来源:基础数据来自美联储"存款机构总储备与基础货币表(Aggregate Reserves of Depository Institutions and the Monetary Base)"。

事实上,仔细观察金融危机以来美国经济的表现,可以看出美国宏观经济增速持续波动的事实,而这是危机以来美国保持超常规的货币宽松与超常规的财政赤字政策才取得的,揭示了美国经济结构性问题亟待稳步化解的事实。新世纪以来美国经济迎来景气阶段的同时也滋生消费过度的结构性问题,本次金融危机倒逼经济结构的强制性调整,促使美国经济增速出现大幅下滑。为此,美国政府出台超常规财政货币刺激政策以平滑结构调整的阵痛,避免宏观经济陷入20世纪30年代大萧条的极端情形,尽管此举促使美国经济较快走出危机而进入复苏增长通道,但却难以回避深层次的结构性调整难题。这些都表明美国当前经济可能并非单纯的总需求不足,而与经济深层次结构息息相关。但美国并未正视结构调整政策,而是持续的推行扩张性财政政策及货币政策,此举的结果是财政赤字的持续扩张,财政债务负担屡创新高也就在情理之中。

第二,财经纪律松弛构成美国财政困境的制度原因。为有效遏制政府过度债务融资,各国往往都制定了严格的债务发行审批制度。美国联邦政府在1917年《二次自由债券法案》(*The Second Liberty Bond Act*)中通过了对国债实施法定上限的规定,在1941年2月,国会与总统颁布法律修改上限,将其设定为650亿美元,此后在1941年至1946年多次修改上限条款,1946年上限为2750亿美元,而到1954年又在这基础上增加了60亿美元,债务上限总体呈现不断上升趋势,由1984年1.6万亿美元上升为2003年的6.7万亿美元(Gao,2003)。

图4-16报告1940年以来美国国债法定上限,数据显示,1980年之前,国债法定上限绝对量相对平稳,总体保持在1万亿美元以下,但从20世纪80年代开始,绝对量快速飙升,2012年达到了16万亿美元。从国债法定上限占GDP比重来看,除了第二次世界大战促使法定上限快速上升外,此后呈现不断下降的趋势,但1980年以来重新出现上升态势,不管是绝对值还是相对比重,都表明国债法定水平创第二次世界大战以来新高。近50多年来,国债上限的频频调整意味着美国国债发行没有硬约束,而是根据政府执政意图而设立的一个名义约束,在此框架下,政府有冲动大量举债,美国国债多年来大幅度上升也就不足为奇。

图4-16　国债法定上限(1940—2012)

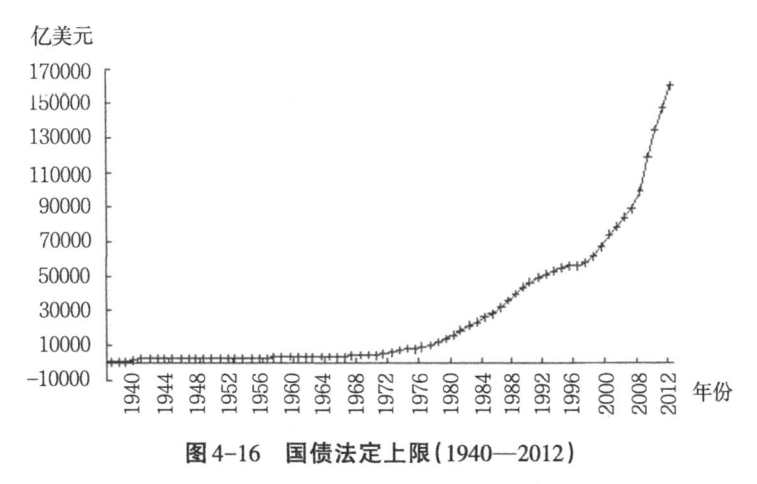

资料来源：美国白宫网站 http://www.whitehouse.gov 公布的财政历史数据。

此外，美国国债还可以通过向联邦金融银行(Federal Financing Bank, FFR)转移的方式来逃避债务上限短期的制约，该银行可以发行150亿美元的债券，但这部分债券不计入国债总额。在1985年、1996年、2003年美国政府国债曾经三次达到国债上限(见图4-17)，对政府国债融资造成了极大困难，为此，美国财政部将部分基金购买的国债转卖给联邦金融银行，降低名义国债总额，为后续的国债融资提供空间，美国财政部成功化解了三次债务上限管制的短期约束。然而，美国联邦金融银行受到美国政府的完全担保，其拥有的债券与国债没有两样，因而，通过这种技术转换逃避债务上限的约束，更加说明了美国国债发行制度约束软化的问题。

第三，共和党的赤字偏好导致美国财政错过收支矛盾改善的良机。观察第二次世界大战以来在奥巴马之前的美国十四任总统，共和党具有明显的赤字偏好。民主党执政六任，从罗斯福到克林顿，执政期间国债占GDP比例都出现了不同程度的下降。相反地，共和党执政八任，除了艾森豪威尔和尼克松在任期间缩减债务负担外，其他六任总统不仅没有削减债务的现象，反而大幅度增加债务，比如里根时代国债占GDP比重上升了21.5个百分点，这个纪录与小布什创造的纪录旗鼓相当(见表4-1)。共和党对赤字债务的偏好和依赖明显高于民主党,反映了共和党执政理念对财政支出形成的巨大压力,导致美国错过财政收支持续改善的良机。

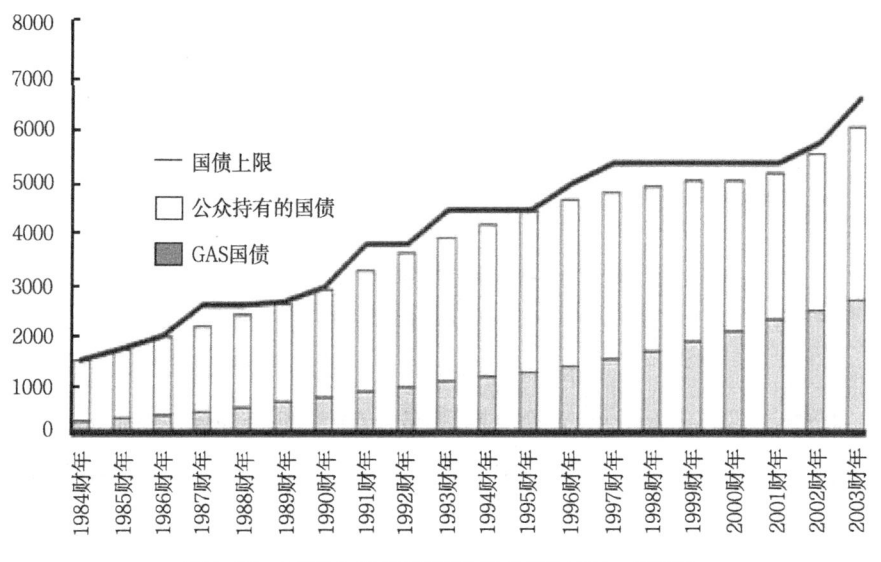

图4-17 国债上限与实际国债余额(1984—2003)

资料来源:基础数据来自Wind资讯,并测算整理。

表4-1 历届总统执政期间国债变化

总统	政党	执政期限	执政开始时债务/GDP比例(%)	执政后债务/GDP比例(%)	增加的债务(万亿美元)	增加的债务/GDP比例(%)
俄罗斯/杜鲁门	民主党	1945—1949年	117.50	93.20	0.05	-24.30
杜鲁门	民主党	1949—1953年	93.20	71.30	0.01	-21.90
艾森豪威尔	共和党	1953—1957年	71.30	60.50	0.01	-10.80
约翰逊	民主党	1965—1969年	46.90	38.60	0.05	-8.30
尼克松	共和党	1969—1973年	38.60	35.70	0.07	-2.90
尼克松/福特	共和党	1973—1977年	35.70	35.80	0.19	0.10
卡特	民主党	1977—1981年	35.80	32.60	0.18	-3.20

续表

总统	政党	执政期限	执政开始时债务/GDP比例(%)	执政后债务/GDP比例(%)	增加的债务(万亿美元)	增加的债务/GDP比例(%)
里根	共和党	1981—1985年	32.60	43.90	0.65	11.30
里根	共和党	1985—1989年	43.90	53.10	1.04	9.20
老布什	共和党	1989—1993年	53.10	66.20	1.4	13.10
克林顿	民主党	1993—1997年	66.20	65.60	1.12	−0.60
克林顿	民主党	1997—2001年	65.60	57.40	0.42	−8.20
小布什	共和党	2001—2005年	57.40	64.30	1.15	6.90
小布什	共和党	2005—2009年	64.30	80(est)	3.21	15.7

资料来源：Wikipedia：http://en.wikipedia.org，并作相应整理，2005—2009年小布什总统的情况采取2009年卸任时的数据估计。

第四，"婴儿潮"引发的"银发海啸"成为制约修复美国财政的深层次问题。第二次世界大战结束后，很多男性从战场返乡，结婚生子，创造了美国史无前例的婴儿潮（Baby Boom），该时间从1946年延续到1964年，前后持续将近20年，这段时期出生的人口总数达到7800万人以上。而如今平均每8秒钟便有1人踏入退休年龄，未来几年老龄人口将持续上升，对人口结构产生重大影响，"婴儿潮"开始转为"银发海啸"。"银发海啸"将诱发双重财政效应，一方面是社会保障税收收入快速下降，另一方面是社会保障支出大幅上升。老年人口将从2010年的3900万人上升为2030年的7000万人（见图4-18），其对应的财政收支矛盾十分突出。根据相关报道，美国老年群体的社保开支将由目前每年的5000亿美元，到2020年激增至9290亿美元，占国内生产总值的百分比由2009年的3.6%到2030年将大幅增至6.4%（Friedland，Summer，2005）。

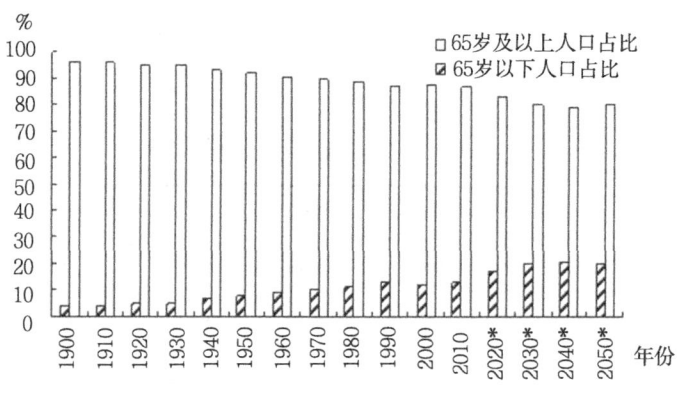

图 4-18 美国人口结构及预测

资料来源：Robert B. Friedland and Laura Summer, "Demography Is Not Destiny, Revisited," Center on an Aging Society, Georgetown University, March 2005，其中带*号为预测。

第五，医疗保险成为制约美国财政改善的另一深层次原因。医疗行业与其他行业的最大不同在于，技术进步通常导致成本下降，从而降低价格水平，但医疗行业的技术进步促使人们可以享受更高层次的医疗体检，而新技术的应用往往需要更高的医疗服务价格，这将促使医疗的支出成本由于技术进步而大大提升。表4-2是美国国会预算办公室《2009年长期预算展望》(*The Long-Term Budget Outlook*)中提供的联邦财政医疗保险及医疗救助的增长情况(CBO，2009)。数据显示，1970—2004年美国联邦财政医疗保险支出增长率达到11.5%，考虑到参保人员变动情况，联邦政府人均参保人员人均支出增长率达到了9.4%，与参保人员的人均GDP增长率相比，采取计算公式(1+参保人员的人均支出增长率)/(1+参保人员的人均GDP)-1计算超额成本，结果表明医疗保险超额成本增长率为2.9%。同样，可以计算得出医疗救助超额成本增长率为2.4%。

表4-2 美国联邦财政医疗保险及医疗救助的增长情况

年度	联邦支出增长率(%)	参保人员增长率(%)	联邦政府为人均参保人员人均支出增长率(%)	参保人员的人均GDP增长率(%)	超额成本
医疗保险(Medicare)					
1970—2004	11.5	2	9.4	6.3	2.9

续表

年度	联邦支出增长率(%)	参保人员增长率(%)	联邦政府为人均参保人员人均支出增长率(%)	参保人员的人均GDP增长率(%)	超额成本
1980—2004	9.2	1.6	7.5	5.1	2.3
1990—2004	7.5	1.4	6	4.1	1.9
1975—2008	—	—	—	—	2.5
医疗救助（Medicaid）					
1975—2004	12.1	3.3	8.5	6	2.4
1980—2004	11.1	4	6.8	5.1	1.6
1990—2004	11	5	5.6	4.1	1.4
1975—2008	—	—	—	—	2.0

资料来源：美国国会预算办公室。医疗保险数据是日历年度数据，而医疗补助是财政年度数据。超额成本采取计算公式(1+参保人员的人均支出增长率)/(1+参保人员的人均GDP增长率)-1计算得到。

超额成本的存在预示医疗保险及医疗救助的支出压力很大，奥巴马政府积极推动美国医疗体系改革的初衷也在于此，然而，医疗改革对抑制医疗相关支出上升的作用并不大。美国国会预算办公室预计，2010—2019年由于医疗改革而减少的赤字大约为1430亿美元，占2009年GDP仅为1%，将其分解到十年，那么正面影响并不大。2020—2029年预计降低1.3万亿美元的赤字，将其分解到各年，大约仅相当于各年GDP的0.5个百分点，影响也不显著，可见未来医疗相关支出高位增长的局面短期难以逆转。但现实的结果是，一方面，美国财政目前已是负债累累，难以从其他地方腾出相关的收入予以弥补；另一方面，医疗健康支出事关社会福利，在美国代议制民主下，随意缩小或者延迟支付都可能导致政党不利的地位。可见，美国财政被医疗保障等社会保障支出绑架的事实毫不夸张。

尽管奥巴马信誓旦旦通过医疗改革改善财政收支困境，但近年来共和党掀起的对医疗改革的否决行动体现出相关改革的艰难。美国财政债务困境的缓解诉诸经济增长或者债务货币化，但债务货币化要求美联储提供透支资金，由此带来的通货膨胀压力将考验美国选民的忍耐度，而且目前美国经济结构性问题需要进一步调整,这些都意味着美国财政债务风险治理的艰难。美国两党在财政治理上出现重大分歧,民主党主张富人增税而共和党则主张削减福利支出,两党之争险些导致2011年8月出现债务技术性违约,此后标普下调美债评级更是引发美债风险升级。这种情况在2012年美国大选及应对2013年"财政悬崖"事件中均继续延续,2013年还出现了美国政府关门事件,反映出美国财政整顿之困。

总体来看,金融短痛,财政长考,这是对美国财政主权债务演变的基本判断。奥巴马政府借助美联储及推行金融监管法案等制度变革,金融系统已经逐渐恢复。相比之下,财政整顿需要增收减支,紧缩性的政策或将影响经济增长,反过来制约财政收支矛盾的缓解,而且美国两党在财政问题上的分歧又促使其陷入政策陷阱。长期来看,美国将难以回避主权债务风险持续上升的难题。然而,美国国债会出现违约吗?历史经验显示美国出现信用危机的可能性,在布雷顿森林体系时期就曾经出现1971年美国单方面终止美元与黄金固定价格兑换的美元信用危机。当然,美元仍然是全球主要国际货币,短期内美国国债仍然是世界上风险系数较低的债券,美国财政风险主要体现在较长时期的逐步累积震荡。

美国作为世界超级大国,财政问题不仅是其国内经济的约束,而且会对其他国家产生外溢影响,甚至引发新的危机,特别是在美国超级大国仍然主导世界经济的背景下,美国宏观形势变化将对世界经济产生重大影响,任何的经济判断离不开对美国的评估。因而,美国财政潜在风险不容忽视,推测美国财政演变态势具有必要性和迫切性。关于美国财政的深入研究有助于看清美国财政未来真实状况及潜在约束,也有助于防范相关风险。尽管美国国会预算办公室及相关机构都曾对美国财政状况作出各种推测,但这些推测可能受到政党偏见及其他约束,因而,很有必要提供一个外围观察评估美国的视角。

综合来看,美国财政问题短期内难以逆转。但历史上出现债务危机的国家往往是由于外币计价的外债高企而导致违约,与此不同的是,美国的国内外债务大都是美元计价,理论上美国可以通过美联储发行货币的手段偿还到期债务,不会出现债务违约。因而,美国财政债务问题的重要内容在于债务货币化,即美国财政赤字债务演变与债务货币化风险。然而,随着美国债务不断高企,债务货币化的程度将不断增强,历史经验表明债务货币化将加大通货膨胀风险,反过来制约财政政策空间和货币政策有效性。为此,美国政府最终必须权衡两种选择,一是调整财政收支政策,实施紧缩性措施,重新寻求财政平衡。二是财政债务违约。前一种方式往往以降低国民福利为代价,在美国等民主制国家执政党往往会遭受选民的抗议,希腊等国财政紧缩政策遭受严峻的选民示威游行就是明证,在此情况下,执政党迎合选民的天生秉性往往逼迫政府选择某种程度的财政技术违约。

由此可见,美国赤字债务不断高企,短期内可以诉诸债务货币化的非常规手段,规避财政不可持续的问题,但财政债务如果持续上升,未来财政不可持续的问题就难以避免。当前世界经济存在较大不确定性,欧洲经济持续低迷,日本经济呈现二次衰退,美国作为世界最强大的经济体,短期内其相对风险仍然较低,导致各国对其资产仍然偏爱有加,但长期来看,美国债务高企的问题值得关注,新兴市场经济持续追赶,世界经济格局的调整,都会导致美国面临新的挑战,未来重塑财政问题,必然是美国长期而艰巨的问题。

第5章 欧美主权债务风险演变溢出效应：统计分析

欧美主权债务风险演变的溢出效应既有债务相关变量变化或者危机等相关事件爆发所引起的对外直接影响，也有通过本国宏观经济变化而引起的对外间接影响。尤其是欧美主权债务高位运行引发财政整顿需求而影响宏观政策及其他主要经济体，促使资本呈现跨境频繁流动现象，宏观政策失调的溢出效应显现。对此，本章将从统计分析角度对欧美主权债务风险变化的溢出效应进行研究，揭示溢出效应传导机制及传导渠道，为后续更深入评估溢出效应问题而奠定基础。

5.1 欧美主权债务风险演变的溢出效应

欧美主权债务风险变化直接影响债券市场价格，债券是金融市场的价格基准，债券价格波动将影响其他金融市场变量，进而影响金融资本市场。美国基于全球经济主导地位，而且拥有美元主导的贸易结算、储备等国际货币地位，其对金融市场、大宗商品、国际贸易等都具有较大的影响，2008年金融危机及2011年美国国债评级波动引发的全球市场波动，生动诠释美国溢出效应的巨大动能。而欧元区由于陷入债务困境而使溢出效应主要集中在财政风险。当然主要发达国家相互交织，还必须从整体上考虑溢出效应的影响，比如国际流动性的影响就体现为多国的特征，因而必须探索美国等发达经济体溢出效应的传导机制及表现。

欧美具有较为完善的市场,对外开放程度已经发展到比较高的水平,主要发达国家的外部联系或者外部依赖尽管存在差异,但都已融入全球化并且呈现日益增强的趋势。国际经济联系程度已经不是决定发达国家对外部影响差异的重要因素,其影响程度更多取决于经济相对规模,此外,这里重点考察欧美主权债务风险变化的溢出效应,因而这里主要选择宏观经济政策指标或者与其具有密切关系的指标,主要包括财政债务、财政赤字、货币供应量、利率、汇率等指标;同时结合国际贸易、大宗商品、全球通货膨胀、全球产出等指标分析宏观政策溢出效应的影响。但理论上任何开放国家的宏观政策都可能产生溢出效应,如果不加区分,那么溢出效应报告显然缺乏主次,十分庞杂,直接及间接影响既涉及股市等资本金融市场,又涉及国际贸易等实体经济需求,同时也影响产业链条等全球产业分工,因而,接下来的溢出效应研究将从三个方面进行探讨。

5.1.1 欧美主权债务风险对金融资本市场的溢出效应

从理论上说,主权债务风险变化特别是危机的发生,对外界释放了极其负面的影响,在世界弄清楚债务风险变化的内在原因及潜在影响之前,大量避险资金往往纷纷撤出高风险资产而进入避风港,转而投资其他相对稳定的金融产品,或者资金流出国外投资其他相对较为稳定的经济体,因而,主权债务风险变化最直接的影响是股市等金融资本市场,其可能由于债券风险变化而剧烈动荡。

关于对资本市场的溢出效应,2011年美国主权信用评级遭到标普下调的事件引发了股市大震荡,此事生动阐释了这种债务风险升级的溢出效应。本次债务问题的爆发源于美国两党关于债务上限的争议。标普曾于2011年4月18日调整美国主权信用展望评级,标普在当天发布的报告中确认其对美国的"AAA"长期主权信用评级和"A-1+"短期主权信用评级。但将美国长期主权信用评级展望从"稳定"调降至"负面"（Standard & Poor's，2011），表明标普可能在未来6~24个月内至少有1/3的可能性会调低美国长期信用评级。2011年7月14日标普基于美国国债上限悬而未决而将主权信用评级列入信用观察，表明标普对美国主权信用评级可能受短期（通常为90天）事件或环境变化的影响。

标普2011年8月5日发布的信用评级报告（Standard & Poor's，2011），确认其对"A-1+"短期主权信用评级，但将美国的"AAA"长期主权信用评级调降至"AA+"，并且维持长期主权信用评级展望为负面。同时，解除将美国短期及长期主权信用评级列入"负面信用观察"。标普表示，如果美国未来削减赤字数额小于预期、融资成本大幅上升，或者出现新的财政压力，那么美国长期主权信用评级在未来两年内可能再次下调至"AA"。标普下调美国主权信用评级基于两点考虑：一是美国共和党和民主党在债务上限问题上出现长时间争论，财政收支改革短期内没有实质性进展；二是国会与政府达成的协议不足以促使美国财政债务负担在2015年前保持稳定。对于将美国信用评级剔除负面信用观察名单的问题，标普认为美国债务上限提高的幅度足以排除短期内美国债务违约的可能性。

美国国债评级下调事件对股市产生巨大的溢出效应。图5-1是全球主要股指走势，数据显示，在美国债务上限争议导致技术性违约风险加大的情况下，全球股市从2011年7月中下旬以来开始出现下滑，而在当年8月8日标普下调美债评级后首个交易日出现大幅下跌。其中，道琼斯工业指数下跌634.76点，收于10809.85点，跌幅5.5%；纳斯达克综合指数下跌174.72点，收于2357.69点，跌幅6.90%；标准普尔500指数下跌79.92点，收于1119.46点，跌幅6.66%。德国法兰克福股市DAX指数2011年8月8日跌幅为5.02%，韩国综合指数跌幅3.82%，创下自2009年11月30日后最大单日跌幅。避险资金流入黄金推动金价攀升，纽约黄金期货电子盘一度冲高至1717.9美元高点，再创金价历史新高。

本次美国债务风险升级不仅是历年来美国财经纪律松弛引起的必然结果,而美国两党在债务上限问题的分歧更反映美国宏观经济政策空间的缩窄,未来宏观经济政策转变特别是财经政策转变是必然的选择,由此引起的政策溢出效应也就值得重点关注。除了美国债务风险外,欧洲主权债务也有类似的溢出效应问题。欧元区自希腊债务危机以来,外界诸多学者对于欧债危机的治理效率持有悲观的预期,因为希腊这么小的国家出现了债务问题却久拖未决。美国费尔德斯坦教授2011年6月24日为英国《金融时报》撰稿"希腊违约只是时间问题"(费尔德斯坦,2011),指出在当前欧元制度安排背景下希腊等发生债务危机的必然性。

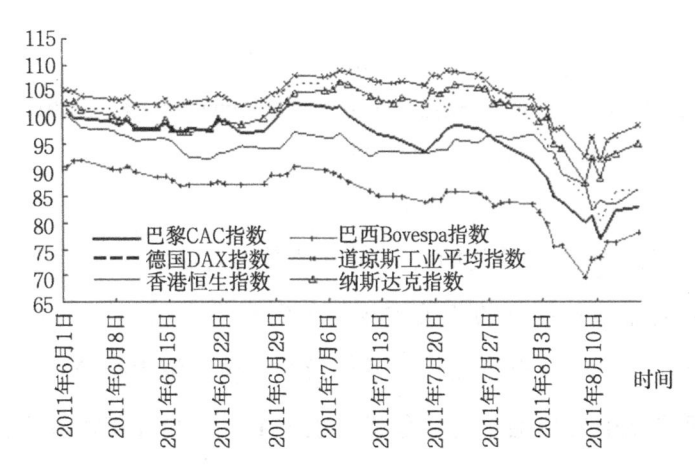

图5-1 全球主要股指走势(2011年6月—2011年8月,1月份为100)

资料来源:经济学BVD数据库。

欧债危机的爆发促使外界格外担心,尤其是陷入欧债困境的PIIGS国家短期债务负担难以企稳,而引发欧债危机的深层次制度环境仍然没有出现重大变化。当然,如果欧债危机仅仅局限于财政范畴,那么欧债危机的持续并不值得过于担心,因为它至少相对可控。然而,欧债危机并不孤立,它呈现向金融领域传染的迹象。图5-2报告主权债务CDS变化与金融部门CDS变化的关系。可以看出,欧洲主权债务CDS变化与金融部门CDS呈现显著的正相关关系,本次欧债危机引起的国债 CDS 持续上升,导致金融部门 CDS 也出现上升现象,欧债危机呈现向金融部门传染的现象。

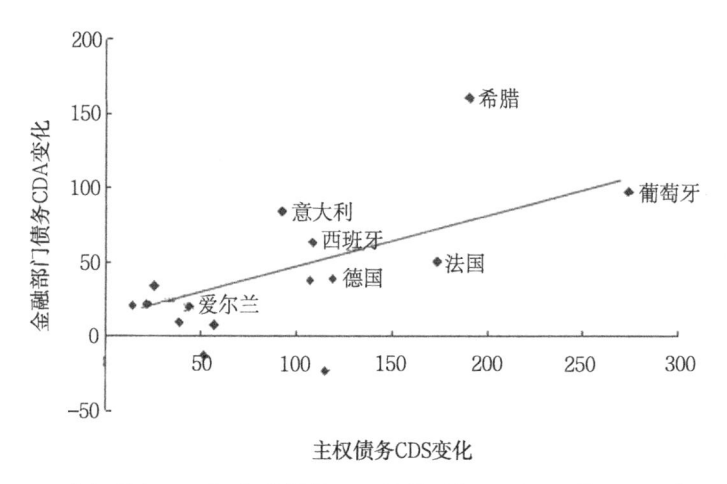

图 5-2 主权债务 CDS 与金融部门 CDS 的关系(2009 年 10 月—2010 年 2 月)
资料来源:基础数据来自 IMF 全球金融稳定报告。

　　欧债危机影响金融部门的另一渠道是影响商业银行的资产,如果欧债出现违约,商业银行持有的相关主权债务资产将出现亏损,某些商业银行将陷入困境,由于商业银行在金融系统乃至实体经济中扮演非常重要的角色,其危机可能引发金融系统性危机。表 5-1 报告 2011 年世界主要发达国家银行在 PIIGS 国家的风险敞口,数据显示,2011 年世界各国的商业银行在 PIIGS 国家的风险敞口达到 2.5 万亿美元,欧洲商业银行持有比重占 80%以上,相比 2008 年雷曼兄弟的资产,欧债危机可能影响的商业银行资产显然高几个数量级,因而,欧债危机对商业银行乃至金融经济的影响难以估量,如果欧债危机没有得到有效控制,那么其向其他部门蔓延可能成为欧债危机前景演变的重要方向,欧债危机对金融市场的潜在负向溢出效应不容忽视。

表 5-1　世界主要发达国家银行在PIIGS国家的风险敞口

地区	希腊		爱尔兰		意大利		葡萄牙		西班牙		总和	
	风险敞口(亿美元)	占比(%)	风险敞口(亿美元)	占比(%)	风险敞口(亿美元)	占比(%)	风险敞口(亿美元)	占比(%)	风险敞口(亿美元)	占比(%)	风险敞口(亿美元)	占比(%)
欧洲	1278.34	92.40	3783.56	79.98	8191.21	89.81	2045.95	96.19	6370.72	87.73	21669.78	88.01
欧洲以外的地区	105.19	7.60	946.88	20.02	929.25	10.19	81.08	3.81	891.02	12.27	2953.42	11.99
法国	569.42	41.16	301.01	6.36	4102.38	44.98	283.49	13.33	1460.85	20.12	6717.15	27.28
德国	237.7	17.18	1165.27	24.63	1649.32	18.08	388.62	18.27	1778.59	24.49	5219.5	21.20
日本	12.62	0.91	213.08	4.50	410	4.50	21.3	1.00	249.23	3.43	906.23	3.68
英国	146.53	10.59	1366.24	28.88	688.71	7.55	266.08	12.51	1008.01	13.88	3475.57	14.12
美国	86.78	6.27	589.25	12.46	440.65	4.83	55.93	2.63	579.18	7.98	1751.79	7.11
世界	1383.53	100	4730.44	100	9120.46	100	2127.03	100	7261.74	100.00	24623.2	100

资料来源：基础数据来自BIS，并测算整理。

此外，作为欧美发达经济体货币的美元及欧元都是可自由兑换货币，美元与欧元还是主要国际储备货币，因而欧美主权债务风险变化除了对资本市场产生溢出效应外，还可能引发国际货币体系的波动，进而通过跨境资金流动渠道而释放溢出效应。其潜在的机制是，由于欧美主权债务风险波动，先前投资于欧美国家的资金可能加速流出欧美而寻求安全的场所，这里将从金融市场资金流动层面讨论欧美主权债务风险变化对金融市场的溢出效应。图5-3报告境外净流入新兴国家股市和债市的每周资金流动数据。数据显示2010年欧债危机尤其是2011年美国债务风险引发担忧以来，资金跨境流动的现象越发频频繁。2010年6月2日—2011年1月19日，净流入资金总额达到1022.7亿美元，但2011年1月26日—3月23日资金转为净流出总额达到288.5亿美元，而2011年3月30日—6月8日资金再次转为净流入，总额达到202.8亿美元，而且在2012年初以来出现了持续增加的现象,资金大幅流动无疑凸显欧美债务风险等因素所引发的政策调整及宏观环境变化的溢出效应。

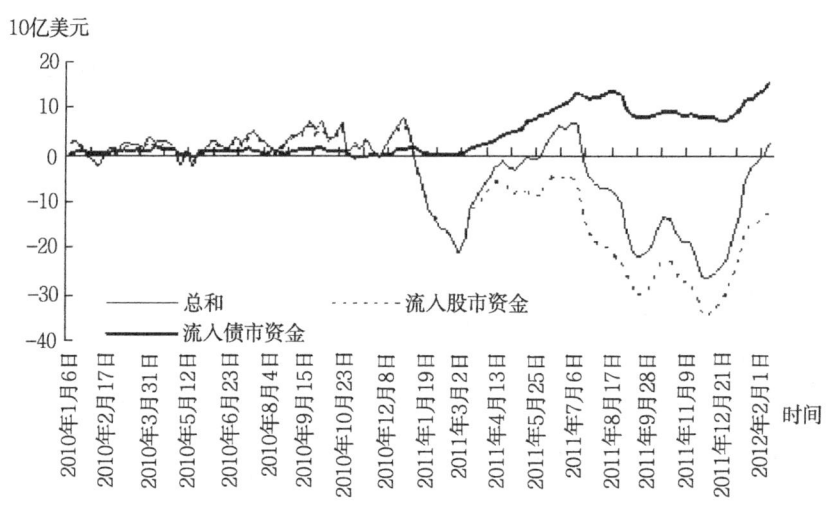

图5-3 境外净流入新兴国家股市债市资金(2010年1月—2012年2月)

数据来源:IMF数据库。

然而,究竟是什么因素主导跨境资金流动?这对于分析金融资本流动渠道的溢出效应具有重要的意义。图5-4是世界主要流动性指标与流向新兴市场资金数据。评价流动性,目前仍然没有统一的标准,这里采取两个流动性指标:一是《经济学家》杂志提出的一种衡量方法,即将全球外汇储备与美国基础货币进行加总,由于外汇储备主要是美元,因而这一总量变化即为美元全球供应量变化;二是IMF构建5个发达国家和地区的流动性指标,即将美国、欧元区、日本、英国和加拿大五国以美元标识的基础货币之和,测算其变化量。数据显示,《经济学家》指数与流向新兴市场的资金变化具有较大差异,但5个发达国家和地区的流动性指标提前1年指标值与流向新兴市场的资金之间呈现明显的相似趋势,即波动特征十分相似。值得一提的是,在20世纪80年代拉丁美洲危机之前,发达经济体纷纷提高利率采取紧缩性政策,促使流动性下降,对应的流入新兴市场的资金也呈现急剧减少的现象。而后直至90年代中期,5个发达经济体的流动性出现持续上升的过程,而同期流入新兴市场的资金也不断攀升,此后在亚洲金融危机及新千年来,两者的走势没有出现大的变化。

上述现象表明影响资本跨境流动的主导因素在于发达经济体的流动性,其背后的含义是影响流动性的发达经济体的财政货币政策等将对资本跨境流动产生较强的溢出效应。结合欧美来看,美元占全球国际货币储备资产份额60%左右,欧元占据25%左右,由此可见,欧美财政主权债务风险变动引起各自经济体内汇率、利率等产生变化,从而由于利差或者汇差等因素导致资金跨境流动需求增强,资金跨境流动的频率及幅度将明显增大,从这个侧面也凸显了欧美主权债务风险变化对于金融市场的溢出效应。

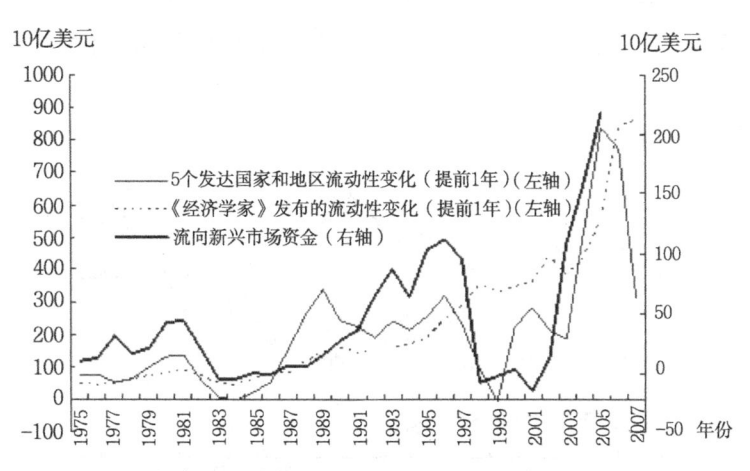

图5-4 世界主要流动性指标与流向新兴市场资金(1975—2007)

数据来源:IMF数据库。

5.1.2 欧美主权债务风险对大宗商品价格的溢出效应

对大宗商品价格的溢出效应主要体现在美国美元汇率波动渠道,因为大宗商品大多是美元标价,美元汇率波动与大宗商品价格之间的关系息息相关,因而从理论上说,欧美主权债务风险演变对大宗商品的直接溢出效应更多的局限于构成对美元影响的领域,尽管影响美元的因素颇多,但欧美主权债务风险变化也是重要因素,美国财政债务与美元都是美国政府对公众的负债,美国主权债务风险变化影响美国信用,从而影响美元汇率。

此外,欧洲等主要国际货币发行经济体的债务出现波动,将通过影响欧元而影响美元汇率。关注对大宗商品的溢出效应传导渠道将沿着影响美元波动进而影响大宗商品价格的视角展开(陈建奇,2013)。

观察图5-5的美元指数与原油价格指数数据。可以看出,美元指数与布伦特(BRENT)、美国西德克萨斯轻质原油(WTI)价格数据呈现明显的负向关系,在20世纪80年代至90年代末期,美元指数波动上行,WTI与BRENT原油指数均呈现波动回落态势,而随着21世纪特别是2002年以来美元指数走出持续下跌的行情,对应时期的原油价格指数一路攀高,直至美国次贷危机及金融危机的冲击导致原油价格大幅波动。通过对1985—2014年的原油价格指数与美元指数相关性分析发现,原油价格指数与美元负相关系数高达0.71,显示两者较强的相关性,揭示美元汇率与原油价格的潜在联系。

图5-5　美元指数与原油价格指数(1987年5月—2014年4月)

数据来源:Federal Reserve Bank、IMF。

关于黄金价格与美元汇率的关系,也呈现与原油相似的特征。黄金相对美元来讲,具有保值功能,而且在20世纪70年代之前黄金都是硬通货,黄金一直是备受关注的重要商品。图5-6报告美元指数持续波动与黄金的负向关系,数据显示,美元指数与黄金价格呈现负相关系,特别是金融危机期间,美元波动加剧了资金的避险需求,黄金价格出现持续高涨的现象。黄金、石油价格与美元的关系从一个层面揭示了大宗商品与美元的关系。为了更全面反映大宗商品价格与美元指数之间的关系,图5-7报告了大宗商品价格指数与美元指数,可以看出,美元指数与大宗商品价格具有较强负向关系,统计检验两者负相关系数达到0.76。

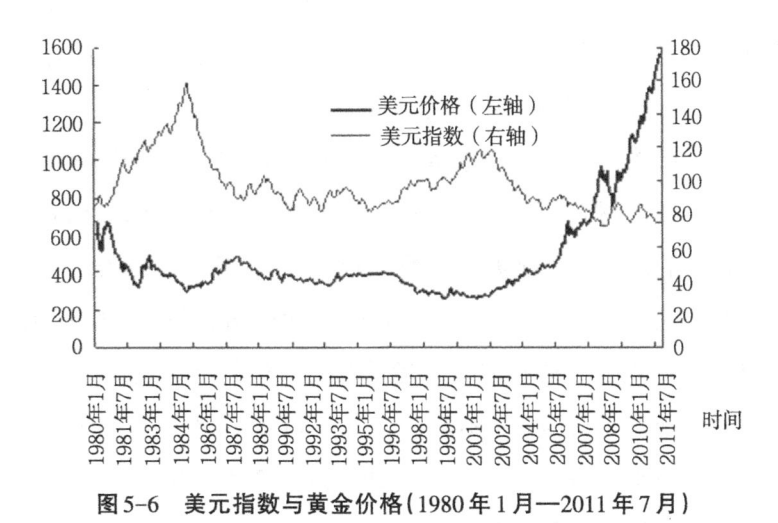

图5-6 美元指数与黄金价格(1980年1月—2011年7月)

数据来源:Federal Reserve Bank、IMF。

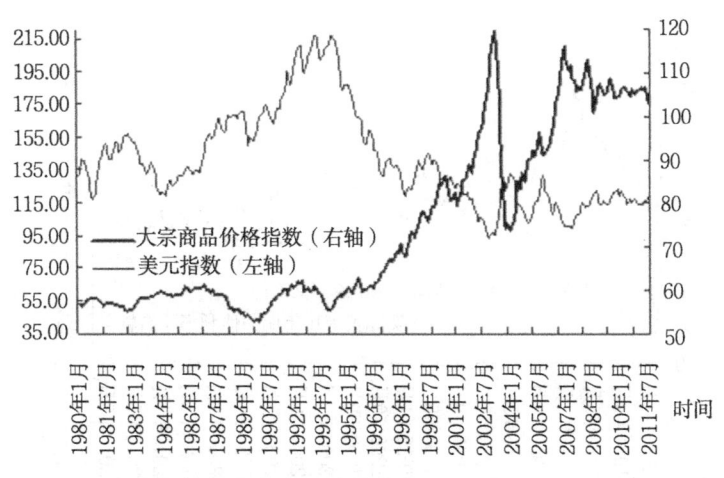

图5-7 美元指数与大宗商品价格指数(1980年1月—2011年7月)

数据来源:Federal Reserve Bank、IMF。

美元指数与大宗商品价格具有显著的关系,潜在的含义是影响美元指数的因素就可能对大宗商品产生溢出效应。结合美国实际来看,美国主权债务风险变化是较主要的变量。图5-8是实际美国10年期国债利率与美元指数。数据显示,实际美国10年期国债利率与美元指数呈现相似的波动,1985年两者出现同时高企的现象,此后一直延续下降趋势,尽管其间美元指数出现一些波动,但两者持续下降的态势出现较长时期的延续。这种变化潜在的含义是美国主权债务变化引发的美元利率变化,可能促使美元指数出现波动,进而影响大宗商品价格。

影响美元指数的美国主权债务风险变化因素在现实中也得到了确认。尽管财政赤字或者财政债务与美元指数美元颇为一致的相似性,但2011年8月美国债务评级下调引起美元指数大幅波动,大宗商品价格据此出现剧烈震荡,使得美国财政主权债务风险影响美元币值,进而对大宗商品产生溢出效应的链条变得清晰起来。与货币政策产生的溢出效应不同,美国财政政策通过影响财政收支,而不断改变财政债务负担水平,持续的财政赤字不断推高债务水平,爆发财政债务风险,进而产生溢出效应,表明这种影响具有潜在的隐蔽性和复杂性。

图 5-8 实际美国 10 年期国债利率与美元指数(1980 年 1 月—2013 年 5 月)

数据来源:Federal Reserve Bank。

5.1.3 欧美主权债务风险对国际贸易的溢出效应

影响国际贸易是欧美主权债务风险对外部经济体实体经济产生溢出效应的重要渠道,因为一国主权债务风险持续飙升引发财政整顿要求,由此将对宏观经济构成紧缩效应,进而影响国际贸易。国际贸易体现各国经济联系的密切程度,也是各国经济发展的重要方面。在通常情况下,一国主权债务风险变化影响国际贸易,必然影响其他国家的贸易水平,而外部经济体影响本国经济也往往是基于贸易渠道,这也是本轮欧债危机所表现出来的对实体经济较大影响就是国际贸易的急剧下降,因而,通过分析主权债务风险变化对国际贸易的溢出效应,能有效反映欧美发达经济体对实体经济的溢出效应程度。

从宏观经济政策看,欧美主权债务风险变化影响国际贸易主要基于三个渠道:一是财政政策派生的对总需求的影响,继而传导到国际贸易;二是欧美主权债务风险变化引发总需求及汇率变化,进而共同影响进出口水平;三是全球产业分工细化,欧美发达经济体在全球产业链或者产品内分工中居于上游水平,欧美发达经济体由于债务问题而对实体经济产生影响,对产业链或者产品生产形成冲击,最终构成对国际贸易的影响。

财政政策对国际贸易的影响更多地体现在财政收支失衡对国际贸易的影响。依据宏观经济恒等式"财政赤字+私人投资储蓄缺口=贸易赤字",一国实行财政扩张的赤字政策,如果该国属于贸易逆差国,那么在其他条件不变的情况下,财政赤字将导致本国贸易逆差扩大。但如果一国处于贸易盈余,那么财政赤字并不一定导致该国出现贸易逆差。图5-9显示美国经常账户余额、贸易余额及财政余额占GDP比重,可以看出,美国财政赤字扩张时期,外部长期处于赤字状态,而且2000年以来随着财政赤字政策的长期实施,外部逆差程度呈现不断扩大的趋势,如果没有2008年金融危机引起的外部失衡的强制性调整,那么美国的外部失衡程度可能由于财政赤字的增长而持续扩张。

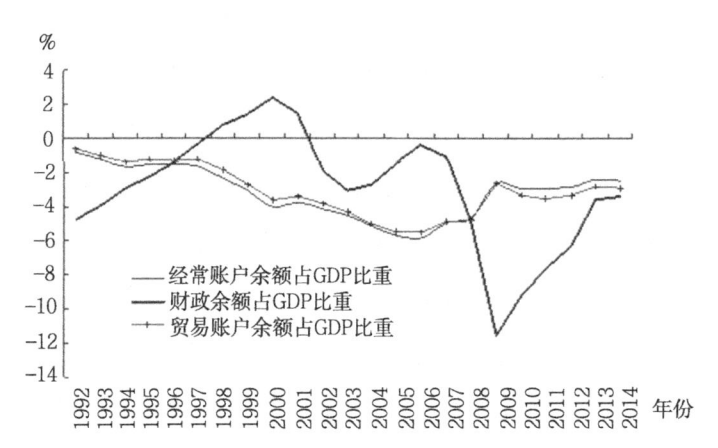

图5-9 美国经常账户余额、贸易余额及财政余额占GDP比重（1992—2014）
数据来源：BEA数据库。

欧美主权债务风险变化引发通过货币渠道影响国际贸易，另外的渠道是通过汇率与总需求机制，其对国家的溢出效应必须权衡这两种力量，从而也就比较复杂。从理论上看，货币汇率贬值有助于实现出口增长，但同时由于央行对于主权债务问题往往采取救助措施，进而会增加货币供应，由此将刺激总需求进而增加进口需求，如果出口增长小于进口上升的水平，那么主权债务变化将引起贸易盈余缩小或者导致赤字扩大，反之则出现贸易盈余扩大或者赤字缩小。图5-10是美元有效汇率与美国贸易逆差。尽管美国美元实际有效汇率及名义有效汇率持续大幅下降，但美国作为发达国家本已位居科技前沿，美元调整无助于实现其产品竞争力提升，通过美元汇率调整只是促使其进口贸易分布的不同国家之间出现结构性调整，难以促使出口大幅攀升。与此同时，宽松的低利率政策导致消费需求持续扩张，促使进口需求大幅增加，宽松货币政策不仅没能实现外部逆差的缩窄，反而促使外部失衡持续扩大，表明货币政策对国际贸易溢出效应的复杂性。

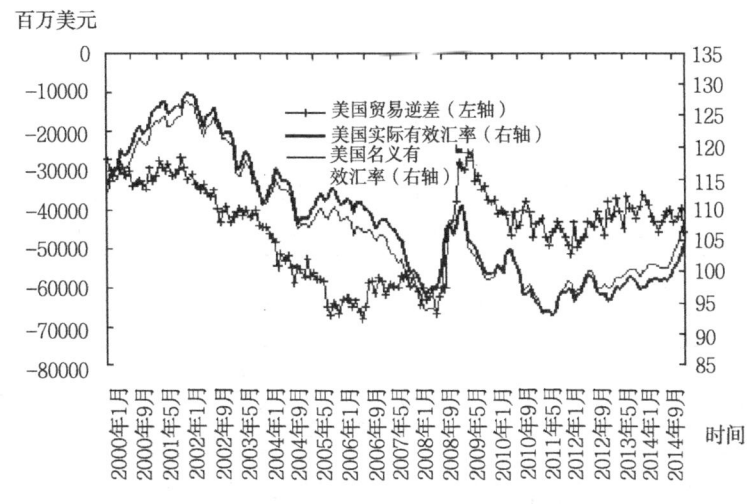

图5-10 美元有效汇率与贸易逆差(2000年1月—2014年9月)

数据来源:BEA数据库、BIS数据库。

欧美发达经济体处于全球供应链的上游,产业政策调整影响产业链,进而通过全球供应链影响全球贸易,但在实际中很难衡量这种影响,这里为理解其相关影响,选取占据产业链前沿的相似经济体的日本作为案例来做一个解读。选取日本的原因在于2011年3月日本地震、海啸及核辐射事件使得日本对外影响得到清晰的验证。表5-2是Koopman等(2010)研究得出的2004年全球跨境垂直分工数据,可以看出,日本不仅在全球供应量链上游而且位居前列,美国、欧盟分列第二、三位。表5-3是IMF(2011)提供的全球出口增加值的国别分布数据,可以看出,日本在出口产品增加值中所占的比重在亚洲主要国家中最高,而且在其他国家出口产品的外国附加值中所占比重也位居世界前列,表明日本在全球供应链的位置十分显著。尽管日本没有出现大的产业调整政策,无法证实产业政策对国际贸易的溢出效应,但2011年3月日本发生的地震及次生灾害,引起全球主要股指大幅下挫,很大原因在于日本在全球产业链中居重要位置,地震等引起日本产业动荡将波及外部经济体,因而全球股市据此作出强烈反映,这种担忧在随后全球半导体等产业链中得到了验证。欧美与日本都处于世界产业链前沿,这从侧面表明欧美通过全球供应链对国际贸易产业溢出效应不可低估,尤其是占据产业链上游的发达国家的影响最为深远。

表5-2 2004年全球跨境垂直分工

国家和地区	(1)出口中相关的进口材料及中间品所占比重(%)	(2)间接出口至第三国的产品占总出口比重*(%)	(3)上游或者下游位置。(2)/(1)
欧盟15国	11.4	20.9	1.8
日本	12.2	30.8	2.5
美国	12.9	26.9	2.1
韩国	33.9	23.1	0.7
中国香港	27.5	19.5	0.7
中国台湾	41.1	27.2	0.7
中国大陆	35.7	12.5	0.4
墨西哥	48.0	10.0	0.2

数据来源:IMF数据库,*包含间接出口但返回母国的产品。

表5-3 出口产品增加值国家和地区分布

1995年	印度	马来西亚	菲律宾	新加坡	泰国	中国大陆	中国台湾	韩国	日本
本国创造	90.90%	65.80%	82.70%	46.80%	75.10%	86.00%	71.60%	80.50%	95.60%
亚洲	3.60%	19.50%	8.00%	29.00%	11.10%	4.40%	9.70%	6.00%	1.10%
日本	1.90%	11.10%	3.40%	13.90%	6.30%	2.30%	6.20%	3.70%	
中国	0.30%	1.00%	0.60%	1.50%	0.80%		0.80%	0.90%	0.30%
美国	1.10%	5.40%	3.00%	7.70%	2.90%	1.30%	4.10%	3.10%	0.80%
其他	4.50%	9.30%	6.30%	16.50%	10.90%	8.40%	14.60%	10.30%	2.60%
总和	100%	100%	100%	100%	100%	100%	100%	100%	100%
2005年									
本国创造	92.10%	58.40%	78.10%	38.10%	72.50%	79.50%	71.80%	80.60%	94.20%
亚洲	4.20%	27.30%	13.20%	23.70%	16.80%	8.50%	16.70%	7.70%	2.20%
日本	1.30%	7.60%	5.30%	6.70%	7.10%	2.90%	7.70%	3.30%	

续表

1995年	印度	马来西亚	菲律宾	新加坡	泰国	中国大陆	中国台湾	韩国	日本
中国	1.00%	5.60%	2.10%	5.00%	3.10%		2.80%	2.10%	0.80%
美国	0.80%	7.00%	4.30%	6.40%	2.50%	1.60%	3.50%	2.20%	0.80%
其他	2.90%	7.30%	4.40%	31.90%	8.20%	10.30%	8.10%	9.50%	2.80%
总和	100%	100%	100%	100%	100%	100%	100%	100%	100%

数据来源：IMF数据库。

5.2 欧美主权债务风险对中国的溢出效应

中国作为新兴国家，尽管市场发展特别是金融市场仍不完善，人民币汇率形成机制也正在改革之中，资本账户还没有实现完全可自由兑换，但中国经济总量已位居世界第二位，外汇储备位居世界第一，对外开放持续深化，中国经济变化显然会受到外部的冲击，欧美主权债务风险变化也会对中国构成溢出效应，这在本次金融危机得到清晰验证。本次金融危机以来，发达经济体衰退导致中国出口深度下挫，金融资本市场也出现大幅震荡。

第一，欧美主权债务风险波动的溢出效应体现在对金融市场的影响，主要是促使资金跨境流入中国市场。在存在明显人民币升值预期的情况下，中国实行有管理的人民币汇率制度，客观上引起了热钱的流动，欧美主权债务风险波动引发欧元及美元的风险上升，助推资金流入中国市场，同时如果欧美经济好转，美元欧元升值将引发资金流出中国。在经济学统计意义上，热钱通常具有隐蔽性，难以准确识别和度量，因而遏制热钱流动具有潜在的政策难度。结合近年来我国的国际收支结构，所谓的热钱规模测算大体分为三种：一是将国际收支平衡表中的净误差与遗漏项作为热钱的规模；二是用"外汇储备增加额-贸易顺差-FDI"来测算热钱规模；三是对第二种方法的改进，该研究的代表是张明、徐以升（2008）采取"调整后的外汇储备增加额-贸易顺差-FDI+贸易顺差中隐藏的热钱"测算热钱规模。图5-11是以上三种方式测算的热钱规模，数据显示，不管哪种测算方法，金融危机以来中国疑似热钱流动的规模在扩大。

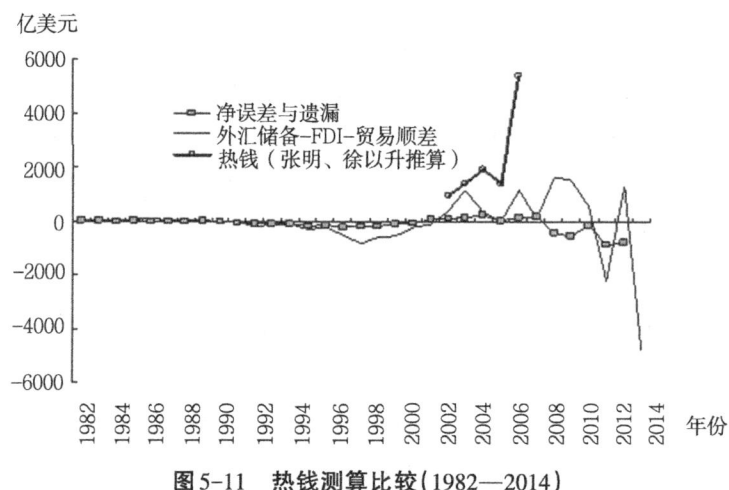

图5-11 热钱测算比较(1982—2014)

数据来源及说明:净误差与遗漏项、外汇储备、FDI来自2009年《中国统计年鉴》,外汇储备基础数据来自国家外汇管理局网站,并作相应测算。张明、徐以升推算的热钱规模数据来自张明、徐以升(2008)发表的论文。

第二,中国不断膨胀的巨额外汇储备,客观上会受到欧美主权债务风险波动所引发的贬值压力等溢出效应。截至2014年,中国持有外汇储备总量高达3.84万亿美元❶,外汇储备总额位居全球第一,其中持有美国国债资产1.2万亿美元左右❷。表5-4给出中国及美联储持有美国国债资产及其变动数据,可以看出,在美联储实施第二轮量化宽松政策之前,中国持有美国国债资产占到美联储国债资产的一半,即使在QE2之后,仍然高达40%,相当于美联储QE2数量的近两倍,QE2的市场反应如此剧烈,由此折射出对中国外汇储备投资的溢出效应难以低估。从持有国债变动量来看,有些月份变化幅度还远超美联储,比如2010年10月,中国增持美国国债234亿美元,而美联储增持15.22亿美元,中国增持数量是美联储的15倍。再观察美联储国债占其总资产状况,已经超过50%,可见国债在美联储中的作用和地位,美联储基于国债公开市场买卖对市场产生的影响无需质疑,由此折射

---

❶ 数据来自中国外汇管理局网站。
❷ 数据来自美国财政部网站。

出中国外储投资受到欧美主权债务风险的溢出效应难以低估。

考虑到中国持有外汇储备,不仅投资美国国债,还投资其他海外资产,比如欧洲国家的国债。但由于中国外汇储备没有对外公布投资结构,因而无法分析其投资变化对特定外部市场的影响,然而,如此大量的储备资产,不管投资在哪个领域,欧美国债都是重要的风险配置所需要的资产。综合来看,欧美主权债务风险如果出现剧烈波动,显然对中国的外汇储备的潜在影响不可忽视。

表5-4 中国及美联储持有美国国债资产及其变动情况

时间	中国		美国		中国国债资产与美联储占比(%)
	持有美国国债资产(亿美元)	增持(+)或者减持(-)(亿美元)	美联储持有国债资产(亿美元)	增持(+)或者减持(-)(亿美元)	
2010年6月	11121		23342.96		47.64
2010年7月	11151	30	23287.05	-55.91	47.88
2010年8月	11368	217	23053.41	-233.64	49.31
2010年9月	11519	151	23018.73	-34.68	50.04
2010年10月	11753	234	23033.95	15.22	51.02
2010年11月	11641	-112	23496.96	463.01	49.54
2010年12月	11601	-40	24234.57	737.61	47.87
2011年1月	11547	-54	24726.62	492.05	46.70
2011年2月	11541	-6	25491.15	764.53	45.27
2011年3月	11449	-92	26265.89	774.74	43.59
2011年4月	11525	76	26951.44	685.55	42.76
2011年5月	11598	73	27928.15	976.71	41.53
2011年6月	11655	57	28691.67	763.52	40.62

数据来源:美国财政部与美联储网站,美联储发布的是周数据,这里采取每个月末最后一周数据作为当月数据。

欧美主权债务风险波动对中国的溢出效应的另外一个渠道是国际贸

易。中国改革开放以来经济发展伴随着对外贸易的持续深化,大宗商品由出口国转为进口国,资本品出口份额持续上升,全球贸易的中心化程度持续提升。表5-5是IMF测算的全球贸易的中心化程度。数据显示,中国在全球贸易的中心化程度由2000年第四位上升到2008年第一位,2008年中国在资本品贸易、消费品贸易等方面都位居全球最中心的位置,而欧美在产业链的技术前沿,这些预示中国国际贸易不仅会对外产生溢出效应,而且容易受到欧美等主权债务风险的溢出效应。

表5-5 全球贸易的中心化程度

国家及地区	总贸易		资本品		消费品		中间品		初级品	
	2000年	2008年	2000年	2008年	2000年	2008年	2000年	2008年	2000年	2008年
澳大利亚	16	13	16	18	17	16	13	14	7	6
巴西	15	12	14	15	15	17	9	9	8	5
中国大陆	4	1	5	1	1	1	5	3	9	10
欧元区	1	2	3	3	2	2	1	1	6	8
中国香港	17	20	13	13	10	18	17	18	17	18
印度	19	15	17	16	14	9	10	10	13	11
印度尼西亚	14	16	15	14	9	12	12	13	10	9
日本	3	4	1	2	3	4	4	4	16	16
韩国	7	6	8	5	7	6	7	6	20	20
马来西亚	9	11	9	8	12	11	15	15	15	14
墨西哥	6	10	6	7	6	8	11	11	2	3
新西兰	21	21	19	20	21	21	19	19	12	15
菲律宾	18	18	11	12	18	20	20	20	19	17
俄罗斯	10	8	18	19	13	7	6	7	5	2
沙特阿拉伯	12	9	21	21	20	19	18	17	1	1
新加坡	11	17	10	11	16	14	16	12	21	21
中国台湾	8	7	4	6	8	10	8	8	18	19
泰国	13	14	12	10	11	13	14	16	11	13
英国	5	5	7	9	5	3	3	5	4	7

续表

国家及地区	总贸易		资本品		消费品		中间品		初级品	
	2000年	2008年	2000年	2008年	2000年	2008年	2000年	2008年	2000年	2008年
美国	2	3	2	4	4	5	2	2	3	4
越南	20	19	20	17	19	15	21	21	14	12

数据来源：IMF中国2011年溢出效应评估报告。

理解欧美主权债务风险对中国国际贸易的溢出效应，首先可以从中国所处的产业链位置观察。图5-12是加工贸易与一般贸易结构数据，数据显示，1994—2007年中国加工贸易一直占主导地位，尽管2008年以来一般贸易总额超过加工贸易，但加工贸易占进出口贸易总额的比重也一直在40%以上❶。事实上，自20世纪末以来，海外跨国公司开始走上跨国外包、制造业产业转移之路，在中国投资建厂，开展来料加工业务并将制成品出口到国外。从趋势来看，这种由外资经济结构决定的贸易结构短期内仍然是中国重要的贸易形态之一。可见，加工贸易短期内仍将占据中国贸易重要组成部分，欧美主权债务风险变化对中国国际贸易的溢出效应将首先表现为对供应链的溢出效应。

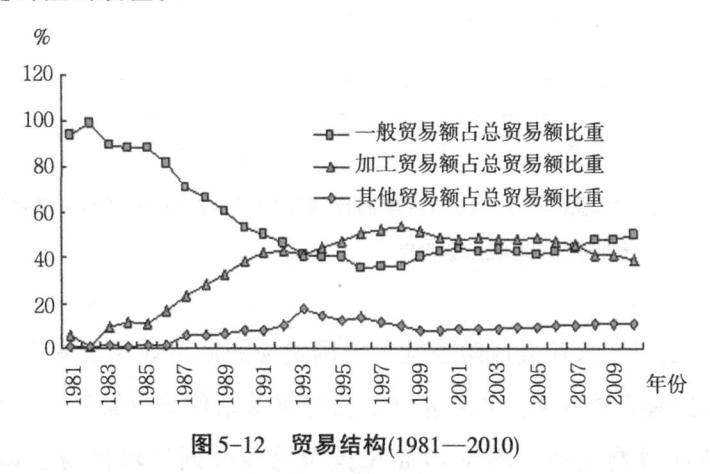

图5-12　贸易结构(1981—2010)

数据来源：基础数据来自2010年中国统计年鉴及Wind海关数据库，并经测算整理。

---

❶ 数据来自2010年中国统计年鉴及Wind数据库，并经测算整理。

第三,欧美主权债务风险升级加剧了欧美金融危机以来的经济难题,导致欧美经济复苏增长缓慢,但欧美是中国的重要贸易伙伴,其经济减速自然引起中国外需下降。图5-13是中国对美欧的出口月度同比增速。数据显示,2008年金融危机导致中国对美欧出口月度增速由高点到低点下降约60个百分点,尽管2010年以来出口出现回升的现象,但欧美主权债务风险升级预示欧美经济面临深层次的结构性问题,美国经济尽管呈现复苏向好态势,但如果没有技术革命,那么欧美经济可能难以回到金融危机之前的较高增速水平,由此也决定了中国对欧美出口增长的速度难以大幅回升,2012年以来中国对欧美出口增速尽管波动较大,但大多处于两位数之下,显然低于危机前的水平,这种新常态显然是欧美主权债务风险溢出效应的重要表现。

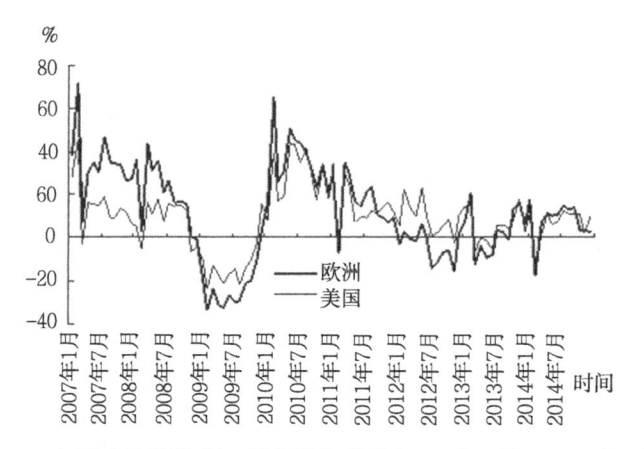

图5-13 中国对美欧的出口月度同比增速(2007年1月—2014年7月)

数据来源:中国统计数据库、CEIC数据库。

第四,欧美主权债务风险波动对中国贸易的溢出效应还体现在贸易条件上。从经验数据来看,中国进口变化与贸易条件具有紧密的联系,进口对贸易条件影响显著。图5-14是中国贸易条件同比增幅与进口同比增幅。可以看出,中国贸易条件与进口具有显著的反向关系,从1999年至今中国进口保持较快增长,但贸易条件却是不断恶化,在1999年1月—2011

年2月共146个月中,贸易条件下降的月份有112个,占总数的76.7%,表明中国进口快速增长伴随贸易条件的持续恶化。当然贸易条件的下降还有其他影响因素,纯粹将进口上升归咎于贸易条件下降的原因可能有失严谨,因而需要进行更深入的研究。值得一提的是,本次金融危机尽管对世界产生重大影响,但它同时也构成经济增长的外生冲击,由此为评估中国进口对贸易条件的影响提供了一个很好的实验。在金融危机期间,中国进口大幅下滑,贸易条件却急剧上升,贸易条件出现大幅改善的现象,而进口转为正增长后,贸易条件又迅速下降,体现了欧美主权债务风险波动对贸易条件产生溢出效应。

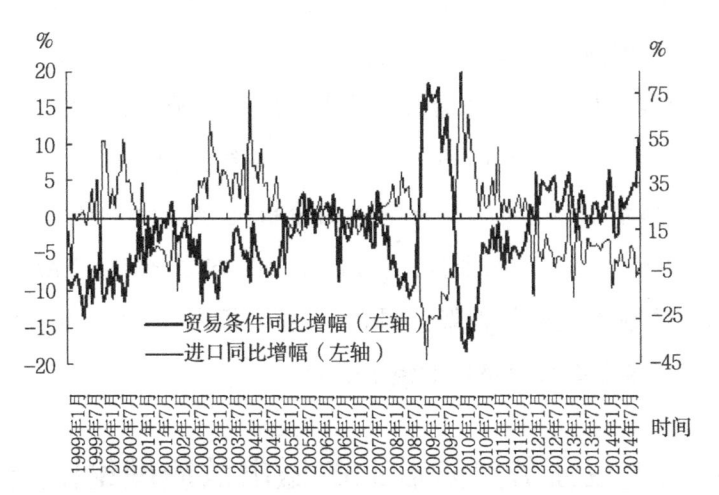

图 5-14　中国贸易条件同比增幅与进口同比增幅(1999年1月—2014年7月)

数据来源:基础数据来自中国海关月度数据库,并经测算整理。

第6章 欧美主权债务风险对系统重要性经济体的溢出效应:实证研究

第5章从统计角度分析了欧美主权债务风险溢出效应,本章将进一步通过模型与经验数据的实证研究进行分析。欧美主权债务风险波动溢出效应的实证研究必须关注国与国之间的宏观变量之间的关系,这对计量经济方法提出了更高的要求。尽管溢出效应在近年来受到的关注度持续上升,IMF在金融危机以来也作为重要技术部门介入研究。但相关研究采取的方法既涉及初级的计量回归,又有复杂的系统性模型,在评估不同系统重要性经济体溢出效应时,缺乏统一的分析框架,得出的结论也并不一致。对此,本章主要实现两个目标,即创新分析方法,借鉴GVAR思想作为主要的分析方法构建分析框架。同时,创新分析内容,探讨欧美债务风险波动对其他系统重要性经济体的溢出效应。

6.1 欧美主权债务风险波动的溢出效应理论模型选择

如前所述,欧美主权债务风险波动溢出效应的分析难点在于多国相互影响,既有自身变动对外的冲击,也有外部经济体受到影响后产生的反向冲击,如此循环,各变量之间往往具有内生性问题,同时,分析多国经济变量交互作用往往面临变量数过多,以致样本数不足以支撑有效的统计分析。为了更客观揭示欧美主权债务风险波动的溢出效应,这里借鉴Pesaran等(2004)研究提出的Global Vector Autoregression(GVAR)模型思路,选择欧美主权债务风险溢出效应的理论分析框架。

6.1.1 动态计量分析方法的选择

传统时间序列计量分析方法较多运用统计分析或者对结构方程直接回归的方式,然而,Nelson 和 Plosser(1982)研究发现,很多宏观经济变量时间序列并不具有确定性时间趋势,他们的趋势成分更多地表现为单位根过程,从而分析经济变量的时间序列之间的关系时,必须首先对其做单位根平稳性检验,否则容易造成伪回归的结果(Hamilton,1994),传统研究大多没有进行相关的分析检验,由此可能造成结果的有偏性。基于上述这些考虑,本书采用动态计量分析方法。

自从 Sim(1980)具有开创性的论文发表以来,向量自回归模型(VAR)开始成为计量经济学的流行分析工具。Engel 和 Granger(1987)关于非平稳变量之间的协整关系概念一经提出,便产生了深远影响。Johansen(1995)等将协整概念应用于 VAR 模型,发展出协整向量自回归模型(VECM)。这一模型技术已经成为目前时间序列计量经济学的标准分析工具(张延群,2012)。接下来将简单介绍时间序列动态经济计量分析方法,首先是变量的平稳性进行估计,判断是否具有单位根;在此基础上,运用协整理论对非平稳时间序列进行检验,分析同阶单整时间序列之间是否存在协整关系;并运用方差分解和脉冲响应方法度量影响程度等。

6.1.1.1 单位根检验

检验变量单位根最简单的是采用 Dickey-Fuller 单位根检验方法,该方法的前提假定是数据由 AR(1)过程生成,然而由于数据一般具有不同程度的自相关,因此 AR(1)的 DGP 条件往往难以满足。针对这个问题,Dickey and Fuller(1979,1981)提出了扩展的 Dickey-Fuller 单位根检验方法(ADF),它为校正自相关而在方程中加入了变量的滞后项,包含常数项和趋势项的检验方程形式如式(6-1)所示:

$$dy_t = \alpha + \beta t + \delta y_{t-1} + \zeta_1 dy_{t-1} + \cdots + \zeta_{p-1} dy_{t-p+1} + \varepsilon_t$$
$$H_0: \delta = 0, \quad H_A: \delta < 0 \tag{6-1}$$

其中,d 表示一阶差分,$\{y_t\}$ 为时间序列,α,β,δ,ζ_1,$\zeta_2\cdots$,ζ_{p-1} 为

系数，ε_t为白噪声。如果接受零假设，则表明存在单位根，否则进一步通过不含常数项，即让$\alpha=0$时来检验零假设$\delta=0$是否成立，如果成立则表示存在单位根，否则不存在单位根；根据这种方法，可以检验不含趋势项和不含趋势项只含常数项等情形的单位根问题。当然，由于在检验过程中要求ε_t为白噪声，这就依赖于滞后阶数的选择。滞后阶数往往采取AIC和SC标准进行选择，由于AIC与SC标准并非是误差项不存在序列相关的充分条件，所以滞后阶数的选择有时会存在偏差，而且也无法保证误差项是否同方差，因而ADF检验就未必十分准确。对此，Phillips和Perron(1988)提出了单位根检验的另一种方法，即采用非参数方法估计长期方差，将单位根检验推广到误差项序列相关和可能存在异方差的情形，以此判断时间序列单位根，该方法也被称为PP检验。在实际的单位根检验中，一般将ADF与PP检验结合使用，给出更客观的结果。

6.1.1.2 协整理论

尽管非平稳时间序列直接进行回归分析可能存在"伪回归"的现象，但协整理论却为研究非平稳时间序列之间的潜在关系提供一种可能，Granger和Weiss(1983)研究指出具有协整关系的变量之间，其动态变化规律可用误差修正模型(Error Correction Model, ECM)来描述，这为研究非平稳时间序列之间的关系提供了理论基础。在误差修正模型中，长期调节和短期调节的过程被同时考虑进去，即把表示偏离长期均衡关系的项作为解释变量放进模型中，描述了对均衡偏离的一种长期调节。其优点在于提供了揭示长期关系和短期关系调节的表示方法，既能反映不同经济时间序列之间的长期均衡关系，又能反映短期偏离向长期均衡修正的机制，是长、短期相结合的具有高度稳定性和可靠性的一种模型(陆蓉，2003)。然而，如果缺乏对协整进行统计检验和系数估计的方法，那么协整理论就无法发挥应有的作用，因而协整的估计与检验显得尤为重要。对此，Engle和Granger(1987)进行了开创性的研究，他们提出了著名的Engle-Granger两步法：第一步对研究的协整变量组成的方程做OLS估计即得到协整向量的估计；第二步在此基础上,对第一步得到的残差扰动项进行扩展的Dickey-Fuller单位根检验或者PP单位根检验,如果存在单位根则说明不存在协整关系,反之则说明变量间协整关系成立。

Engle-Granger的两步法因为方便而得到广泛的使用,但是它却存在估计系数的小样本有偏性、检验势偏低和无法对协整个数进行估计等缺点(Hamilton,1994),这大大限制了它的应用。与EG两步法相比较,Johansen(1988,1991)所发展的完全信息极大似然(FIML)估计,代表了差分向量自回归误差修正VECM的系统短期动态性质,给出了有限信息和完全信息估计关系的进一步讨论,Johansen检验方法不仅可以对协整关系的个数进行估计,而且具有相对较高的检验势,促进了协整理论的发展,得到较广泛的应用。

根据Johansen检验思想,假定y_t为一个服从$I(1)$的$n \times 1$向量并且可由水平的VAR(P)表征,根据非平稳P阶向量自回归VAR(P)的性质可以将y_t表示为式(6-2):

$$\mathrm{d}y_t = \zeta_1 \mathrm{d}y_{t-1} + \cdots + \zeta_{p-1} \mathrm{d}y_{t-p+1} + \zeta_0 \mathrm{d}y_{t-1} + \varepsilon_t \quad (6\text{-}2)$$

其中,d表示一阶差分,$E(\varepsilon_t) = 0$,$E(\varepsilon_t \varepsilon_t') = \boldsymbol{\Omega}$,且当$t \neq \tau$时,$E(\varepsilon_t \varepsilon_\tau') = 0$。

在y_t的元素间恰好存在h个协整关系的零假设H_0下,说明y_t有h个线性无关组合是平稳的,这意味着$\zeta_0 = -\boldsymbol{BA}'$,这里$B$是一个$n \times h$矩阵,$A'$是一个$h \times n$矩阵。考察关于$\{y_t\}$的含$T+p$个观测值的样本,记作$\{y_{-p+1}, y_{-p+2}, \cdots, y_T\}$。如果扰动项$\varepsilon_t$是高斯的,那么在$\{y_{-p+1}, y_{-p+2}, \cdots, y_0\}$的条件下,$\{y_1, y_2, \cdots y_T\}$的对数似然函数为式(6-3):

$$\theta(\boldsymbol{\Omega}, \zeta_1, \zeta_2, \cdots, \zeta_{p-1}, \zeta_0) = (-Tn/2)\log(2\pi) - (T/2)\log|\boldsymbol{\Omega}| - (1/2)\sum_{t=1}^{T}[(\mathrm{d}y_t - \zeta_1 \mathrm{d}y_{t-1} - \cdots - \zeta_{p-1} \mathrm{d}y_{t-p+1})' \times \boldsymbol{\Omega}^{-1}(\mathrm{d}y_t - \zeta_1 \mathrm{d}y_{t-1} - \cdots - \zeta_{p-1} \mathrm{d}y_{t-p+1} - \zeta_0 y_{t-1})]$$

(6-3)

这样就可以求解回归方程(2)在$\zeta_0 = -\boldsymbol{BA}'$的限制下似然函数的最大

值,即选取 Ω, ζ_1, ζ_2,…, ζ_{p-1}, ζ_0 使似然函数达到最大值,记为 ψ_0^*,同样地,可以使用相同的方法求解方程(2)在 y_t 存在 $h+1$ 个协整约束下的对数似然函数最大值,记为 ψ_1^*,根据 Johansen 的研究,统计量 $\lambda_t = 2(\psi_1^* - \psi_0^*)$ 的渐近分布与下面矩阵 π 的迹的渐近分布相同[式(6-4)]:

$$\pi = \left[\int_0^1 W(r) \, dW(r)'\right] \left[\int_0^1 W(r) W(r)' dr\right]^{-1} \left[\int_0^1 W(r) \, dW(r)'\right] \quad (6-4)$$

这里 $W(r)$ 为 $n-h$ 维标准布朗运动。由于矩阵 π 的迹的百分比数可以使用蒙特卡罗等方法进行模拟,所以就可以计算统计量 $\lambda_t = 2(\psi_1^* - \psi_0^*)$,并将它与模拟的矩阵 π 的迹的百分数进行比较来判断向量 y_t 的协整情况。另外,与具体协整检验结果相对应的系数估计值就是变量间关系的估计系数。基于 Johansen 检验的优点,本书也采用该方法检验协整关系❶。

6.1.1.3 格兰杰(Granger)因果检验

自回归分布滞后模型可以揭示某变量的变化与其自身及其他变量过去行为的关系。然而,许多经济变量之间有着相互影响的关系,从而必须采取某种方法,以检验这种关系是单向还是双向的,即确定一个变量能否有助于预测另一个变量。一般的,如果关于所有的 $s > 0$,基于 (x_t, x_{t-1}) 的预测 x_{t+s} 的均方误差 MSE 与基于 $(x_t, x_{t-1}, \cdots)$ 和 $(y_t, y_{t-1}, \cdots)$ 得到的 x_{t+s} 的预测的 MSE 相同,有式(6-5):

$$\text{MSE}\left[\hat{E}(x_{t+s}|x_t, x_{t-1})\right] = \text{MSE}\left[\hat{E}(x_{t+s}|x_t, x_{t-1}, \cdots, y_t, y_{t-1},)\right] \quad (6-5)$$

则称 y 不是 x 的 Granger 因,否则称 y 是 x 的 Granger 因。

货币变量是否受到国库资金的影响,可以用 Granger 因果检验进行分析。Granger(1969)提出了一种简单的检验方式,习惯上称为 Granger 因果关系检验(Granger test of causality),其检验思想大致如下。

考虑时间序列 $\{x_t\}$ 和 $\{y_t\}$ 的两个自回归方程[式(6-6)、式(6-7)]:

$$x_t = c_1 + a_1 x_{t-1} + a_2 x_{t-2} + \cdots + a_p x_{t-p} + \beta_1 y_{t-1} + \beta_2 y_{t-2} + \cdots + \beta_p y_{t-p} + \mu_t \quad (6-6)$$

---

❶ 具体的估计检验方法和具体的结论推导可以参考 Hamilton(1994)第 20 章的内容,另外这里给出的是不含趋势项和常数项的情况,其他情形的 Johansen 检验原理相似,这里不作介绍。

$$x_t = c_1 + a_1 x_{t-1} + a_2 x_{t-2} + \cdots + a_p x_{t-p} + \varepsilon_t \tag{6-7}$$

y 不是 x Granger 因的零假设可以表示为：$H_0: \beta_1 = \beta_2 = \cdots \beta_p = 0$。假定式 (6-6) 的残差平方和为 RSS_0，式 (6-7) 的残差平方和为 RSS_1，再计算 F 统计量 $F = \dfrac{(\mathrm{RSS}_0 - \mathrm{RSS}_1)/p}{\mathrm{RSS}_1/(T-2p-1)}$。如果在一定显著性水平上，这个 F 统计量大于 $F=(p, T-2p-1)$ 分布的临界值，那么我们就说在一定显著性水平上拒绝 y 不是 x Granger 因的零假设，即 y 是 x 的 Granger 因。曹永福（2006）研究指出，原始的格兰杰因果性定义并没有规定变量必须是平稳的，很多计量经济学教材也没有这个限制。但是有一点学术界是有定论的，就是如果变量是非平稳的，那么应用上述 F 统计量来做推断会产生问题，因此，在实证研究时，一般认为只有平稳变量才能应用上述方法进行推断。另外，Mills (1999) 研究指出，如果变量间存在协整关系，那么判断变量间的 Granger 因果关系可以在 VECM 向量误差修正模型（VECM）基础上，然后采用系数的 Wald 检验进行判断。

6.1.1.4 脉冲响应

脉冲响应函数是追踪系统对一个内生变量的冲击效果，描述系统对冲击扰动的动态反应，并从动态反应中判断变量间的时滞关系。考虑一个 p 阶向量自回归系统 [式 (6-8)]：

$$y_t = c_1 + \beta_1 y_{t-1} + \beta_2 y_{t-2} + \cdots + \beta_p y_{t-p} + \varepsilon_t \tag{6-8}$$

其中，y_t 为由内生变量组成的 m 维向量，c_1 为常数向量，β_i 为系数矩阵（$i=1, 2, \cdots, p$），ε_t 为 m 维扰动误差向量，$E(\varepsilon_t, \varepsilon_t) = \Omega$。假定 y_t 为一平稳随机过程，那么就可以将式 (6-8) 表示成一个无穷向量移动平均模型 [式 (6-9)]：

$$y_t = C + \sum \phi_s \varepsilon_{t-s} \tag{6-9}$$

其中，ϕ_s 为系数矩阵，C 为常数向量，它们均可由式 (6-8) 中的系数矩阵 β_i 和常数向量 c_1 求出。由 (6-9) 式可知，系数矩阵 ϕ_s 的第 i 行第 j 列元素表示第 i 个变量对由第 j 个变量产生的单位冲击 s 期脉冲响应。由于误差向量的协方差矩阵 Ω 是正定的,因此存在一个非奇异阵 A 使得 $AA'=\Omega$,于是(6-9)式可表示为式(6-10):

$$y_t = C + \sum(\phi_s A)(A^{-1}\varepsilon_{t-s}) = C + \sum(\phi_s A)\omega_{t-s} \qquad (6-10)$$

由式(6-10)可见,经过变换,原误差向量变成标准的向量白噪声 ω 。系数 $\phi_s A$ 矩阵的第 i 行第 j 列元素表示:系统中第 i 个变量对第 j 个变量的一个标准误差的正交化冲击的 s 期脉冲响应。由式(6-10)可计算出系统中一个变量对另一个变量的脉冲响应函数,比较其不同滞后期的脉冲响应,可以确定一个变量对另一个变量的作用时滞(钱争鸣,郭鹏辉,李智,2006)。

6.1.1.5 方差分解

方差分解的目的就是要将 VAR 系统中任意一个内生变量的预测方差(标准差)分解成各个变量的随机冲击所做的贡献。比较这个相对重要性信息随时间的变化,就可以估计出该变量的作用时滞和效应大小。方差分解提供了描述系统动态变化的另一种方法。考虑由 m 个变量组成的 VAR 模型[式(6-8)]的 s 步预测误差为[式(6-11)]:

$$\mathrm{Var}\big[y_{t+s} - E(Y_{t+s}|y_t, y_{t-1}, y_{t-2})\big] = \varepsilon_{t+s} + \phi_1\varepsilon_{t+s-1} + \phi_2\varepsilon_{t+s-2} + \cdots + \phi_{s-1}\varepsilon_{t+1}$$

$$(6-11)$$

它的均方误差为[式(6-12)]:

$$\begin{aligned}\mathrm{MES} &= \Omega + \phi_1\Omega\phi_1' + \cdots + \phi_s\Omega\phi_{s-1}' = AA' + \phi_1 AA'\phi_1' + \cdots + \phi_{s-1}AA'\phi_{s-1}' \\ &= \sum_{j=1}^{m}(a_j a_j' + \phi_1 a_j a_j' \phi_1' + \cdots + \phi_{s-1} a_j a_j' \phi_{s-1}')\end{aligned} \qquad (6-12)$$

其中, a_j 是矩阵 A 的第 j 列向量,括号内的表达式表示第 j 个正交化冲击对 s 步预测均方误差的贡献。根据式(6-12),可将任意一个内生变量的预测均方误差分解成系统中各变量的随机冲击所做的贡献,然后计算出每一个变量冲击的相对重要性,即变量的贡献占总体的比例,比较这些信息,就可估计该变量的作用时滞和各变量效应的大小程度。

6.1.2　GVAR 计量分析方法的优点及特征

上述所阐述的是一般的 VAR 模型,由于在 VAR 模型中估计系数相对于样本长度来说过于庞大,因此,一般 VAR 模型只用来分析只包含几个变量的经济系统。GVAR 方法将 VAR 模型的方法加以扩展,使其能够用于分析各国或各地区之间的经济联系。在各国的模型中,内生变量包括能够刻画宏观经济运行的核心经济变量,通常包括 GDP、通货膨胀率、利率、汇率、货币供给等主要经济变量,国外变量如外国产出、外国通货膨胀率、外国利率、石油价格等作为弱外生变量包含在国家模型中。在 GVAR 的模型框架下,利用最新的分析技术,如长期关系的识别、误差修正项的调整速度、结构冲击的识别、弱外生变量的检验、结构和一般冲击反应分析、误差分解分析、概率预测等分析技术,将全球经济作为一个整体,进行预测和政策分析。

GVAR 模型方法的另一个特点是,可以进行灵活地扩展,既可以将只包含核心变量的国家模型单独用来做预测和政策分析,也可以将国家模型与主要贸易伙伴国和地区模型进行连接,直至扩大到与全球各国或地区模型相连接。此外,虽然国家核心模型中只包含 GDP、价格指数、货币供给、利率和汇率等核心经济变量,但是运用与 GVAR 模型类似的方法,能够按照具体问题的需要,在核心模型周围建立部门模型,或者附属模型,进一步分析劳动力市场、进出口等更具体的问题。

GVAR 模型考虑各国之间三种相互联系的途径,它们既具有独立性,又具有内在的相互联系。

途径 1:国内变量依赖于国外变量的当期和滞后值。

途径 2:各国的变量受全球外生变量,比如石油价格的共同影响,因此是相互联系的。

途径 3:第 i 个国家会受到第 j 个国家所受到的当期冲击的影响,这种依赖性反映在误差的协方差矩阵中(张延群,2012)。

接下来将具体阐述 GVAR 模型的形式。由于溢出效应不仅在当期有影

响,还可能形成滞后影响。这里必须考虑溢出效应滞后期,那么包含本国变量和外国变量的VAR模型为式(6-13):

$$Y_{i,t} = b_{i,0} + a_{i,1}t + P_iY_{i,t-1} + Q_{i,0}Y^*_{i,t} + Q_{i,0}Y^*_{i,t-1} + \varepsilon_{i,t} \tag{6-13}$$

其中$i = 0, 1, \cdots, N$;t为时间变量;$Y_{i,t}$是$k_i \times 1$阶国内向量变量;$Y^*_{i,t-1}$是$k^*_i \times 1$国外向量变量;$b_{i,0}$,$a_{i,1}$,P_i,$Q_{i,0}Q_{i,0}$是相应系数向量或系数矩阵;$\varepsilon_{i,t}$是零均值独立同分布随机变量。$Y^*_{i,t-1}$是将其他各国变量加权平均计算而得的i国国外变量,加权权重可以依据i不同而不同。式(6-13)可进一步变形为

$$(I, Q_{i,0})\begin{pmatrix}Y_{i,t}\\Y^*_{i,t}\end{pmatrix} = b_{i,0} + a_{i,1}t + (P_i, Q_{i,1})\begin{pmatrix}Y_{i,t-1}\\Y^*_{i,t-1}\end{pmatrix} + \varepsilon_{i,t} \tag{6-14}$$

将所有国家变量放在一起成为$k \times 1$阶变量Y_t,其中$k = \sum_{i=0}^{n}k_i$,则

$$Z_{i,t} = \begin{pmatrix}Y_{i,t}\\Y^*_{i,t}\end{pmatrix} = W_iY_t \tag{6-15}$$

$Z_{i,t}$为$(k^*_i + k_i) \times 1$阶向量,是以权重矩阵W_i加权计算而得的包括本国变量与外国变量在内的向量变量。将式(6-15)带入式(6-14)式可得式(6-16)和式(6-17)

$$A_iZ_{i,t} = b_{i,0} + b_{i,1}t + B_iZ_{i,t-1} + \varepsilon_{i,t} \tag{6-16}$$

即

$$A_iW_iY_t = b_{i,0} + b_{i,1}t + B_iW_iY_{t-1} + \varepsilon_{i,t} \tag{6-17}$$

其中,$A_i = (I, Q_{i,0})$,$B_i = (P_i, Q_{i,1})$,这样(6-17)式成为一个将所有国家变量均作为内生变量的一阶滞后VAR模型。将各国VAR模型进一步整合,可以得到方程:

$$UY_t = b_0 + b_1t + TY_t + \varepsilon_t \tag{6-18}$$

其中:$U = \begin{pmatrix}A_0W_0\\A_1W_1\\.\\.\\A_NW_N\end{pmatrix}$,$T = \begin{pmatrix}B_0W_0\\B_1W_1\\.\\.\\B_NW_N\end{pmatrix}$,$b_0 = \begin{pmatrix}B_{0,0}\\B_{1,0}\\.\\.\\B_{N,0}\end{pmatrix}$,$b_1 = \begin{pmatrix}B_{0,1}\\B_{1,1}\\.\\.\\B_{N,1}\end{pmatrix}$,$\varepsilon_1 = \begin{pmatrix}\varepsilon_{0,t}\\\varepsilon_{1,t}\\.\\.\\\varepsilon_{N,t}\end{pmatrix}$,

$\varepsilon_{1,t}$ 依旧是零均值独立同分布随机变量。U 和 T 是 $k \times k$ 阶矩阵,如果 U 满秩,则(6-18)式可以写为式(6-19):

$$Y_t = d_0 + d_1 t + HY_t + u_t \qquad (6\text{-}19)$$

其中,$d_0 = U^{-1}b_0$,$d_1 = U^{-1}b_1$,$H = U^{-1}T$,$u_t = U^{-1}\varepsilon_t$。由于矩阵 U 满秩,则 u_t 各分量同样服从零均值独立同分布。

基于上述的分析,形成了将所有国家变量作为内生变量的溢出效应 GVAR 模型(6-19),根据此模型,可以动态分析某国 i 冲击或政策变化对特定国家 j 可能产生的溢出效应。特别地,将 i 国定义为欧元区,其他国家则包括美国、英国、中国、日本四个系统重要性经济体,那么式(6-19)就是欧美主权债务风险波动对其他系统重要性经济体溢出效应的理论分析框架。

6.1.3 变量定义与平稳性检验

在变量数据选择上,由于本书是对 S5(Systemic five)国家运用 GVAR 模型进行溢出效应分析,S5 国家是由 IMF 确定的 5 个具有全球系统重要性的经济体,包括美国、中国、欧元区、日本和英国(IMF,2011),因此这里主要考虑的就是这 5 个系统经济体的宏观政策指标及其相关指标。由于溢出效应变量较多反映在国家之间相互联系的主要关系,为此本书分别选取实际GDP、实际政府支出、实际私人消费、实际进口额、实际出口总额、实际长期利率和实际有效汇率 7 个变量,各实际变量由名义变量结合 CPI 折算而得。即得式(6-20):

$$y_{it} = \ln(GDP_{it}/CPI_{it}),\ g_{it} = \ln(G_{it}/CPI_{it}),\ c_{it} = \ln(C_{it}/CPI_{it}),$$
$$m_{it} = \ln(M_{it}/CPI_{it}),\ x_{it} = \ln(X_{it}/CPI),\ rl_{it} = IRL_{it} - \pi_{IT},$$
$$REER_{it} = \ln(REER_{it})$$

$$(6\text{-}20)$$

而得式(6-21):$Y_{it} = (y_{it},\ g_{it},\ c_{it},\ m_{it},\ x_{it},\ rl_{it},\ REER_{it})$ (6-21)

式(6-20)中 CPI 为消费价格指数,GDP 为名义国内生产总值,G 表示名义政府支出,C 表示名义居民消费,M 表示名义进口额,X 表示名义出口额，IRL 为长期名义利率，用 10 年期国债利率表示，π 为通胀率，用 CPI 同比表示，rl 为实际名义利率，REER 为实际有效汇率指数。i 为国别下标，t 为时间下标。本书最终选取美国、欧元区、日本、英国和中国五个系统重要性经济体进行分析，在保持数据质量和口径一致性技术上，尽量向前延伸数据后，获得 1995 年 1 季度至 2012 年 4 季度的观测值数据，各指标均有 72 个观测值，为季调后季度数据。数据来自 World bank GEM，OECD Database 和 BIS 等国际机构以及各国央行和统计部门（见表 6-1）。长期名义利率采用 10 年期国债利率。由于中国未公布 GDP 分项中各季度私人消费和政府支出数据，假定各季度这两个变量占全年比例与各季度 GDP 占全年比例相同，估计个季度私人消费与政府支出，然后进行季节调整。

表 6-1 样本数据基本信息

变量	单位	来源	样本区间
国内生产总值	10 亿美元	World Bank GEM，OECD database	1995 年 1 季度—2012 年 4 季度
政府支出	10 亿美元	OECD database，中国国家统计局	1995 年 1 季度—2012 年 4 季度
私人消费	10 亿美元	OECD database，中国国家统计局	1995 年 1 季度—2012 年 4 季度
进口总额	10 亿美元	World Bank GEM，欧元区数据为 17 国加总	1995 年 1 季度—2012 年 4 季度
出口总额	10 亿美元	World Bank GEM，欧元区数据为 17 国加总	1995 年 1 季度—2012 年 4 季度
长期名义利率	%	Federal Reserve，ECB，BOJ，BOE，PBOC	1995 年 1 季度—2012 年 4 季度
实际有效汇率	指数（2010 年=100）	BIS	1995 年 1 季度—2012 年 4 季度
通胀率	%	World Bank GEM，ECB	1995 年 1 季度—2012 年 4 季度

续表

变量	单位	来源	样本区间
消费价格指数	指数（1993年=100）	根据通胀计算	1995年1季度—2012年4季度
兑美元汇率	美元/本币	World Bank GEM	1995年1季度—2012年4季度

与7个国内变量相应的应该有7个国外变量，但由于进口、出口以及实际有效汇率为双向指标，为避免重复计算，只选取实际GDP，实际政府支出，实际私人消费和长期实际利率4个变量作为国外变量。即式(6-22)：

$$Y_{it}^* = (y_{it}^*, g_{it}^*, c_{it}^*, rl_{it}^*) \tag{6-22}$$

其中，$y_{it}^*, g_{it}^*, c_{it}^*, rl_{it}^*$ 分别是将各外国对应变量按相应权重加权平均计算得到的 i 国国外变量。计算方法如下：

$$Y_{it}^* = \sum_{j=1}^{16} w_{ij} y_{it}, \quad g_{it}^* = \sum_{j=1}^{16} w_{ij} g_{it}, \quad c_{it}^* = \sum_{j=1}^{16} w_{ij} c_{it}, \quad rl_{it}^* = \sum_{j=1}^{16} w_{ij} rl_{it} \tag{6-23}$$

其中，w_{ij} 为贸易管理安全中，表示 i 国与 j 国贸易额占 i 国总贸易的比重。本书选取2000—2012年交互贸易数据计算得到各国贸易权重，数据来自各国统计部门（见表6-2）。

表6-2 G5国家贸易权重矩阵（横排国家或地区占纵列国家或地区比例）

（单位：%）

国家和地区	美国	欧元区	日本	英国	中国
美国	0.0	39.2	19.6	9.6	31.7
欧元区	32.8	0.0	9.3	37.6	20.3
日本	36.4	22.8	0.0	3.9	36.9
英国	16.6	73.7	3.5	0.0	6.2
中国	33.7	34.5	27.5	4.3	0.0

数据来源：美国数据来自BEA，欧元区数据来自Eurost，日本数据来自Japan statistics bureau，英国数据来自英国统计局，中国数据来自海关总署。

在进行模型估计前,首先需要对变量进行平稳性检验。为了保证所有变量在进行回归之前都是平稳的,这里对所有变量进行一阶差分,表6-3是检验结果。数据显示,一阶差分变量都是平稳的。而从指标定义看,GDP、政府支出、私人消费、出口、进口以及汇率指数等绝对量对数值的一阶差分即增长率,而利率是衡量资本收益率的指标,本身就是增长率的概念。所以本书采用实际利率与其他变量的一阶差分进行模型估计。在采用式(6-19)估计的时候,由于各序列为平稳序列,所以我们去除时间项,即采用式(6-23)形式进行估计[式(6-24)](见表6-3):

$$Y_{it} = d_0 + HY_t + u_t \qquad (6-24)$$

表6-3 一阶差分变量ADF检验

变量	美国	欧元区	日本	英国	中国
y	-3.43	-3.81	-3.95	-5.90	-6.12
g	-3.52	-5.91	-6.17	-9.04	-7.24
c	-4.66	-2.60	-8.52	-3.19	-6.84
x	-5.25	-5.66	-5.81	-6.57	-5.33
m	-5.54	-5.35	-4.77	-5.58	-7.68
rl	-7.94	-6.26	-6.38	-6.60	-4.72
REER	-6.48	-6.62	-4.08	-5.61	-6.49
y^*	-7.01	-5.82	-6.04	-4.28	-6.93
g^*	-6.62	-9.13	-7.86	-1.95	-5.05
c^*	-6.69	-6.42	-7.46	-2.82	-5.32
rl*	-5.59	-6.22	-5.64	-6.86	-7.55

数据说明:大于2.91表示在5%的显著度水平下不存在单位根,大于2.59表示在10%的显著度水平下不存在单位根。

同时,根据上述数据测算,得出模型(6-19)中的矩阵 T 和 U,具体见表6-4、表6-5。

表6-4 模型(19)的矩阵 T

国家和地区	美国							欧元区						
	T1	T2	T3	T4	T5	T6	T7	T8	T9	T10	T11	T12	T13	T14
美国	0.0	−0.1	0.5	0.0	0.1	0.0	0.0	0.0	−0.1	0.1	0.0	0.0	0.1	0.0
	−0.2	−0.1	−0.1	0.0	0.0	−0.1	0.0	0.1	0.1	−0.2	0.0	0.0	0.1	0.0
	0.3	0.0	0.0	−0.1	0.1	0.0	0.0	0.0	−0.1	0.2	0.0	0.0	0.1	0.0
	1.4	−0.9	−1.7	0.1	0.2	0.6	−0.3	0.2	−0.2	0.1	0.0	0.0	−0.1	0.0
	1.8	−0.9	−1.4	0.0	0.3	0.6	−0.5	0.1	0.1	−0.1	0.0	0.0	−0.6	0.0
	0.0	0.0	0.1	0.1	−0.1	0.7	0.0	0.0	−0.1	0.1	0.0	0.0	0.2	0.0
	−0.5	0.5	0.8	0.3	−0.1	−0.5	0.2	−0.1	−0.1	−0.1	0.0	0.0	0.1	0.0
欧元区	0.0	0.0	0.1	0.0	0.0	0.0	0.0	0.3	0.0	0.0	0.0	0.1	−0.1	0.0
	0.0	0.0	−0.1	0.0	0.0	−0.1	0.0	0.2	0.0	0.1	−0.2	0.1	−0.2	0.1
	0.0	0.0	0.0	0.0	0.0	0.0	0.0	0.3	0.1	−0.1	0.0	0.0	−0.1	0.0
	0.0	0.0	0.0	0.0	0.0	−0.9	0.0	0.5	0.6	−1.2	−0.4	0.5	0.3	0.0
	0.1	0.0	−0.1	0.0	0.0	−0.9	0.0	0.3	0.6	−0.6	−0.3	0.5	0.3	−0.1
	0.0	0.0	0.0	0.0	0.0	0.1	0.0	−0.2	−0.1	0.2	0.0	0.0	0.8	0.0
	0.1	0.2	−0.6	0.0	0.0	−0.2	0.0	0.9	−0.5	−0.5	−0.5	0.3	0.0	0.3
日本	−1.0	0.3	0.7	0.0	0.0	−0.8	0.0	−0.6	0.2	0.4	0.0	0.0	−0.5	0.0
	0.0	0.0	0.0	0.0	0.0	−0.1	0.0	0.0	0.0	0.0	0.0	0.0	0.0	0.0
	0.2	0.0	0.0	0.0	0.0	0.1	0.0	0.1	0.0	0.0	0.0	0.0	0.1	0.0
	−0.5	0.1	0.8	0.0	0.0	−0.5	0.0	−0.3	0.1	0.5	0.0	0.0	−0.3	0.0
	−1.0	0.6	1.0	0.0	0.0	−0.6	0.0	−0.6	0.4	0.6	0.0	0.0	−0.4	0.0
	0.0	−0.1	0.1	0.0	0.0	0.0	0.0	0.0	0.0	0.0	0.0	0.0	0.0	0.0
	−1.2	0.3	0.6	0.0	0.0	−0.5	0.0	−0.8	0.2	0.4	0.0	0.0	−0.3	0.0
英国	0.3	0.0	−0.2	0.0	0.0	−0.6	0.0	1.5	−0.2	−0.9	0.0	0.0	−1.8	0.0
	0.0	0.1	−0.1	0.0	0.0	0.0	0.0	0.0	0.6	−0.6	0.0	0.0	0.0	0.0
	0.1	−0.1	0.0	0.0	0.0	0.0	0.0	0.4	−0.3	0.0	0.0	0.0	−0.1	0.0
	0.8	−0.4	−0.8	0.0	0.0	−0.8	0.0	3.5	−1.7	−3.6	0.0	0.0	−3.8	0.0
	0.5	−0.3	−0.4	0.0	0.0	−0.7	0.0	2.3	−1.3	−2.0	0.0	0.0	−2.9	0.0
	0.0	0.0	0.0	0.0	0.0	0.0	0.0	0.1	0.2	−0.1	0.0	0.0	−0.1	0.0
	0.1	−0.1	0.1	0.0	0.0	0.1	0.0	0.5	−0.6	0.6	0.0	0.0	0.6	0.0

续表

国家和地区	美国							欧元区						
	T1	T2	T3	T4	T5	T6	T7	T8	T9	T10	T11	T12	T13	T14
中国	0.1	0.0	−0.1	0.0	0.0	−0.3	0.0	0.1	0.0	−0.1	0.0	0.0	−0.3	0.0
	0.0	−0.2	0.0	0.0	0.0	−0.2	0.0	0.0	−0.2	0.0	0.0	0.0	−0.2	0.0
	0.1	−0.2	−0.1	0.0	0.0	−0.3	0.0	0.1	−0.2	−0.1	0.0	0.0	−0.3	0.0
	0.3	0.3	0.3	0.0	0.0	−0.7	0.0	0.3	0.4	0.3	0.0	0.0	−0.7	0.0
	0.0	0.6	0.1	0.0	0.0	−1.2	0.0	0.0	0.6	0.1	0.0	0.0	−1.3	0.0
	0.0	0.0	0.1	0.0	0.0	0.4	0.0	0.0	0.0	0.1	0.0	0.0	0.4	0.0
	−0.2	0.2	−0.1	0.0	0.0	0.4	0.0	−0.2	0.2	−0.1	0.0	0.0	0.4	0.0

国家和地区	日本							英国						
	T15	T16	T17	T18	T19	T20	T21	T22	T23	T24	T25	T26	T27	T28
美国	0.0	0.0	0.0	0.0	0.0	0.1	0.0	0.0	0.0	0.0	0.0	0.0	0.0	0.0
	0.0	0.0	−0.1	0.0	0.0	0.0	0.0	0.0	0.0	0.0	0.0	0.0	0.0	0.0
	0.0	0.0	0.1	0.0	0.0	0.1	0.0	0.0	0.0	0.0	0.0	0.0	0.0	0.0
	0.1	−0.1	0.1	0.0	0.0	−0.1	0.0	0.0	−0.1	0.0	0.0	0.0	0.0	0.0
	0.0	0.0	0.0	0.0	0.0	−0.3	0.0	0.0	0.0	0.0	0.0	0.0	−0.2	0.0
	0.0	−0.1	0.1	0.0	0.0	0.1	0.0	0.0	0.0	0.0	0.0	0.0	0.1	0.0
	−0.1	0.0	−0.1	0.0	0.0	0.1	0.0	0.0	0.0	0.0	0.0	0.0	0.0	0.0
欧元区	0.0	0.0	0.0	0.0	0.0	0.0	0.0	0.0	0.1	0.0	0.0	0.0	0.0	0.0
	0.0	0.0	0.0	0.0	0.0	0.0	0.0	0.0	0.1	−0.1	0.0	0.0	−0.1	0.0
	0.0	0.0	0.0	0.0	0.0	0.0	0.0	0.0	0.1	0.0	0.0	0.0	0.0	0.0
	0.0	0.0	0.0	0.0	0.0	−0.3	0.0	0.0	0.0	0.0	0.0	0.0	−1.0	0.0
	0.0	0.0	0.0	0.0	0.0	−0.3	0.0	0.1	0.0	−0.1	0.0	0.0	−1.1	0.0
	0.0	0.0	0.0	0.0	0.0	0.0	0.0	0.0	0.0	0.0	0.0	0.0	0.1	0.0
	0.0	0.1	−0.2	0.0	0.0	−0.1	0.0	0.1	0.2	−0.7	0.0	0.0	−0.3	0.0

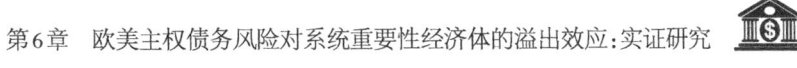

续表

国家和地区	日本							英国						
	T15	T16	T17	T18	T19	T20	T21	T22	T23	T24	T25	T26	T27	T28
日本	-0.2	-0.2	-0.2	0.0	0.2	-0.4	0.2	-0.1	0.0	0.1	0.0	0.0	0-.1	0.0
	0.0	0.0	0.1	0.0	0.0	0.4	0.0	0.0	0.0	0.0	0.0	0.0	0.0	0.0
	0.1	0.2	-0.4	0.0	0.0	0.4	-0.1	0.0	0.0	0.0	0.0	0.0	0.0	0.0
	1.0	-0.1	-0.6	-0.1	0.1	0.7	-1.0	-0.1	0.0	0.1	0.0	0.0	-0.1	0.0
	0.9	-0.1	-1.1	0.2	0.1	1.2	-1.0	-0.1	0.1	0.0	0.0	0.0	-0.1	0.0
	0.0	0.1	0.0	0.0	0.0	0.8	0.0	0.0	0.0	0.0	0.0	0.0	0.0	0.0
	-0.4	0.1	0.0	0.1	0.2	-1.7	0.3	-0.1	0.0	0.1	0.0	0.0	-0.1	0.0
英国	0.1	0.0	0.0	0.0	0.0	-0.1	0.0	0.6	0.2	-0.2	0.0	-0.4	0.2	-0.3
	0.0	0.0	0.0	0.0	0.0	0.0	0.0	0.2	-0.2	0.7	0.2	-0.4	0.0	-0.1
	0.0	0.0	0.0	0.0	0.0	0.0	0.0	0.1	0.0	0.0	0.0	0.0	0.0	0.1
	0.2	-0.1	-0.2	0.0	0.0	-0.2	0.0	0.0	-0.1	-0.7	0.3	-0.6	1.0	-0.3
	0.1	-0.1	-0.1	0.0	0.0	-0.1	0.0	0.5	0.3	-0.6	0.3	-0.7	0.6	-0.5
	0.0	0.0	0.0	0.0	0.0	0.0	0.0	0.1	0.1	0.0	-0.1	0.8	0.0	0.0
	0.0	0.0	0.0	0.0	0.0	0.0	0.0	0.2	0.0	0.5	-0.1	0.2	-0.5	-0.1
中国	0.1	0.0	-0.1	0.0	0.0	-0.3	0.0	0.0	0.0	0.0	0.0	0.0	0.0	0.0
	0.0	-0.1	0.0	0.0	0.0	-0.2	0.0	0.0	0.0	0.0	0.0	0.0	0.0	0.0
	0.1	-0.1	-0.1	0.0	0.0	-0.2	0.0	0.0	0.0	0.0	0.0	0.0	0.0	0.0
	0.2	0.3	0.2	0.0	0.0	-0.6	0.0	0.0	0.0	0.0	0.0	0.0	-0.1	0.0
	0.0	0.5	0.1	0.0	0.0	-1.0	0.0	0.0	0.1	0.0	0.0	0.0	-0.2	0.0
	0.0	0.0	0.1	0.0	0.0	0.3	0.0	0.0	0.0	0.0	0.0	0.0	0.0	0.0
	-0.1	0.1	-0.1	0.0	0.0	0.3	0.0	0.0	0.0	0.0	0.0	0.0	0.0	0.0

续表

国家和地区	中国						
	T29	T30	T31	T32	T33	T34	T35
美国	0.0	−0.1	0.1	0.0	0.0	0.1	0.0
	0.1	0.1	−0.1	0.0	0.0	0.1	0.0
	0.0	−0.1	0.1	0.0	0.0	0.1	0.0
	0.1	−0.2	0.1	0.0	0.0	−0.1	0.0
	0.1	0.0	0.0	0.0	0.0	−0.5	0.0
	0.0	−0.1	0.1	0.0	0.0	0.2	0.0
	−0.1	−0.1	−0.1	0.0	0.0	0.1	0.0

表6-5 模型(6-19)的矩阵 U

国家和地区	美国							欧元区						
	U1	U2	U3	U4	U5	U6	U7	U8	U9	U10	U11	U12	U13	U14
美国	1.0	0.0	0.0	0.0	0.0	0.0	0.0	0.0	0.0	0.1	0.0	0.0	0.1	0.0
	0.0	1.0	0.0	0.0	0.0	0.0	0.0	−0.1	−0.2	0.2	0.0	0.0	0.0	0.0
	0.0	0.0	1.0	0.0	0.0	0.0	0.0	0.0	0.0	0.0	0.0	0.0	0.0	0.0
	0.0	0.0	0.0	1.0	0.0	0.0	0.0	−0.3	0.2	−0.8	0.0	0.0	−0.1	0.0
	0.0	0.0	0.0	0.0	1.0	0.0	0.0	−0.2	0.3	−0.8	0.0	0.0	−0.7	0.0
	0.0	0.0	0.0	0.0	0.0	1.0	0.0	0.0	−0.1	0.2	0.0	0.0	0.1	0.0
	0.0	0.0	0.0	0.0	0.0	0.0	1.0	0.4	−0.2	0.0	0.0	0.0	−0.1	0.0
欧元区	0.0	0.0	−0.1	0.0	0.0	0.0	0.0	1.0	0.0	0.0	0.0	0.0	0.0	0.0
	0.0	0.0	−0.1	0.0	0.0	−0.2	0.0	0.0	1.0	0.0	0.0	0.0	0.0	0.0
	0.0	0.0	−0.1	0.0	0.0	0.0	0.0	0.0	0.0	1.0	0.0	0.0	0.0	0.0
	−0.6	−0.2	0.0	0.0	0.0	−0.8	0.0	0.0	0.0	0.0	1.0	0.0	0.0	0.0
	−0.5	−0.2	0.0	0.0	0.0	−0.8	0.0	0.0	0.0	0.0	0.0	1.0	0.0	0.0
	0.0	0.0	0.0	0.0	0.0	0.0	0.0	0.0	0.0	0.0	0.0	0.0	1.0	0.0
	−0.2	0.0	0.2	0.0	0.0	−0.2	0.0	0.0	0.0	0.0	0.0	0.0	0.0	1.0

续表

国家和地区	美国							欧元区						
	U1	U2	U3	U4	U5	U6	U7	U8	U9	U10	U11	U12	U13	U14
日本	-0.4	0.0	0.1	0.0	0.0	-0.8	0.0	-0.3	0.0	0.1	0.0	0.0	-0.5	0.0
	0.1	-0.1	0.0	0.0	0.0	-0.1	0.0	0.1	-0.1	0.0	0.0	0.0	-0.1	0.0
	-0.1	0.0	0.1	0.0	0.0	0.1	0.0	-0.1	0.0	0.1	0.0	0.0	0.1	0.0
	-1.6	0.4	0.3	0.0	0.0	-0.8	0.0	-1.0	0.2	0.2	0.0	0.0	-0.5	0.0
	-0.8	0.5	-0.3	0.0	0.0	-0.6	0.0	-0.5	0.3	-0.2	0.0	0.0	-0.4	0.0
	0.1	0.0	0.0	0.0	0.0	-0.1	0.0	0.1	0.0	0.0	0.0	0.0	0.0	0.0
	0.1	0.1	-0.1	0.0	0.0	-0.6	0.0	0.1	0.0	-0.1	0.0	0.0	-0.4	0.0
英国	-0.4	0.4	0.0	0.0	0.0	-0.4	0.0	-2.0	1.8	0.2	0.0	0.0	-2.0	0.0
	0.1	0.0	-0.2	0.0	0.0	0.0	0.0	0.3	-0.1	-0.9	0.0	0.0	0.0	0.0
	0.1	-0.1	-0.1	0.0	0.0	-0.1	0.0	0.5	-0.4	-0.7	0.0	0.0	-0.2	0.0
	-0.1	0.4	-0.9	0.0	0.0	-0.7	0.0	-0.5	1.7	-3.9	0.0	0.0	-2.9	0.0
	-0.4	0.5	-0.6	0.0	0.0	-0.6	0.0	-1.8	2.4	-2.5	0.0	0.0	-2.6	0.0
	0.0	0.0	0.0	0.0	0.0	-0.1	0.0	0.0	0.0	0.0	0.0	0.0	-0.4	0.0
	-0.1	0.1	0.0	0.0	0.0	0.0	0.0	-0.2	0.6	0.2	0.0	0.0	-0.1	0.0
中国	0.0	-0.3	-0.1	0.0	0.0	-0.2	0.0	0.0	-0.3	-0.1	0.0	0.0	-0.2	0.0
	0.0	-0.2	-0.2	0.0	0.0	-0.1	0.0	0.0	-0.2	-0.2	0.0	0.0	-0.1	0.0
	-0.1	-0.2	0.0	0.0	0.0	-0.1	0.0	-0.1	-0.2	0.0	0.0	0.0	-0.1	0.0
	0.0	0.2	-0.5	0.0	0.0	-0.4	0.0	0.0	0.2	-0.5	0.0	0.0	-0.4	0.0
	0.2	0.6	-1.4	0.0	0.0	-0.8	0.0	0.2	0.6	-1.4	0.0	0.0	-0.8	0.0
	0.1	0.0	0.2	0.0	0.0	0.2	0.0	0.1	0.0	0.2	0.0	0.0	0.2	0.0
	0.2	0.3	0.0	0.0	0.0	0.3	0.0	0.2	0.3	0.0	0.0	0.0	0.3	0.0

国家和地区	日本							英国						
	U15	U16	U17	U18	U19	U20	U21	U22	U23	U24	U25	U26	U27	U28
美国	0.0	0.0	0.1	0.0	0.0	0.0	0.0	0.0	0.0	0.0	0.0	0.0	0.0	0.0
	0.0	-0.1	0.1	0.0	0.0	0.0	0.0	0.0	0.0	0.0	0.0	0.0	0.0	0.0
	0.0	0.0	0.0	0.0	0.0	0.0	0.0	0.0	0.0	0.0	0.0	0.0	0.0	0.0
	-0.1	0.1	-0.4	0.0	0.0	0.0	0.0	-0.1	0.0	-0.2	0.0	0.0	0.0	0.0
	-0.1	0.2	-0.4	0.0	0.0	-0.4	0.0	0.0	0.1	-0.2	0.0	0.0	-0.2	0.0
	0.0	0.0	0.1	0.0	0.0	0.0	0.0	0.0	0.0	0.0	0.0	0.0	0.0	0.0

续表

国家和地区	日本							英国						
	U15	U16	U17	U18	U19	U20	U21	U22	U23	U24	U25	U26	U27	U28
欧元区	0.2	−0.1	0.0	0.0	0.0	0.0	0.0	0.1	0.0	0.0	0.0	0.0	0.0	0.0
	0.0	0.0	0.0	0.0	0.0	0.0	0.0	0.0	0.0	−0.1	0.0	0.0	0.0	0.0
	0.0	0.0	0.0	0.0	0.0	0.0	0.0	0.0	0.0	−0.2	0.0	0.0	−0.2	0.0
	0.0	0.0	0.0	0.0	0.0	0.0	0.0	0.0	0.0	−0.1	0.0	0.0	0.0	0.0
	−0.2	−0.1	0.0	0.0	0.0	−0.2	0.0	−0.7	−0.2	0.0	0.0	0.0	−0.9	0.0
	−0.1	−0.1	0.0	0.0	0.0	−0.2	0.0	−0.6	−0.2	0.0	0.0	0.0	−0.9	0.0
	0.0	0.0	0.0	0.0	0.0	0.0	0.0	0.0	0.0	0.0	0.0	0.0	0.0	0.0
日本	−0.1	0.0	0.1	0.0	−0.1	0.0	0.0	−0.3	−0.1	0.2	0.0	0.0	−0.3	0.0
	1.0	0.0	0.0	0.0	0.0	0.0	0.0	0.0	0.0	0.0	0.0	0.0	−0.1	0.0
	0.0	1.0	0.0	0.0	0.0	0.0	0.0	0.0	0.0	0.0	0.0	0.0	0.0	0.0
	0.0	0.0	1.0	0.0	0.0	0.0	0.0	0.0	0.0	0.0	0.0	0.0	0.0	0.0
	0.0	0.0	0.0	1.0	0.0	0.0	0.0	−0.2	0.0	0.0	0.0	0.0	−0.1	0.0
	0.0	0.0	0.0	0.0	1.0	0.0	0.0	−0.1	0.0	0.0	0.0	0.0	−0.1	0.0
	0.0	0.0	0.0	0.0	0.0	1.0	0.0	0.0	0.0	0.0	0.0	0.0	0.0	0.0
英国	0.0	0.0	0.0	0.0	0.0	0.0	1.0	0.0	0.0	0.0	0.0	0.0	−0.1	0.0
	−0.1	0.1	0.0	0.0	0.0	−0.1	0.0	1.0	0.0	0.0	0.0	0.0	0.0	0.0
	0.0	0.0	0.0	0.0	0.0	0.0	0.0	0.0	1.0	0.0	0.0	0.0	0.0	0.0
	0.0	0.0	0.0	0.0	0.0	0.0	0.0	0.0	0.0	1.0	0.0	0.0	0.0	0.0
	0.0	0.1	−0.2	0.0	0.0	−0.1	0.0	0.0	0.0	0.0	1.0	0.0	0.0	0.0
	−0.1	0.1	−0.1	0.0	0.0	−0.1	0.0	0.0	0.0	0.0	0.0	1.0	0.0	0.0
	0.0	0.0	0.0	0.0	0.0	0.0	0.0	0.0	0.0	0.0	0.0	0.0	1.0	0.0
中国	0.0	0.0	0.0	0.0	0.0	0.0	0.0	0.0	0.0	0.0	0.0	0.0	0.0	1.0
	0.0	−0.2	0.0	0.0	0.0	−0.2	0.0	0.0	0.0	0.0	0.0	0.0	0.0	0.0
	0.0	−0.2	−0.2	0.0	0.0	−0.1	0.0	0.0	0.0	0.0	0.0	0.0	0.0	0.0
	0.0	−0.2	0.0	0.0	0.0	−0.1	0.0	0.0	0.0	0.0	0.0	0.0	0.0	0.0
	0.0	0.2	−0.4	0.0	0.0	−0.3	0.0	0.0	0.0	−0.1	0.0	0.0	−0.1	0.0
	0.1	0.5	−1.1	0.0	0.0	−0.7	0.0	0.0	0.0	0.1	−0.2	0.0	−0.1	0.0
	0.1	0.0	0.2	0.0	0.0	0.2	0.0	0.0	0.0	0.0	0.0	0.0	0.0	0.0
	0.2	0.2	0.0	0.0	0.0	0.2	0.0	0.0	0.0	0.0	0.0	0.0	0.0	0.0

续表

国家和地区	中国						
	U29	U30	U31	U32	U33	U34	U35
美国	0.0	0.0	0.1	0.0	0.0	0.1	0.0
	-0.1	-0.1	0.2	0.0	0.0	0.0	0.0
	0.0	0.0	0.0	0.0	0.0	0.0	0.0
	-0.2	0.2	-0.6	0.0	0.0	0.0	0.0
	-0.1	0.3	-0.6	0.0	0.0	-0.6	0.0
	0.0	-0.1	0.1	0.0	0.0	0.1	0.0
欧元区	0.3	-0.1	0.0	0.0	0.0	0.0	0.0
	0.0	0.0	-0.1	0.0	0.0	0.0	0.0
	0.0	0.0	-0.1	0.0	0.0	-0.1	0.0
	0.0	0.0	-0.1	0.0	0.0	0.0	0.0
	-0.4	-0.1	0.0	0.0	0.0	-0.5	0.0
	-0.3	-0.1	0.0	0.0	0.0	-0.5	0.0
	0.0	0.0	0.0	0.0	0.0	0.0	0.0
日本	-0.1	0.0	0.1	0.0	0.0	-0.1	0.0
	-0.4	0.0	0.1	0.0	0.0	-0.9	0.0
	0.1	-0.1	-0.1	0.0	0.0	-0.1	0.0
	-0.1	0.0	0.1	0.0	0.0	0.1	0.0
	-1.7	0.4	0.3	0.0	0.0	-0.8	0.0
	-0.8	0.5	-0.3	0.0	0.0	-0.6	0.0
	0.1	0.0	0.0	0.0	0.0	-0.1	0.0
英国	0.1	0.1	-0.1	0.0	0.0	-0.6	0.0
	-0.2	0.2	0.0	0.0	0.0	-0.2	0.0
	0.0	0.0	-0.1	0.0	0.0	0.0	0.0
	0.0	0.0	-0.1	0.0	0.0	0.0	0.0
	0.0	0.1	-0.3	0.0	0.0	-0.2	0.0
	-0.1	0.2	-0.2	0.0	0.0	-0.2	0.0
	0.0	0.0	0.0	0.0	0.0	0.0	0.0

续表

国家和地区	中国						
	U26	U30	U31	U32	U33	U34	U35
中国	0.0	0.0	0.0	0.0	0.0	0.0	0.0
	1.0	0.0	0.0	0.0	0.0	0.0	0.0
	0.0	1.0	0.0	0.0	0.0	0.0	0.0
	0.0	0.0	1.0	0.0	0.0	0.0	0.0
	0.0	0.0	0.0	1.0	0.0	0.0	0.0
	0.0	0.0	0.0	0.0	1.0	0.0	0.0
	0.0	0.0	0.0	0.0	0.0	1.0	0.0
	0.0	0.0	0.0	0.0	0.0	0.0	1.0

6.2 欧美主权债务风险对系统重要性经济体溢出效应的实证分析

接下来主要结合上面得出的欧美主权债务风险波动的溢出效应理论模型来研究欧美主权债务风险变化的溢出效应。即根据上述得出的GVAR模型及5个系统重要性经济体的基础数据,探讨欧美主权债务风险演变的溢出效应。如上一章统计分析研究结果表明,欧美主权债务风险波动对外影响主要通过总需求、金融、贸易等渠道,因而这里将重点运用模型(19)探讨欧元区及美国经济增长、政府支出、实际利率对其他系统重要性经济体的经济增长、出口和实际利率的影响,以此揭示欧美主权债务风险演变的溢出效应。从理论上看,虽然欧美经济增长会拉动其他国家需求扩张,但欧美产出的增加同样会挤占其他国家市场份额,综合影响取决于两者相互作用的结果。

6.2.1 欧洲主权债务风险波动溢出效应的实证分析

图6-1报告基于上述GVAR模型分析欧元区经济增速变化对其他S5国家的脉冲效应的结果,数据显示,美国和英国与欧元区具有相近的产业结

构,经济竞争关系大于合作关系,欧元区经济增速提高会挤占美国和英国的市场份额,虽然短期内会通过拉动英美外需来提高经济增速,特别是对英国,但从长期来看,替代效应更为显著,欧元区经济增速提高1个百分点在长期会导致美国和英国经济增速分别下降0.045个百分点和0.159个百分点。而中国与欧元区处于产业链的不同阶段,相互之间合作关系强于竞争关系。欧元区经济增长加快对中国经济具有持续的带动作用,长期来看,欧元区经济增速加快1个百分点会推动中国经济增速加快0.07个百分点。欧元区经济增速变动对日本影响较为中性,显示与日本经济替代效应和合作效应较为均衡,欧元区经济增速加快在前10个季度对日本经济有负面影响,而后转为微小正面影响,欧元区经济增速提高1个百分点大致在长期推高日本经济增速0.02个百分点。可见,影响欧元区经济宏观经济增速的债务风险波动对其他国家的溢出效应有赖于外国经济体与其经济体的相似度。

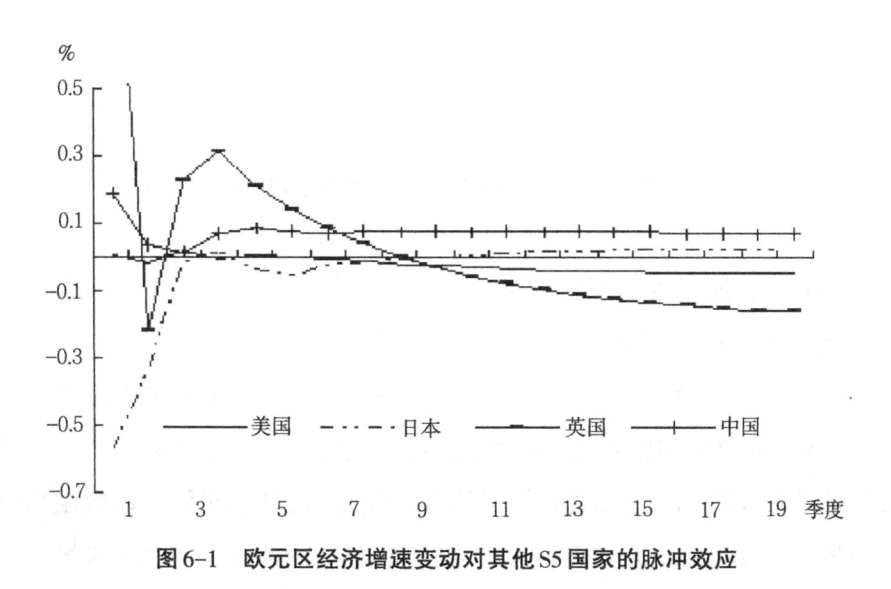

图6-1 欧元区经济增速变动对其他S5国家的脉冲效应

关于欧元区主权债务风险变动对其他国家出口的溢出效应,重要的方面体现在债务风险波动引发的宏观经济总需求波动,从而对其他经济体进口需求调整,导致其他国家出口增速变化。图6-2是欧元区总需求变化对其他S5国家出口的脉冲效应,数据显示,短期内欧元区经济增速上升对其他国家出口均存在拉动作用,而在3年后转为微小负面作用。欧元区总需求提高1个百分点在短期1年内会提高中国和美国出口0.4个百分点左右,对日本影响较弱,约0.2个百分点,英国出口波动变大,总体水平提高0.5个百分点左右。

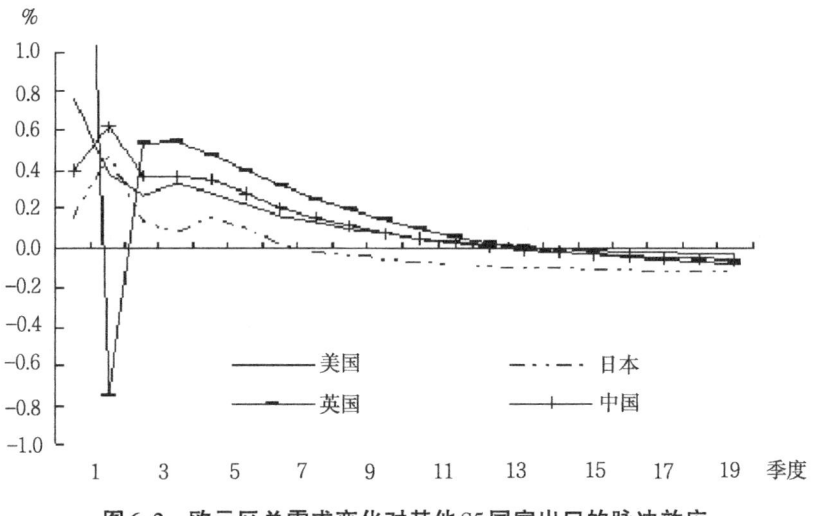

图6-2 欧元区总需求变化对其他S5国家出口的脉冲效应

欧美主权债务风险演变伴随着欧美宏观政策调整,相关的宏观政策主要包括财政政策与货币政策,扩张性的财政政策往往推高主权债务水平,而扩张性的货币政策尤其是购买政府债务的扩张性政策可能引发债务货币化问题,财政紧缩则对应的是财政整顿,主权债务风险波动引发宏观财政货币政策调整,由此形成对外部的溢出效应,这是主权债务风险溢出效应的另一重要渠道。从财政政策的溢出效应来看,欧元区财政政策增加其他经济体短期波动,而不具有长期趋势性影响。图6-3是欧元区财政政策对其他国家产出脉冲效应。数据显示,欧元区扩张性财政政策在短期通过增加进口对中国经济增速产生正向冲击,同时也通过改变国际资本流动推高中国利率产生负面影响,前两个季度,欧元区财政支出增速提高1个百分点会降低中国0.03个百分点的经济增速,而后转为接近0.03个百分点的正向冲击,在1年后作用减弱至0.01个百分点以下。欧元区扩张性财政政策对美国经济增长冲击持续为负,1个百分点的冲击在7个季度后影响降至0.01以下,对英国则是加大短期波动,1个百分点的冲击长期具有0.01个百分点的负面冲击。对日本影响较为微小,且迅速减弱。

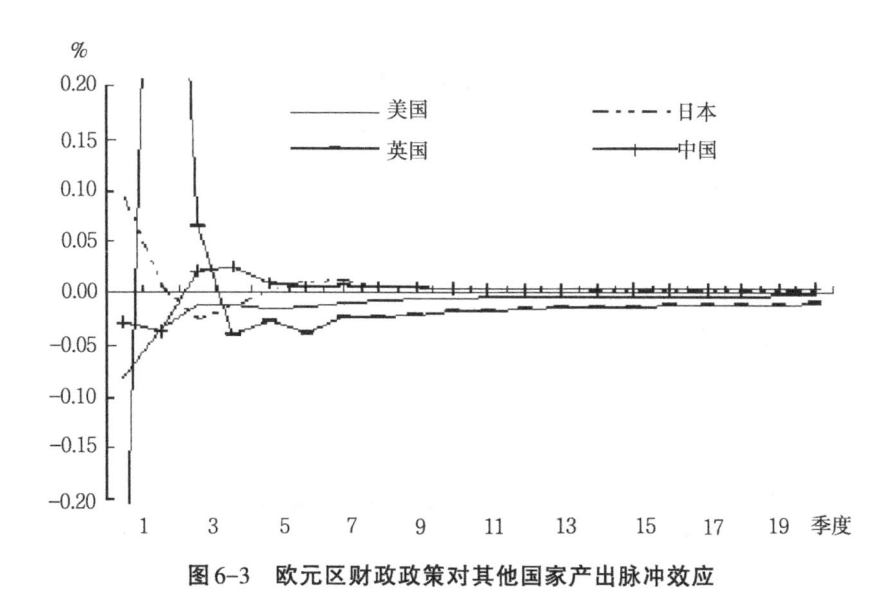

图6-3 欧元区财政政策对其他国家产出脉冲效应

出现上述现象的潜在解释在于,欧洲扩张性财政政策主要着力于增加社会福利支出与支持产业转型升级,倾向于低收入群体的社会福利增加将促使该群体从中国等发展中国家购买更多的消费品,因为低收入群体大多对发达国家生产的高档消费品的需求较弱,由此促进中国等外需增长。而支持产业转型升级将鼓励购买本国的先进设备,欧元区与美英等国都处于世界技术前沿领域,欧元区财政政策扩张可能由于增加本国高新技术产品购买而减少了从美英的进口,从而欧元区扩张性财政政策对美英外需乃至总产出构成负向溢出效应,这种推测在图6-4的溢出效应检验中得到了进一步的确认。

图6-4是欧元区财政政策对其他国家出口脉冲效应,数据显示,欧元区扩张性财政政策在短期内刺激中国外需,但对美日等发达国家外需却起到抑制作用,而在长期,欧元区财政政策对各国出口几乎没有影响。欧元区扩张性财政政策增加了中国出口导向性国家的外需,1个百分点的财政支出增加在后1季度增加中国0.2个百分点的出口增速,1年后影响回落至零附近。而对美日等国来说,欧元区扩张性财政政策会提高全球利率水平,导致资本回流发达国家,推高美日等国汇率,抑制其出口。前2个季度,欧元区1个百分点的财政支出增长会降低美日出口增速0.2个百分点左右,而后影响迅速缩减到零附近。

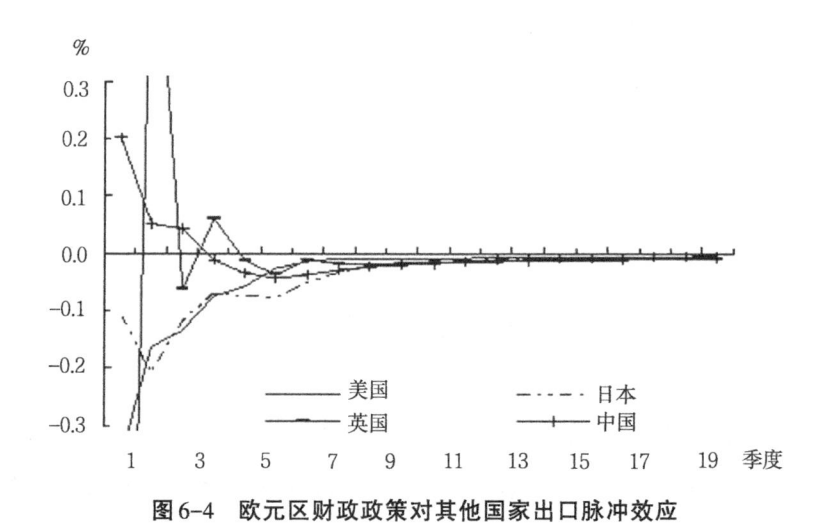

图6-4 欧元区财政政策对其他国家出口脉冲效应

欧债风险变化不仅影响财政状况,而且影响债务利率等市场基准资本价格,同时,为应对欧债危机升级,欧央行购买政府债券等行为必然会对货币金融市场造成扰动,从而欧洲债务风险的溢出效应还体现在金融资本层面。由于价格黏性等因素,货币扩张并不会马上导致通胀,但对名义利率影响却较显著。欧央行的货币紧缩会对其他国家带来资本流出压力,并提升全球利率,导致其他国家货币被动紧缩。图6-5是欧元区实际利率对其他国家实际利率脉冲效应,数据显示,欧元区长期实际利率变动对其他国家有持久显著的溢出效应。对中国长期会实际利率影响最为显著,欧元区实际利率提高1个百分点在长期会提高中国实际利率0.65个百分点。对英国长期实际利率影响约0.56个百分点。由于日本长期陷入流动性陷阱,名义利率变化较小,欧元区实际利率变动对日本溢出效应有限,1个百分点的欧元区实际利率提高推升日本实际利率0.11个百分点,对美国影响稳定在0.3个百分点附近。

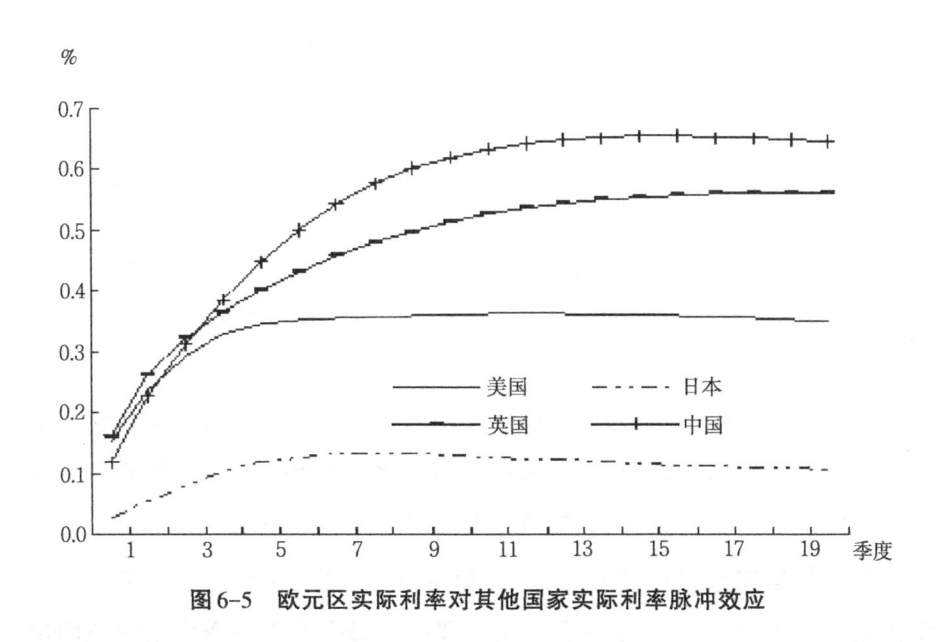

图6-5 欧元区实际利率对其他国家实际利率脉冲效应

虽然欧元区债务风险波动会影响利率水平,但对各国产出却产生不同影响。图6-6是欧元区实际利率对其他国家产出脉冲效应,数据显示,欧元区货币投放对中国经济增长有显著的正向溢出效应,欧元区实际利率下跌1个百分点推动中国经济增速提高0.18个百分点左右,这不仅由于扩张货币政策带来的对中国进口需求增加,同时因为中国出口和资本流入同时增加货币投放,被动刺激经济增长。但欧元区与美英等国的竞争关系使得欧元区扩张的货币政策推动经济增速提高,对美英等国经济会产生挤压效应。欧元区实际利率下跌1个百分点在长期会降低美国和英国经济增速分别为0.12和0.42个百分点。欧元区实际利率对日本产出影响有限,长期影响仅有不到0.06个百分点。

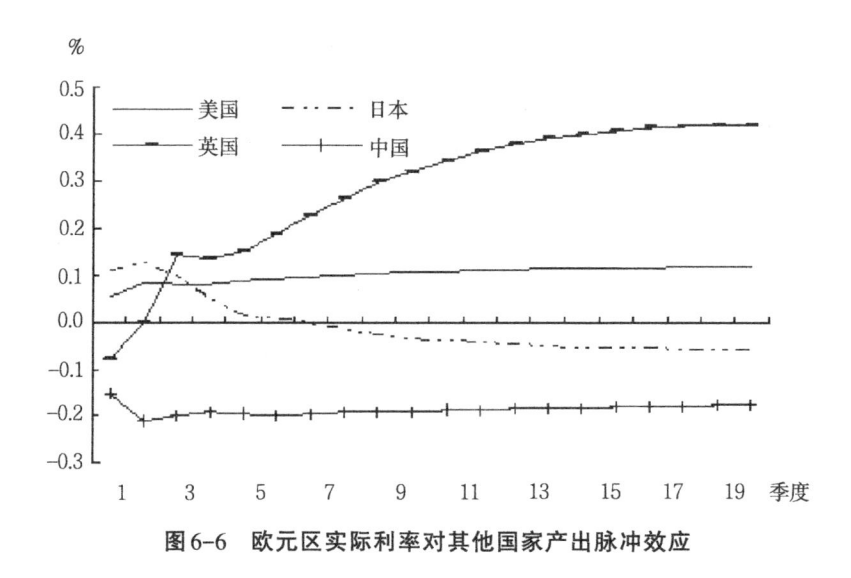

图6-6 欧元区实际利率对其他国家产出脉冲效应

相比其他影响,欧元区债务风险波动引发的利率等货币金融变化对其他国家出口的溢出效应则颇为一致,利率下降等扩张性货币政策在短期内对其他国家有出口促进作用,而在长期有抑制作用。图6-7是欧元区实际利率对其他国家出口脉冲效应,数据显示,欧元区货币投放在短期对英国溢出效应最为显著,1个百分点的实际利率下降会在下一季度推动英国出口增速提高1.4个百分点,而在前两个季度对中国和美国出口增速促进作用也在0.4个百分点附近。而在两年后,扩张的货币政策影响普遍为负,事实上,如果欧元区实际利率长期下降,意味着欧元区经济活力减弱,对外部需求降低,其他国家出口长期自然受到负面冲击。欧元区实际利率下降1个百分点会在长期对日本、英国、中国、美国的出口分别带来0.34、0.27、0.18和0.12个百分点的负面冲击。

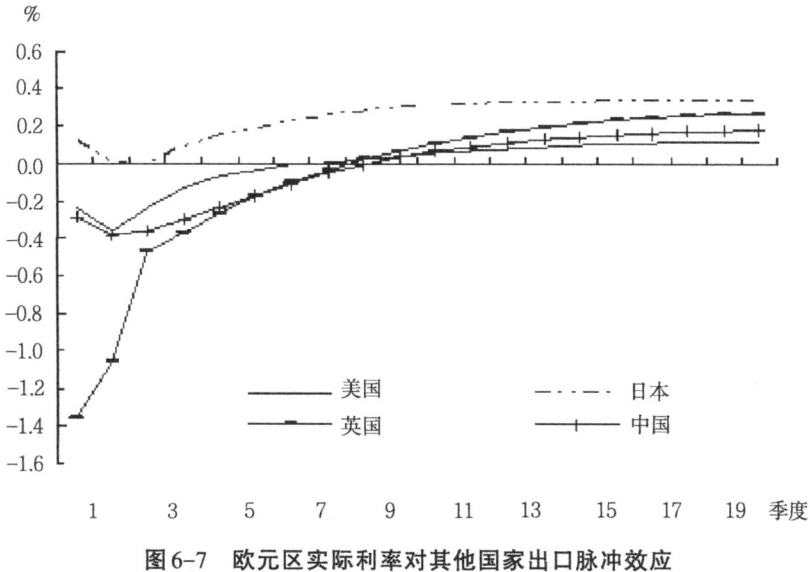

图6-7 欧元区实际利率对其他国家出口脉冲效应

6.2.2 美国主权债务风险波动溢出效应的实证分析

图6-8是基于上述GVAR模型分析美国经济增速变化对其他S5国家的脉冲效应的结果,数据显示,与欧元区的分析结果相似,美国和英国、欧元区具有相近的产业结构,经济竞争关系大于合作关系,美国经济增速提高会挤占欧元区和英国的市场份额,虽然短期内会通过拉动英国及欧元区外需来提高经济增速,但从长期来看,替代效应更为显著,美国经济增速长期来看会导致欧元区和英国经济增速出现下降。而中国与美国处于产业链的不同阶段,相互之间合作关系强于竞争关系。美国经济增长加快对中国经济具有持续的带动作用,长期来看,美国经济增速加快1个百分点会推动中国经济增速加快0.02个百分点。美国经济增速变动对日本影响较为中性,显示与日本经济替代效应和合作效应较为均衡,除了第4个季度以外,美国经济增速加快在前10个季度对日本经济有负面影响,而后转为微小正面影响,美国经济增速提高1个百分点大致在长期推高日本经济增速0.07个百分点左右。可见,影响美国经济宏观经济增速变动的债务风险波动对其他国家的溢出效应有赖于外国经济体与其经济体的相似度。

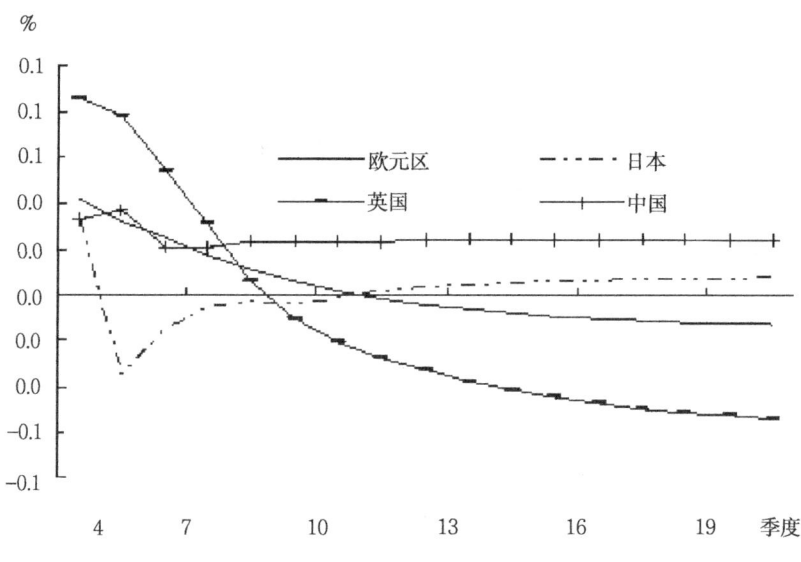

图 6-8　美国经济增速变动对其他 S5 国家的脉冲效应

与欧元区一样,关于美国主权债务风险变动对其他国家出口的溢出效应,重要的一个方面是体现在债务风险波动所引发的宏观经济总需求波动,从而对其他经济体进口需求调整,导致其他国家出口增速变化。图 6-9 是美国总需求变化对其他 S5 国家出口的脉冲效应,数据显示,短期内美国扩张性政策引发的经济增速上升对其他国家出口均存在拉动作用,而在 2 年后转为微小负面作用。美国总需求提高 1 个百分点在短期 1 年内会提高中国和欧元区出口 0.15 个百分点左右,对日本提升 0.18 个百分点左右,对英国出口影响 0.5 个百分点左右。

美国主权债务风险演变伴随着美国宏观政策调整,扩张性的财政政策往往推高主权债务水平,而扩张性的货币政策尤其是购买政府债务的扩张性政策可能引发债务货币化问题,财政紧缩则对应的是财政整顿,主权债务风险波动引发宏观财政货币政策调整,由此形成对外部的溢出效应,这是主权债务风险溢出效应的另一重要渠道。图 6-10 是美国财政政策对其他国家产出脉冲效应。数据显示,美国扩张性财政政策在短期内对英国的影响最大,在前一年中,美国财政支出增速提高 1 个百分点会提高英国经济增速达到 0.4 个百分点左右。美国经济对中国与日本经济的拉动类似,美国财政政策扩张将引起中国及日本经济产出在前一年中增加0.11个百分点左右,当然,在长期中,美国财政政策扩张对中日英的影响均由正转负,这主要原因可能在于美国扩张性财政政策引发利率上升,促使国际资本流动推高其他经济体利率而在长期产生负面影响。然而,相比之下,美国扩张性财政政策对于欧元区的影响不管在短期还是长期都持续为负面的,美国财政政策扩张较长时期内都导致欧元区产出呈现下行压力。

出现上述现象的潜在解释在于,美国扩张性财政政策主要着力于增加社会福利支出与支持产业转型升级,倾向于低收入群体的社会福利增加将促使该群体从中国等发展中国家购买更多的消费品,因为低收入群体大多对发达国家生产的高档消费品的需求较弱,由此促进中国等外需增长。此外,图6-11是美国、英国及欧元区经济年度增速,数据显示,美国与英国的经济周期相关性很强,美国经济波动都与英国经济波动相似,体现了美英之前的潜在紧密联系。而欧元区与美国的关系并不紧密,从而美国财政政策扩张对欧元区外需乃至总产出构成负向溢出效应,这种推测在图6-12的溢出效应检验中得到了进一步的确认。

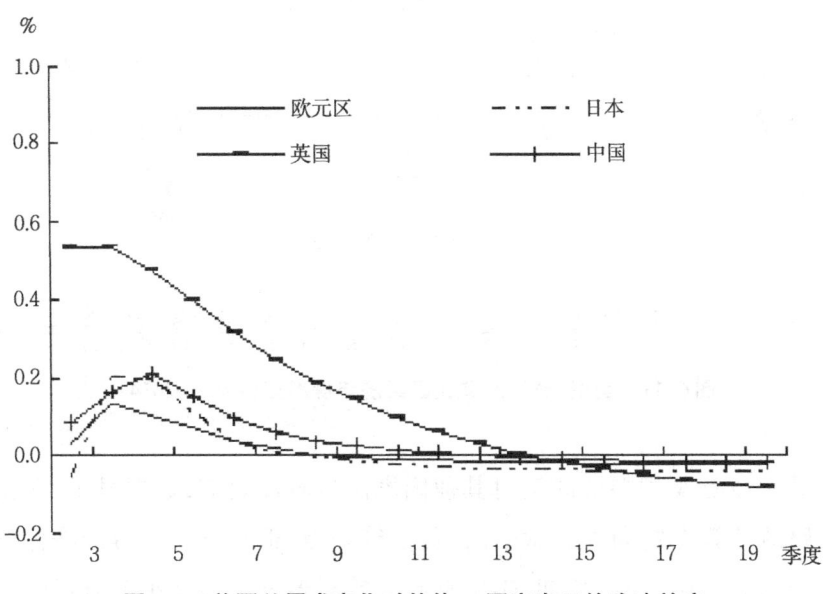

图6-9 美国总需求变化对其他S5国家出口的脉冲效应

图6-10 美国财政政策对其他国家产出脉冲效应

图6-11 美国、英国及欧元区经济年度增速(1980—2014)

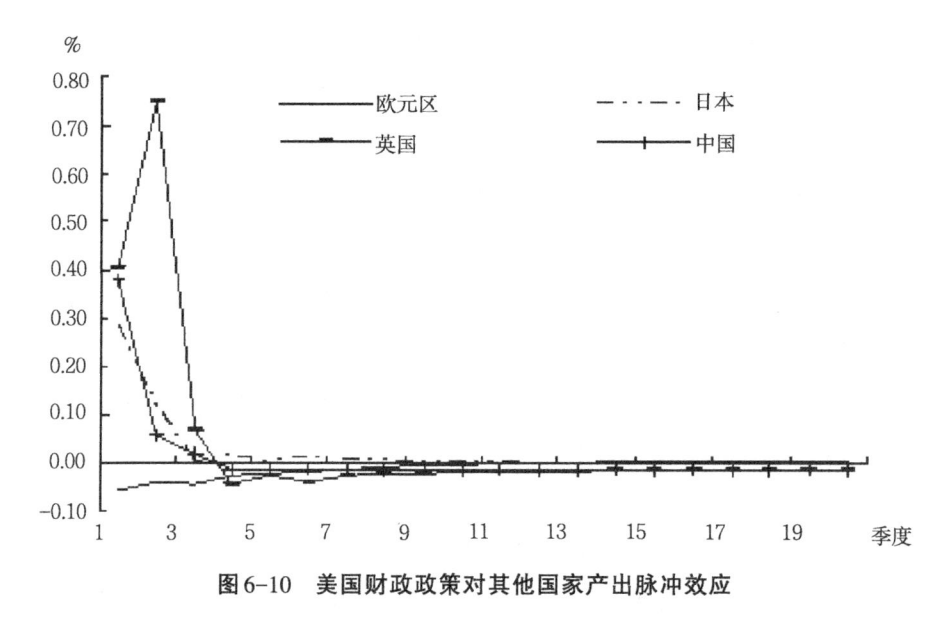

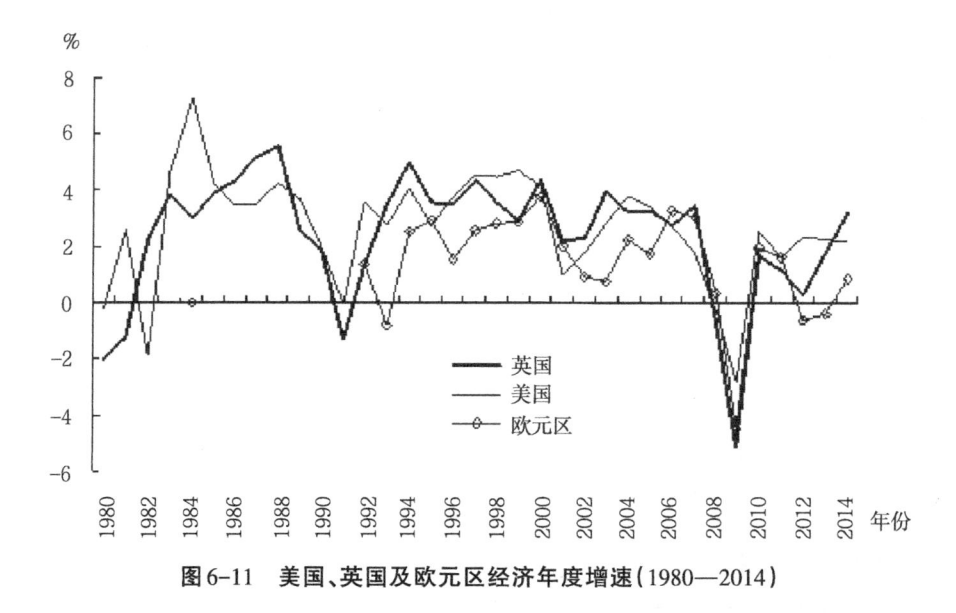

图6-12是美国财政政策对其他国家出口脉冲效应,数据显示,美国扩张性财政政策在短期内刺激中国、英国等外需,但对欧元区等经济体外需却起到抑制作用,而在长期,美国财政政策对各国出口几乎没有影响。美国扩张性财政政策增加了中国及英国等国家的外需,1个百分点的财政支

出增加在后一季度增加中国0.3个百分点的出口增速,同期增加英国0.56个百分点的出口增速,尽管对日本也有拉动,但第一期拉动作用较弱。而对欧元区来说,美国扩张性财政政策并没能呈现较大的拉动,除了第一及第二个季度出现微弱正贡献以外,其他均极为微弱或者负增长。

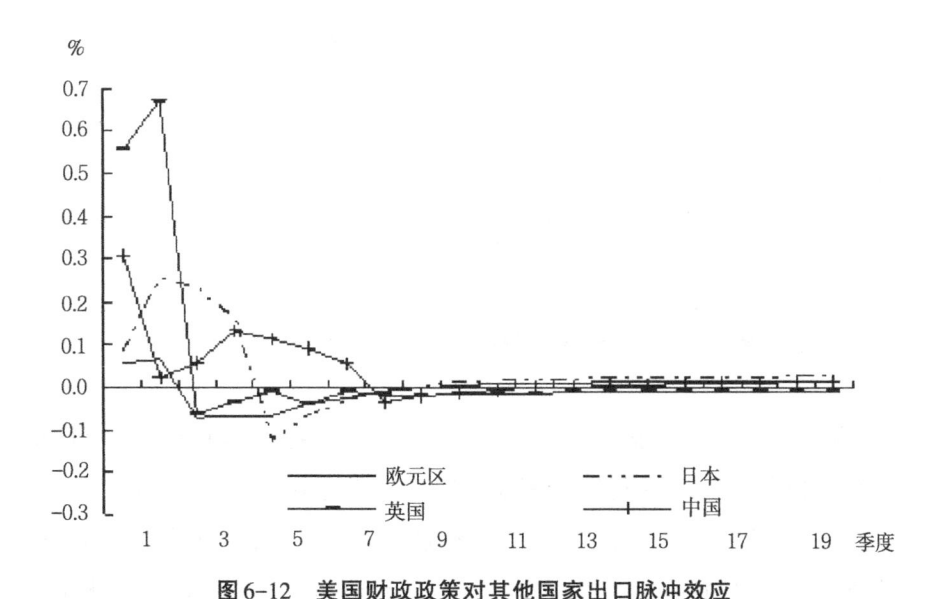

图 6-12 美国财政政策对其他国家出口脉冲效应

与欧债相似,美债风险变化不仅影响财政状况,而且影响债务利率等市场基准资本价格,同时,为应对美国债务风险问题,美联储购买政府债券等行为必然会对货币金融市场造成扰动,从而美国债务风险的溢出效应还体现在金融资本层面。从货币政策溢出效应来看,美联储的货币紧缩会对其他国家带来资本流出压力,并提升全球利率,导致其他国家货币被动紧缩。图6-13是美元实际利率对其他国家实际利率脉冲效应,数据显示,美元长期实际利率变动对其他国家有持久显著的溢出效应。对中国长期实际利率影响最为显著,美元实际利率提高1个百分点在长期会提高中国实际利率0.3个百分点。对英国长期实际利率影响约0.6个百分点。由于日本长期陷入流动性陷阱,名义利率变化较小,美元实际利率变动对日本溢出效应有限,1个百分点的欧元区实际利率提高推升日本实际利率0.05个百分点左右,对欧元区影响稳定在0.15个百分点附近。

图6-13 美国实际利率对其他国家实际利率脉冲效应

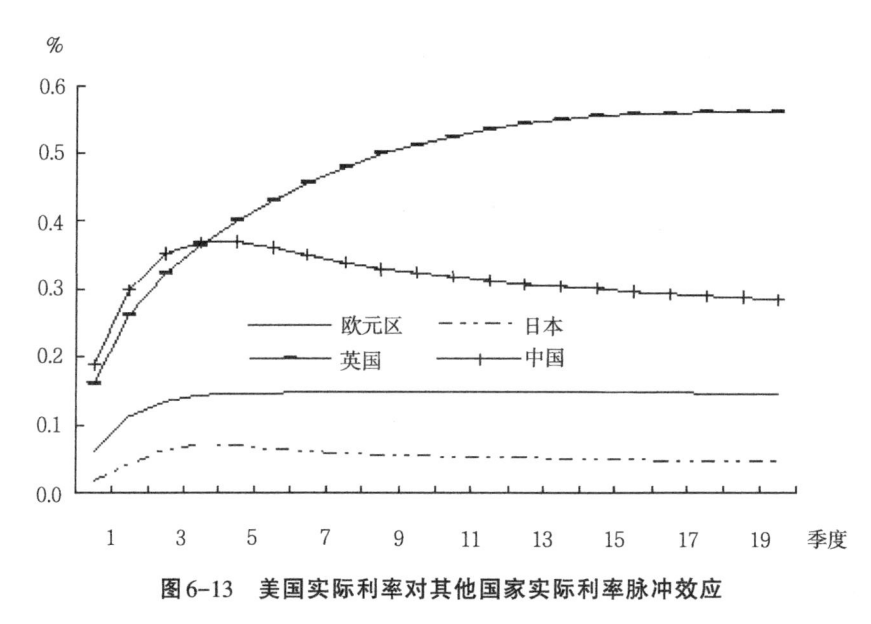

虽然美国债务风险波动会影响全球利率,但对各国产出却产生不同影响。图6-14是美国实际利率对其他国家产出脉冲效应,数据显示,美联储货币投放对中国经济增长有显著的正向溢出效应,美元区实际利率下跌1个百分点推动中国经济增速提高0.22个百分点左右,这不仅由于扩张货币政策带来的对中国进口需求增加,同时因为中国出口和资本流入同时增加货币投放,被动刺激经济增长。但欧元区与美国的竞争关系使得美国扩张的货币政策推动经济增速提高,对欧元区经济会产生挤压效应。美国实际利率下跌1个百分点在长期会降低欧元区增速为0.02个百分点左右。美国利率下调对日本及英国也均有正向的影响,正如上面研究指出美英等国之间具有紧密的周期性关系,所以美国利率下调1个百分点促使英国、日本经济产出提升0.1个百分点左右。

相比其他影响,美国债务风险波动引发的利率等货币金融变化对其他国家出口的溢出效应也颇为显著。图6-15是美国实际利率对其他国家出口脉冲效应,数据显示,美国货币投放在短期对英国溢出效应最为显著,1个百分点的实际利率下降会在下一季度推动英国出口增速提高1.4个百分点,而在前两个季度对中国、日本和欧元区出口增速促进作用也在0.4个百分点附近。而在两年后,扩张的货币政策影响普遍为负,事实上,如果美国实际利率长期下降,意味着美国经济活力减弱,对外部需求降低,其他国家出口长期自然受到负面冲击。美国实际利率下降1个百分点会在长期对日本、英国、中国、欧元区的出口分别带来0.15、0.26、0.09和0.09个百分点的负面冲击。

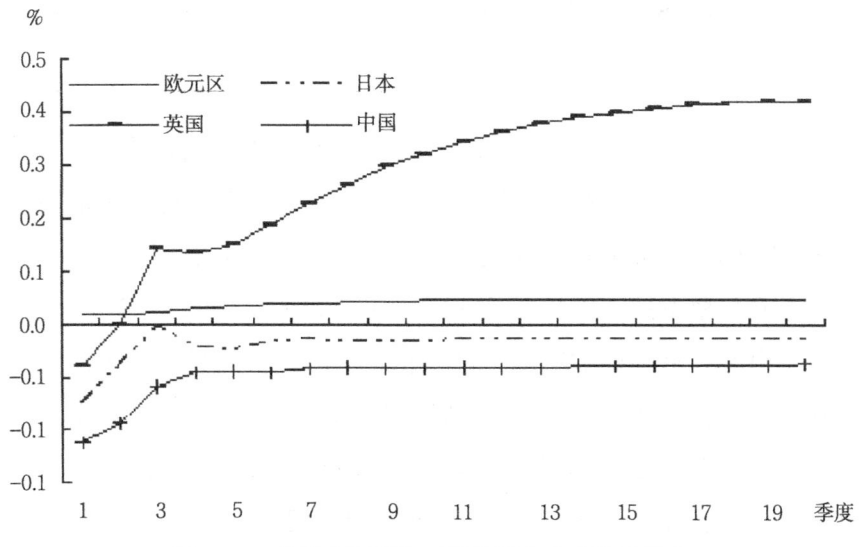

图6-14 美国实际利率对其他国家产出脉冲效应

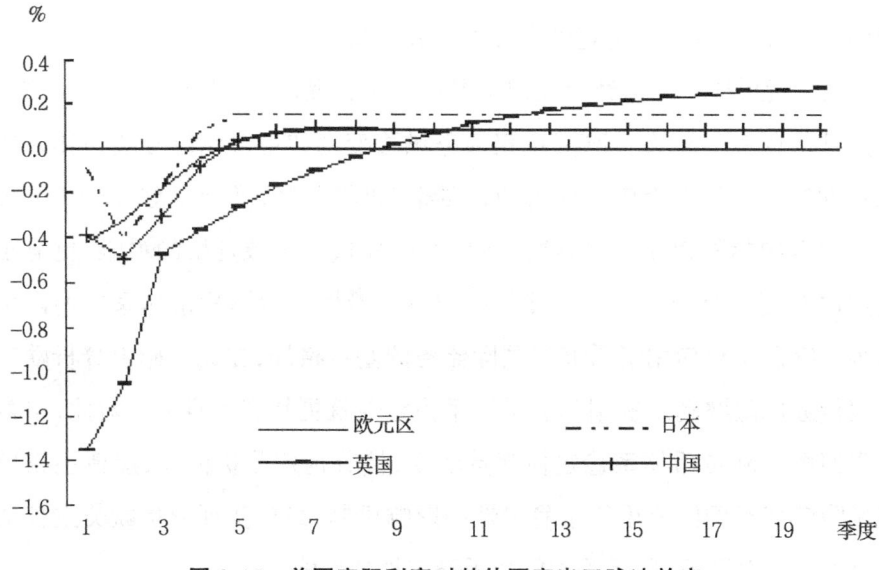

图6-15 美国实际利率对其他国家出口脉冲效应

第7章 欧美主权债务风险对国际货币体系稳定性的溢出效应:实证研究

当今世界国际货币体系由美元及欧元主导,而支撑美元及欧元货币稳定的是欧美的信用,从本质上看,欧元及美元就是欧美央行对货币持有者的负债,而欧元、美元的信用与欧美财政主权债务信用相当。欧美主权债务风险上升最根本的体现是欧美信用风险的升级,动摇了支撑欧元、美元稳定的最根本因素,欧元及美元可能因此出现波动,国际货币体系稳定性将受到影响,这就是欧美主权债务风险升级会对国际货币体系稳定性产生溢出效应的内在原因(陈建奇,2014b)。2009年年底希腊财政债务风险升级拉开的欧债危机不仅考验欧元区财政主权信用,更警示欧元体制内在制度问题,2011年以来持续高涨的美国财政债务丧失"AAA"评级预示美元风险的上升,欧元及美元稳定性备受关注和质疑。

国际货币体系为何经历长期发展却未能实现稳定?影响国际货币体系稳定性的因素是什么?欧美主权债务风险变动如何影响国际货币体系的稳定性?尽管社会上曾经流行通过创造"世界元"等类似全球货币的方式改革现有国际货币体系,但欧元当前的挑战预示区域货币的艰难,更显示短期内在更广范围内构建全球货币的不可能性。国际货币体系短期内仍然难以突破主权信用货币充当国际储备的基本格局,在此基础上分析欧美主权债务风险波动影响国际货币体系稳定性就更具现实意义。对此,本章首先回顾国际货币体系稳定性观点演变,接着构建分析框架,厘清主权债务风险演变对国际货币体系稳定性的影响机制,最后实证分析欧美主权债务风险变动对欧元、美元等国际货币稳定性的影响。

7.1 国际货币体系稳定性演变

国际货币体系稳定性的研究可以分为三个阶段：一是金本位时期黄金国际货币体系稳定性的研究；二是布雷顿森林体系时期美元国际储备稳定性的讨论；三是布雷顿森林体系崩溃后外汇储备资产持续上升引发的国际货币稳定性的思考。关于金本位体系稳定性的研究，可以追溯到 Hume（1752）提出的"物价—现金流动机制"，即国际收支波动伴随黄金从逆差国向顺差国的流动，黄金储备变化引起各国商品相对价格调整，促进国际收支平衡，黄金储备重新回流以实现新的均衡。然而，Meade（1955）认为顺差国可以通过"封存"流入的过量黄金来阻止货币供应量上升引起的价格变动，逆差国由于黄金储备不能无限流失而必然单方面承受国际收支失衡的调整压力，结果是逆差国陷入通货紧缩，黄金储备滋生的非对称调整及世界黄金总量外生不足成为金本位制度的内在缺陷。

凯恩斯也认为，金本位制度下国际收支失衡调节重担强加在债务国身上，黄金储备的流动并不能保证国际收支失衡自动调整，基于对金本位制度的修正，凯恩斯提出班考（Bancor）为核心的国际清算同盟（International Clearing Union）计划（罗伯特·斯基德尔斯基，2003）。尽管黄金作为储备资产的缺陷问题仍然存在争论，但主权信用货币对黄金的逐步替代却是不争的事实。在第一次世界大战之前，英镑一直是重要的储备货币，在第一次世界大战中美国成为世界的净债权人，以此为基础，20世纪20年代初期美元成为能够保持与黄金固定兑换比例的唯一货币，此后美元在国际贸易与国际金融中扮演越来越重要的角色，并逐步被视为国际储备货币（Frankel，1991）。布雷顿森林体系替代金本位制度后，确立了美元主导国际储备资产的格局，相关研究也就由黄金储备转为美元储备稳定性。

关于布雷顿森林体系下美元国际储备稳定性的研究，最重要的当属比利时经济学家 Triffin（1960）提出的"特里芬"难题。Triffin 早在1959年华盛顿第87届国会经济会议上提出该论调，他指出，作为储备货币发行国，美国只有通过经常账户顺差才能避免国际流动性短缺。然而，美国经不起自身净储备地位无尽头的退化，如果持续发展下去，美元外汇储备必然超过美国黄金储备,外国对美元的信心必将下降,其他国家必然要求大量美元兑换为黄金,美国面临两难的选择。Altman(1961)将上述问题称为"特里芬"难题。Trffin关于美元国际储备稳定性的阐述具有内在逻辑性,而且美元在20世纪60年代中确实爆发了危机,理论与经验的证据使"特里芬"难题得到学术界广泛认可(Kenen,1960),人们不再关注美元储备稳定性的讨论,而更多的是研究如何通过其他手段应对美元储备"特里芬"难题的方案。

20世纪60年代寻求稳定美元国际储备以挽救布雷顿森林体系的方案成为国际货币体系最重要的问题,这些方案总体上可以归结为三类:一是提高黄金价格;二是创建一种新的储备资产,即某种形式的纸黄金(paper gold);三是汇率调整以降低各国对美元储备资产的需求(Frankel,1991)。然而,黄金价格调整会引起其他国家预期未来黄金兑换美元价格的稳定性,促使更多国家将美元兑换成黄金,这样不仅不能解决美国黄金短缺的问题,还可能加速美元的不稳定性。欧洲顺差国担心美元汇率的调整会弱化美国的责任,他们认为美国在危机中的责任不可忽视,调整的成本必须由美国承担,因而,除德国担心汇率低估会导致通货膨胀而采取适当的升值政策外,欧洲其他国家在政策上显得犹豫不决(Solomon,1977)。

与黄金价格重新确定、汇率调整相比,创建新的储备资产解决美元国际储备稳定性的呼声却显得相对一致❶。联邦德国中央银行行长埃明格尔在1966年1月提出了一个代表德国、意大利及荷兰的方案。他建议在成员方中创建新的储备单位并且由成员方使用。尽管在储备创立的具体问题上存在争执,但各国对创建新的储备的提议却没有太大疑义❷。1967年6月欧洲经济共同体在巴黎联合会议上提议将新的储备资产称为储备提款权

---

❶主要发达国家中只有法国的观点存在较大的差异,法国认为考虑到美国与英国的巨大国际收支失衡,政府没有必要创建储备的任何方案,需要的是这些国家必须思考与反思。在法国看来,其希望以黄金替代美元结束美国作为储备货币发行国家拥有的特权,同时反对创建新的储备单位,并建议通过提高黄金价格的方法解决其他国家对储备资产的强烈需求。

❷当时特立独行的法国也由于两方面的原因而逐步接受这种观点:一是当时其他欧洲国家与美国都倾向于创建储备资产,法国的建议避免受到其他国家的孤立;二是将新的储备资产取名为SDR,可以有效防止出现一种替代黄金的实际储备资产。1968年5月法国出现五月风暴导致法国国内政治动荡,经济受到严重影响,恶化法国储备地位,法国急需外部援助,这促使其更快接受IMF创建储备资产的方案。

(reserve drawing rights),但当时法国代表建议将储备(reserve)改成特别(special),即特别提款权(Special Drawing Rights,SDR),这种建议在1967年8月伦敦G10部长级会议上得到了美国的同意,1969年G10代表达成一致协议。根据协议的要求,SDR于1969年开始创建(Solomon,1977)。然而,创建SDR储备资产能促进国际储备资产稳定性的前提在于,流动性的两种供给(黄金与SDR)控制在官方政府与IMF之间,而美元储备则可以由美国政府通过国际收支调节进行控制。然而,SDR创建后几个月证实关于美元供给的假设显然是错了,1970年外国持有美国国债的数量几乎翻了一番,从103亿美元上升到198亿美元。到1971年又翻了一番。这种问题在1971年出现恶化,当年美国单方面宣布关闭美元兑换黄金窗口,布雷顿森林体系崩溃,SDR的创建并没能实现稳定国际储备的既定目标。

布雷顿森林体系崩溃后,世界转向信用本位制或牙买加体系,美国及其他储备货币发行国通过持续发行储备货币满足其他国家的储备需求,同时面临国际收支问题的国家也可以通过国际资本市场融资的手段获得储备货币,因而,理论上国际流动性不足问题已经消失。然而,从1970年后很多国家储备总量不但没有下降反而大幅度上升(Clark and Polak,2004)。Reinhart和Rogoff(2002)研究也发现,布雷顿森林体系崩溃对国际储备资产需求的影响比预期的低。而且,资本账户完全开放及浮动汇率制度的国家也希望持有储备资产,因为他们的银行体系暴露在外汇风险之中,世界各国特别是发展中国家必须持有足够储备以应对挤兑风险及资本流动引起的系统脆弱性。世界外汇储备不断上升的事实引起业界对储备资产持续的关注,而且美元作为世界主要初级产品、大宗商品计价及结算货币,美国垄断国际储备货币这一国际公共产品的供给,美元主导储备资产的格局一直未能改变,美元国际储备稳定性的问题依然存在。

基于对美元等主权信用储备货币稳定性的担忧,相关研究大多重新转向创建新的储备货币,以规避主权货币充当国际储备的稳定性问题。Thakur(1994)提出坚挺特别提款权(Hard SDR)方案,提议保持SDR与商品劳务表示的购买力的稳定。它的吸引力在于,它是SDR一组商品表示的价值稳定,可避免其实际价格受到侵蚀。不过,主要的反对意见认为,不包括在篮子中的商品,其价格的变动将无法保证 SDR 的购买力(李荣谦,2006)。Stiglitz(2002)提出创设全球货币(Global Greenbacks)取代美元作为各成员方的储备货币。周小川(2009)倡导 SDR 发展为超主权储备货币,得到世界主要发展中国家的支持。联合国专家小组的提案也呼吁世界领导人同意构建替代美元的新的国际储备货币(施建淮,2009)。

上述分析刻画了国际货币体系稳定性演变历程,布雷顿森林体系的崩溃验证了"特里芬"难题关于主权信用货币作为储备货币潜在不稳定的推测,布雷顿森林体系崩溃后美元仍然主导国际储备资产的事实也引发学界对主权信用货币充当国际储备的国际货币体系稳定性思考。然而,主权债务风险波动与国际货币体系有什么关系?这有赖于分析框架的构建及创新,接下来将对此进行分析。

7.2 主权债务风险影响传统下国际货币体系稳定性的机制

7.2.1 基本分析框架

通常来看,主权债务风险波动对国际货币的直接影响是对其收益率的影响,比如欧美主权债务风险变动将直接影响欧美主权债务收益率,由此影响美元、欧元收益率,从而对其他变量产生进一步的影响。因而,分析主权债务影响国际货币主要可以借助货币收益率链条。在布雷顿森林体系下,国际货币基金组织主要成员方之间保持汇率稳定,金价定在每盎司 35 美元,发生国际收支赤字的国家必须通过国际储备资产来弥补赤字以保持汇率稳定,由于美元资产具有利息收益而且与黄金保持固定兑换比例,因而各国对国际储备资产的需求转向美元,主权信用货币充当国际储备的稳定性问题也就是美元储备稳定性问题,外国对美元国际储备资产的需求通过对美国的顺差来实现,即美国通过国际收支逆差来满足世界各国对国际储备资产的需求,假设 K 为美国国际收支逆差, R 为美元国际储备资产,那么有式(7-1):

$$\frac{dR}{dt} = K \tag{7-1}$$

即美元国际储备变化量等于美国国际收支变化。在布雷顿森林体系下,美元国际储备稳定性有赖于美元国际储备与美国黄金储备比例的稳定性,因而考察美元国际储备与美国黄金储备比例是分析美元国际储备稳定性的关键。根据式(7-1)可以得出美元国际储备资产与美国黄金储备之比的变化率:

$$\begin{aligned}\frac{dr/dt}{r} &= \frac{d(R/G)dt}{R/G}\\ &= \frac{dR/dt}{R} - \frac{d(G)/dt}{G}\\ &= \frac{K}{R} - \frac{d(G)/dt}{G}\end{aligned} \tag{7-2}$$

这里 $r=R/G$ 表示美元国际储备与美国黄金储备 G 的比例。由式(2)可以看出美元国际储备与美国黄金储备 G 之比变化率等于美元国际储备增长率与美国黄金储备增长率之差。假设美国国际收支变化与美国黄金储备 G 之比为 k,即 $k=K/G$,美国黄金储备增长率为 g,根据式(7-1)和式(7-2)可以进一步得出关系式(7-3):

$$\begin{aligned}\frac{dr/dt}{r} &= \frac{d(R/G)dt}{R/G}\\ &= \frac{dR/dt}{R} - \frac{d(G)/dt}{G}\\ &= \frac{K}{R} - \frac{d(G)/dt}{G}\\ &= \frac{K/G}{R/G} - \frac{d(G)/dt}{G}\\ &= \frac{k}{r} - g\end{aligned} \tag{7-3}$$

从而可以得出 $dr/dt=k-gr$,这是一个一阶线性微分方程,根据一阶线性微分方程的性质(Fuente,2000)知道它存在唯一的定常状态 $\bar{r}=\frac{k}{g}$,并且该方程的通解形式是式(7-4)：

$$r = \bar{r} + C_1 e^{-gt}, 即 r = \frac{k}{g} + C_1 e^{-gt} \quad (7-4)$$

其中，C_1为常数。这里举个具体的例子。假设在初始时期即$t=0$时，美元国际储备与美国黄金储备之比为1，美国国际收支逆差与美国黄金储备之比为1%，而美国黄金储备增长率为2%，那么$k/g=0.5$，由此得到$C_1=0.5$。从而式(7-4)的解是：

$$r = 0.5 + 0.5e^{-0.02t} \quad (7-5)$$

根据动态方程式(7-4)可以得到美元国际储备资产与美国黄金储备之比的动态路径如图7-1所示的曲线Ⅰ。从图7-1可以发现，虽然美元国际储备资产与美国黄金储备之比随着时间不断上升，但是最终将逐渐收敛于0.5的水平，因而不会出现不可持续的情况，当然这是由初始美元国际储备与美国黄金储备之比$r=1$得出的情况，所有的后续值都大于0.5。同样的，如果初始k/g大于0.5，那么将得到$C_1<0$，从而相应的动态路径将表现为图7-1的曲线Ⅱ，但是这并不影响美元国际储备稳定性，因为曲线Ⅱ将最终收敛于0.5的水平，而不会发生发散的情况。由此可见，对于方程式(7-4)的动态方程，决定其稳定性的是美国所持黄金增长率，如果该增长率小于0，那么美元国际储备资产与美国所持黄金之比将趋向无穷大，从而不可持续。

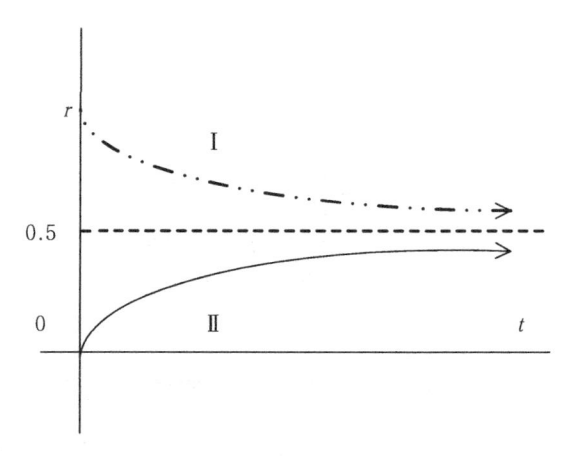

图7-1 美元储备资产与美国所持黄金储备之比的动态路径

从方程(7-4)还可以看出,如果美国国际收支逆差与美国黄金储备之比等于美元国际储备资产与美国黄金储备之比和美国黄金增长率乘积,即 $k=gr$,那么 $dr/dt=0$,表明美元国际储备资产与美国黄金储备之比不会随时间而变化,处于均衡状态,从而表现出稳定性,由此可见,k/g 给出了系统均衡的条件($k=gr$)与非均衡状态下美元国际储备资产与美国黄金储备之比处于可持续情况下的极限值($k\neq gr$)。

7.2.2 纳入主权债务风险的扩展分析框架

上述分析框架表明只要美国保持正的黄金储备增长率就能促使美元国际储备与美国黄金储备之比收敛,以此维持美元货币体系稳定性,然而,外国持有美元国际储备的同时会进行美元外汇储备投资运作,通过投资国债等投资获取收益,这些投资收益内生推动美元外汇储备不断上升,美元国际储备与美国黄金储备比例也将受到影响,因此,需要进一步扩展上述分析框架,纳入美元收益率变量,而美国主权债务风险成为影响美元收益率的重要因素,在此条件下构建的分析框架就与主权债务风险建立了直接的联系。基于上述考虑,美元国际储备变化就来源于两方面:一是国际收支逆差引起的国际储备增加 K;二是美元国际储备投资收益 Ri,此处 i 为美元收益率,则得到式(7-6)

$$dR/dt = K + Ri \tag{7-6}$$

将式(7-6)代入式(7-2)得

$$\begin{aligned}\frac{dr/dt}{r} &= \frac{d(R/G)/dt}{R/G} \\ &= \frac{dR/dt}{R} - \frac{d(G)/dt}{G} \\ &= \frac{K}{R} + i - \frac{d(G)/dt}{G} \\ &= \frac{K/G}{R/G} - \frac{d(G)/dt}{G} \\ &= \frac{k}{r} - g + i\end{aligned} \tag{7-7}$$

即：$\dfrac{dr/dt}{r} = \dfrac{k}{r} - g + i$ （7-8）

式(7-8)也是一阶线性微分方程，根据一阶线性微分方程的性质知道它存在唯一的定常状态 $\bar{r} = k/(g-i)$，并且该方程的通解形式是式(7-9)：

$$r = \dfrac{k}{g-i} + C_2 e^{-(g-i)t}$$ （7-9）

其中，C_2 为常数。从方程(7-9)可以看出，如果美国黄金储备增长率与美元收益率之差小于零，那么美元国际储备与美国黄金储备之比将趋向无穷大，从而美元国际储备不具有稳定性，美元收益率的上升将促使美元国际储备更快膨胀，从而影响了美元国际储备的稳定性。另外，当 $g-i \geq 0$ 时，此时动态系统(7-9)是稳定的，但是美元收益率的增加将减缓美元国际储备与美国黄金储备之比动态路径的收敛速度，同时也将促使稳态水平 $k/(g-i)$ 向上移动(见图7-2)。根据上述讨论，可以得出命题1。

命题1：在布雷顿森林体系下，如果美国黄金储备增长率大于或者等于美元收益率，那么美元国际储备具有内在稳定性，"特里芬"难题可以规避；如果美国黄金储备增长率小于美元收益率，那么美元国际储备不具有稳定性。

进一步地，美国国债收益率是美元收益率的基准，如果将美国国债收益率作为美元收益率的替代变量，那么命题1可以扩展得到反映美国主权债务风险变化的美国国债收益率与美元国际储备稳定性的关系。

命题1扩展：在布雷顿森林体系下，如果美国黄金储备增长率大于或等于美国国债收益率，那么美元国际储备具有内在稳定性，"特里芬"难题可以规避；如果美国黄金储备增长率小于美国国债收益率，那么美元国际储备将不稳定。

7.2.3 综合分析框架

根据前面的研究，得出了美国黄金增长率保持美元国际储备稳定的条件，然而，对经济系统而言，黄金受制于开采技术及自然资源，黄金属于外生变量，因而美国也很难单方面决定黄金的产量，必须结合其他宏观经济变量来实现美元国际储备稳定的目标。为此,根据研究需要及宏观经济变量的特点,这里将在分析框架中纳入经济增长变量,经济增长是重要的宏观经济变量,而且是一个国家宏观调控的重要目标,政府可以通过制定宏观经济政策影响经济增长。假设经济产出变量为GDP,则结合式(7-7)可以得到式(7-10):

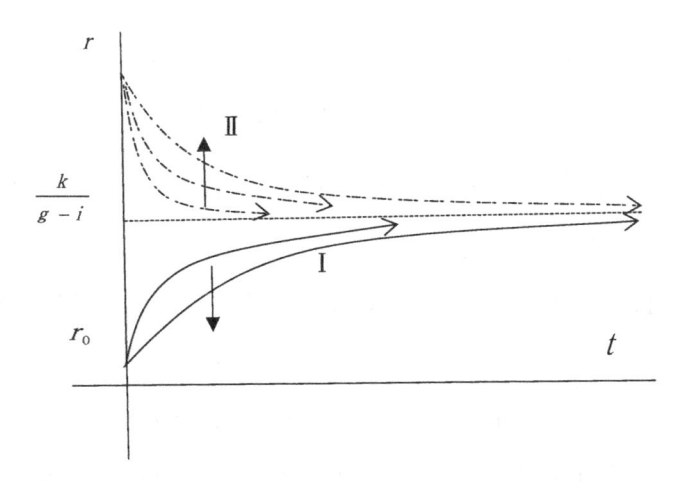

图7-2 美元国际储备与美国黄金储备之比的动态路径

$$\begin{aligned}\frac{\mathrm{d}r/\mathrm{d}t}{r} &= \frac{\mathrm{d}(R/G)/\mathrm{d}t}{R/G} \\ &= \frac{\mathrm{d}R/\mathrm{d}t}{R} - \frac{\mathrm{d}(G)/\mathrm{d}t}{G} \\ &= \frac{K}{R} + i - \frac{\mathrm{d}(G)/\mathrm{d}t}{G} \\ &= \frac{K/G}{R/G} - \frac{\mathrm{d}(G)/\mathrm{d}t}{G} + i \\ &= \frac{K/G}{R/G} - \frac{(\mathrm{d}(G/\mathrm{GDP})/\mathrm{d}t)\mathrm{GDP} + (G/\mathrm{GDP})(\mathrm{dGDP}/\mathrm{d}t)}{(G/\mathrm{GDP})\mathrm{GDP}} + i \\ &= \frac{K/G}{R/G} - \frac{\mathrm{d}(G/\mathrm{GDP})/\mathrm{d}t}{(G/\mathrm{GDP})} - \frac{(\mathrm{dGDP}/\mathrm{d}t)}{\mathrm{GDP}} + i \\ &= \frac{k}{r} - g^r - n + i \end{aligned} \quad (7\text{-}10)$$

从而有式(7-11):

$$\frac{dr+dt}{r}=\frac{k}{r}-g^r-n+i \qquad (7\text{-}11)$$

这里 $n=\dfrac{(\mathrm{dGDP}/\mathrm{d}t)}{\mathrm{GDP}}$，$g^r=\dfrac{\mathrm{d}(G/\mathrm{GDP})/\mathrm{d}t}{(G/\mathrm{GDP})}$，容易看出 n 表示经济增长率，g^r 表示美国黄金储备与GDP之比的增长率，而 i 仍然表示美元收益率，将该式代入式(7-11)可以得到式(7-12)：

$$dr/dt = k + (i - g^r - n)r \qquad (7\text{-}12)$$

根据微分方程的性质求得方程(7-12)通解为式(7-13)：

$$r = \frac{k}{g^r + n - i} + C_3 e^{(g^r + n - i)t} \qquad (7\text{-}13)$$

其中，C_3 为常数。由此可见，加入经济增长因素的动态方程式(7-13)与未考虑经济增长因素的动态方程(7-9)在形式上并不一样，由方程式(7-13)可以看出，美国黄金储备增长率、经济增长率与美元收益率是决定美元国际储备货币体系能否稳定的三个关键因素，当美国黄金储备与经济增长率之比的增长率和经济增长率之和小于美元收益率时，美元国际储备与美国黄金储备之比将趋向无穷大，从而美元国际储备不具有稳定性，相反的，当美国黄金储备与经济增长率之比的增长率和经济增长率之和不小于美元收益率时，美元国际储备与美国黄金储备之比的动态路径将趋向稳态，从而美元国际储备稳定性得以保持。于是可以得到以下扩展命题：

命题2：在布雷顿森林体系下，当美国经济增长率与美国黄金储备占GDP之比增长率之和不小于美元收益率时，美元国际储备具有内在稳定性；相反的，当美国经济增长率与美国黄金储备占GDP之比增长率之和小于美元收益率时，美元国际储备不具有稳定性。

同样的，美国国债收益率是美元收益率的基准，如果将美国国债收益率作为美元收益率的替代变量，那么命题2可以扩展得到反映美国主权债务风险变化的美国国债收益率与美元国际储备稳定性的关系。

命题2扩展：在布雷顿森林体系下，当美国经济增长率与美国黄金储备占GDP之比增长率之和不小于美国国债收益率时，美元国际储备具有内在稳定性；相反的，当美国经济增长率与美国黄金储备占GDP之比增长率之和小于美国国债收益率时，美元国际储备不具有稳定性。

7.3 欧美主权债务风险影响现代国际货币体系稳定性的机制

7.3.1 基本分析框架

主权信用货币充当国际储备的稳定性在布雷顿森林体系下主要关注美元国际储备与美国黄金储备的比例关系，而在现代国际货币体系下，由于没有黄金的约束，所以主权信用货币充当国际储备的稳定性就转向主权信用货币与实体经济的偏离程度，为此，这里将考察国际储备货币与国际储备货币发行国GDP的比重变化情况来分析主权信用货币充当国际储备的稳定性。同样的，外国对国际储备资产的需求通过对国际储备货币发行国的顺差来实现，即国际储备货币发行国通过国际收支逆差来满足世界各国对国际储备资产的需求，假设K为国际储备货币发行国国际收支逆差，R为国际储备资产[1]，那么有式(7-14)：

$$\frac{dR}{dt} = K \tag{7-14}$$

即国际储备变化等于国际储备货币发行国国际收支逆差。根据式(7-14)式可以得出国际储备与国际储备货币发行国GDP之比的变化率式(7-15)：

$$\frac{db/dt}{b} = \frac{d(R/GDP)/dt}{R/GDP}$$
$$= \frac{dR/dt}{R} - \frac{d(GDP)/dt}{GDP} \tag{7-15}$$

这里$b = R/GDP$表示国际储备与GDP的比例。由式(7-15)可以看出国

---

[1] 为表达的简单起见，这里仅讨论一种主权储备货币的情形，当然对于多种主权储备货币来说，其分析方法与结论并不会改变，这具有一定的代表性。

际储备与GDP之比的变化率等于国际储备增长率与GDP增长率之差。假设国际储备货币发行国国际收支逆差与GDP之比为K，即$K=K/\text{GDP}$，GDP增长率为n，根据式(7-14)和式(7-15)可以得出关系式(7-16)：

$$\begin{aligned}\frac{db/dt}{b} &= \frac{d(R/\text{GDP})}{R/\text{GDP}} \\ &= \frac{dR/dt}{R} - \frac{d(\text{GDP})/dt}{\text{GDP}} \\ &= \frac{K}{R} - \frac{d(\text{GDP})/dt}{\text{GDP}} \\ &= \frac{K/\text{GDP}}{R/\text{GDP}} - \frac{d(\text{GDP})/dt}{\text{GDP}} \\ &= \frac{k}{b} - n \end{aligned} \quad (7\text{-}16)$$

即：$\frac{db/dt}{b}=\frac{k}{b}-n$，从而可以得出$db/dt=k-nb$，这是一个一阶线性微分方程，根据一阶线性微分方程的性质(Fuente, 2000)知道它存在唯一的定常状态$\bar{b}=k/n$，且该方程通解是式(7-17)：

$$b=\bar{b}+C_4 e^{-nt}, \text{即} \ b=k/n+C_4 e^{-nt} \quad (7\text{-}17)$$

其中，C_4为常数。这里如果以美元为例，将2008年作为基期，即$t=0$，2008年美国GDP为14.33万亿，美元外汇储备4.32万亿，经济增长率为1.3%，逆差为6771亿美元，可知美元国际储备与GDP的比$r=0.3$，结合其他数据，得到$C_4=-3.3$。由此可得微分方程式(7-17)的解是式(7-18)：

$$r=3.6-3.3e^{-0.013t} \quad (7\text{-}18)$$

根据动态方程式(7-18)可以得到美元国际储备与GDP之比的动态路径如图7-3所示的曲线Ⅰ。从图7-3可以发现，美元国际储备余额与GDP之比随着时间不断下降，最终将逐渐收敛于3.6的水平，因而不会出现美元国际储备不可控的情况，美元国际储备具有内在稳定性。当然这是由初始美元国际储备余额与GDP的比例$r=0.3$得出的情况，所有的后续值都小于3.6。同样的，如果初始美元国际储备与GDP的比例大于3.6，那么将得到$C_4>0$，从而相应的动态路径将表现为图7-3的曲线Ⅱ，但是这并不影响美元国际储备与GDP之比的收敛性，因为曲线Ⅱ将最终收敛于3.6的水平，而不会发生发散的情况。由此可见,对于方程(18)的动态方程,决定其稳定性的是经济增长率,如果经济增长率小于0,那么美元国际储备余额与GDP之比将趋向无穷大,从而不可持续。

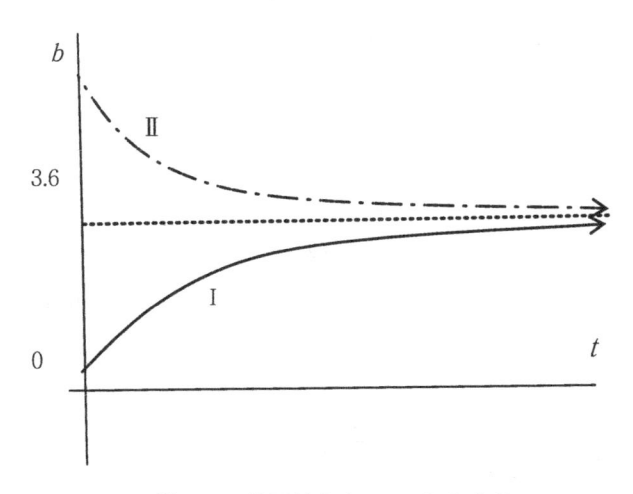

图 7-3 美元储备与 GDP 之比走势

7.3.2 纳入反映主权债务风险变化的收益率变量的扩展分析框架

上面的分析框架表明只要国际储备货币发行国经济不持续衰退就能促使国际储备与GDP之比收敛,以此维持国际储备稳定性,然而,外国持有国际储备的同时会进行外汇储备投资运作,获取投资收益,这些投资收益内生推动外汇储备不断上升,因此,需要进一步扩展上述分析框架,纳入国际储备货币收益率变量。基于上述考虑,国际储备变化就来源于两方面的内容:一是国际储备货币发行国一般国际收支逆差引起的国际储备增加 K ;二是国际储备投资收益 Ri ,此处 i 为国际储备货币收益率,则有式(7-19):

$$dR/dt = K + Ri \qquad (7\text{-}19)$$

将式(7-19)代入式(7-15)得

$$\frac{db/dt}{b} = \frac{d(R/GDP)/dt}{R/GDP}$$

$$= \frac{dR/dt}{R} - \frac{d(GDP)/dt}{GDP}$$

$$= \frac{K}{R} + i - \frac{d(GDP)/dt}{GDP} \quad (7-20)$$

$$= \frac{K/GDP}{R/GDP} - \frac{d(GDP)/dt}{GDP} + i$$

$$= \frac{k}{b} - n + i$$

即: $\dfrac{db/dt}{b} = \dfrac{k}{b} - n + i \quad (7-21)$

式(7-21)也是一阶线性微分方程,根据一阶线性微分方程的性质知道它存在唯一的定常状态 $\bar{b} = k(n-i)$,并且该方程的通解形式是式(7-22):

$$b = \frac{k}{n-i} + C_5 e^{-(n-1)t} \quad (7-22)$$

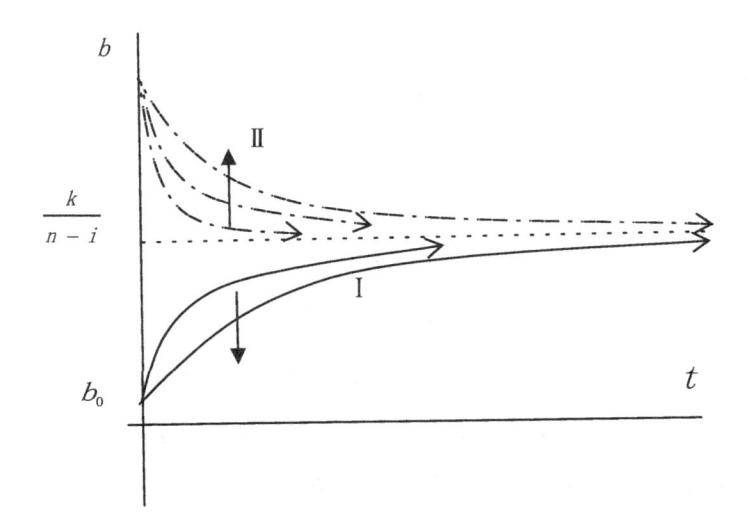

图7-4 国际储备与国际储备货币发行国GDP之比的动态路径

其中,C_5 为常数。从方程式(7-22)可以看出影响主权储备货币充当国际储备稳定性的重要因素除了国际储备货币发行国经济增长率外,还多了国际储备的收益率因素。而国际储备货币发行国的主权债务收益率是影响国际储备货币收益率的基础变量,从而就建立了反映主权债务风险变化的收益率变量的扩展分析框架。如果国际储备货币发行国经济增长率与国际储备货币收益率之差小于零,那么国际储备与国际储备货币发行国GDP之比都将趋向无穷大,从而国际储备不具有稳定性,国际储备货币收益率的上升将增加国际储备付息成本,影响国际储备的稳定性。另外,当 $n-i \geqslant 0$ 时,此时系统(7-22)是稳定的,但是国际储备货币收益率的增加将减缓动态路径收敛速度,同时也将促使稳态水平 $k/(n-i)$ 向上移动(见图7-4)。

$$\begin{aligned}\frac{\mathrm{d}r'/\mathrm{d}t}{r'} &= \frac{\mathrm{d}(R/(\mathrm{GDP}/P))/\mathrm{d}t}{R(\mathrm{GDP}/P)} \\ &= \frac{\mathrm{d}R/\mathrm{d}t}{R} - \frac{\mathrm{d}(\mathrm{GDP}/P)/\mathrm{d}t}{\mathrm{GDP}/P} \\ &= \frac{K}{R} + i - \frac{\mathrm{d}(\mathrm{GDP}/P)/\mathrm{d}t}{(\mathrm{GDP}/P)} \\ &= \frac{K(\mathrm{GDP}/P)}{R(\mathrm{GDP}/P)} + i - \frac{\mathrm{d}(\mathrm{GDP}/P)/\mathrm{d}t}{(\mathrm{GDP}/P)} \\ &= \frac{k'}{r'} + i - (\mathrm{d}(\mathrm{GDP})/\mathrm{GDP} - \mathrm{d}(P)/P) \\ &= \frac{k'}{r'} + i - (n - \pi)\end{aligned} \quad (7\text{-}23)$$

从而有式(7-24):

$$\frac{\mathrm{d}r'/\mathrm{d}t}{r'} = \frac{k'}{r'} + i - (n - \pi) \quad (7\text{-}24)$$

其中,π 为通货膨胀率,而 i 仍然表示国际储备货币收益率,根据一阶线性微分方程的性质可以求得该方程的通解为式(7-25):

$$r' = \frac{k'}{n - \pi - i} + C_6 e^{-(n-\pi-i)t} \quad (7\text{-}25)$$

其中,C_6 为常数。由式(7-25)可以看出,实际经济增长率与通货膨胀率、国际储备货币收益率是决定国际储备稳定性的三个关键因素,当实际经济增长率与通货膨胀率、国际储备货币收益率(利率)之差小于零时,国际储备与实际GDP之比将趋向无穷大,从而不具有可持续性,相反的,当实际经济增长率大于或者等于通货膨胀率与国际储备货币收益率之和时,国际储备与实际GDP之比的动态路径将收敛,从而具有内在稳定性。于是可以得到现代国际货币体系下兼顾币值稳定的国际储备稳定性命题:

命题3:在现代国际货币体系下,当国际储备货币发行国实际经济增长率大于或者等于通货膨胀率与国际储备货币收益率之和时,国际储备与实际GDP之比的动态路径将收敛,国际储备具有内在稳定性;相反的,当实际经济增长率小于通货膨胀率与国际储备货币收益率之和时,国际储备资产稳定性难以保证。

同样的,在现代国际货币体系下,国际货币发行国国债收益率是对应国际货币收益率的基准,如果将国际货币发行国国债收益率作为对应国际货币收益率的替代变量,那么命题3可以扩展得到反映国际货币发行国主权债务风险变化的国债收益率与对应的国际货币稳定性的关系。

命题3扩展:在现代国际货币体系下,当国际储备货币发行国实际经济增长率大于或者等于通货膨胀率与国际货币发行国国债收益率之和时,国际储备与实际GDP之比的动态路径将收敛,国际储备具有内在稳定性;相反的,当实际经济增长率小于通货膨胀率与对应国际货币发行国国债收益率之和时,国际储备资产稳定性难以保证。

7.4 欧美主权债务风险对现代国际货币体系稳定性影响:实证分析

根据上述的分析,国际货币体系稳定性与国际货币收益率息息相关,而国际货币标价的主权债务是对应货币收益率的基础,主权债务收益率变化将影响对应国际货币收益率,比如美国国债收益率变化将影响美元收益率。因而,欧美主权债务风险影响现代国际货币稳定性的机制主要通过主权债务收益率。

布雷顿森林时期美元双挂钩体系崩溃以后,美元无法再利用双挂钩制度保障其国际货币地位,世界金融体系面临波动,先前通过二战后缔结的布雷顿森林协定已名存实亡,世界主要国家尤其是发达国家内部开始质疑美国主导的金融秩序,欧洲希望通过加速推进经济一体化而摆脱或者降低美元双挂钩体系崩溃的影响,日本也着力推进自身的货币金融开放以适应全球新的金融环境。理论上世界各国可以通过竞争的方式改变本国货币在国际货币体系中的地位,美元的地位开始接受挑战。特别是20世纪末期欧洲经济一体化进程加速诞生了区域统一货币欧元,此后欧元呈现强劲表现,对美元汇率持续升值,外界希望欧元能发展成为与美元相抗衡的国际货币。尽管欧债危机改变了短期内欧元强势的态势,但欧元在国际货币体系中的地位已经扮演重要地位。图7-5是IMF调查的世界主要国际货币外汇储备结构,数据显示,美元储备在2013年仍然占全球外汇储备61%,而欧元占24%,日元及英镑都占4%,表明当前国际货币体系稳定性取决于对上述四种货币稳定性的探讨。

图7-5 世界主要国际货币外汇储备结构(1999—2013)

资料来源:数据来自IMF网站。

为客观评估上述国际货币的稳定性,这里采取上述分析框架得出的命题所揭示的判断准则。由于命题中采用的收益率是对应的国际货币收益率,但收益率在现实中有多种表现形式,即利率、国债收益率及回购逆回购操作的利率在某些特定情况下都称为收益率,为较客观反映相关结果,这里采取基准利率来替代,因为国债收益率及相关债券的回购逆回购等操作的收益率都是以利率为基础,理论上同期的基准利率小于其他类型的收益率,因而采取这种方式不会导致高估,而只会低估,在本书中能有效避免偏误。

根据上节得出的命题的内容,相关的实证指标包含收益率、经济增长率及通货膨胀率,这里采取CPI作为通货膨胀率的指标。由于欧元在1999年以后才成立,所以欧元区的相关数据从1999年开始,具体测算结果在表7-1中体现。可以看出,在大部分时间里,美国、英国主要国际货币发行国1980年以来GDP实际增速均值长时期小于CPI均值与利率均值之和,而欧元自成立以来也持续出现类似情形,尽管日本经济增长率出现间歇性超过CPI与利率之和,但从平均来看,不管是1980—2013年还是1990—2013年,日本经济增长率均值都小于CPI均值与利率均值之和(见图7-6),根据命题的结论,美元、欧元及英镑、日本的国际货币稳定性难以保证,由于美元及欧元在当前国际货币中占据主导地位,从而美元的稳定性对于当前国际货币体系的稳定性有着重要影响。当前欧洲经济通缩风险仍未缓解,美国经济持续复苏增长态势能否持续有待观察,未来如果没有出现新的技术革命,那么美欧实际经济增长率小于通货膨胀率与利率之和的趋势可能难以改变,这无疑预示美元欧元国际货币稳定性不容乐观。

表7-1 主要国际货币发行国或者地区与命题相关的宏观经济指标(%)

年份	主要国际货币发行国或地区GDP实际增速				主要国际货币发行国或地区CPI与利率之和			
	日本	英国	美国	欧元区	日本	英国	美国	欧元区
1980	2.8	-2.1	-0.3		7.8	31.8	32.4	
1981	4.2	-1.2	2.5		4.9	25.4	22.7	
1982	3.4	2.2	-2.0		2.7	19.3	15.1	
1983	3.1	3.7	4.5		1.9	13.6	12.7	

续表

年份	主要国际货币发行国或地区GDP实际增速				主要国际货币发行国或地区CPI与利率之和			
	日本	英国	美国	欧元区	日本	英国	美国	欧元区
1984	4.5	2.7	7.2		2.3	14.2	12.7	
1985	6.3	3.6	4.1		10.3	17.6	11.8	
1986	2.8	4.0	3.4		4.9	14.3	8.8	
1987	4.1	4.6	3.2		4.1	12.7	10.4	
1988	7.1	5.0	4.1		5.0	16.6	12.8	
1989	5.4	2.3	3.6		8.7	20.2	13.3	
1990	5.6	0.8	1.9		11.3	21.3	12.7	
1991	3.3	−1.4	−0.3		9.6	18.2	8.7	
1992	0.8	0.1	3.4		5.6	11.1	5.9	
1993	0.2	2.2	2.9		3.7	8.4	5.9	
1994	0.9	4.3	4.1		3.0	7.4	8.1	5.2
1995	1.9	3.1	2.5		0.3	9.3	8.4	5.6
1996	2.6	2.9	3.8	1.5	0.6	8.3	8.2	4.0
1997	1.6	6.2	4.5	2.6	2.2	9.0	7.8	4.0
1998	−2.0	3.8	4.4	2.8	0.9	7.9	6.2	3.1
1999	−0.2	3.7	4.9	2.9	−0.3	6.1	7.5	4.2
2000	2.3	4.5	4.2	3.8	−0.4	6.5	9.8	7.0
2001	0.4	3.2	1.1	2.0	−0.8	5.8	4.6	5.7
2002	0.3	2.7	1.8	0.9	−0.9	5.7	2.8	5.4
2003	1.7	3.5	2.6	0.7	−0.2	5.2	3.3	4.2
2004	2.4	3.0	3.5	2.2	0.0	6.1	4.8	4.3
2005	1.3	3.2	3.4	1.7	−0.3	6.7	7.6	4.5
2006	1.7	2.8	2.7	3.3	0.5	7.4	8.5	5.7
2007	2.2	3.4	1.8	3.0	0.6	7.9	7.1	6.0
2008	−1.0	−0.8	−0.3	0.4	1.6	5.3	4.0	5.8
2009	−5.5	−5.2	−2.8	−4.4	−1.2	2.6	−0.2	0.7

续表

年份	主要国际货币发行国或地区GDP实际增速				主要国际货币发行国或地区CPI与利率之和			
	日本	英国	美国	欧元区	日本	英国	美国	欧元区
2010	4.7	1.7	2.5	2.0	-0.6	3.8	1.8	2.1
2011	-0.5	1.1	1.8	1.6	-0.2	5.0	3.3	3.3
2012	1.4	0.3	2.8	-0.7	0.1	3.2	2.3	2.6
2013	1.5	1.8	1.9	-0.5	0.5	3.0	1.6	1.5

资料来源：日本CPI来自CEIC月度数据库并采取年度平均测算，其他基础数据来自OECD数据库，利率数据采取一年期及以下的相关利率替代，在此基础上作相关测算整理。

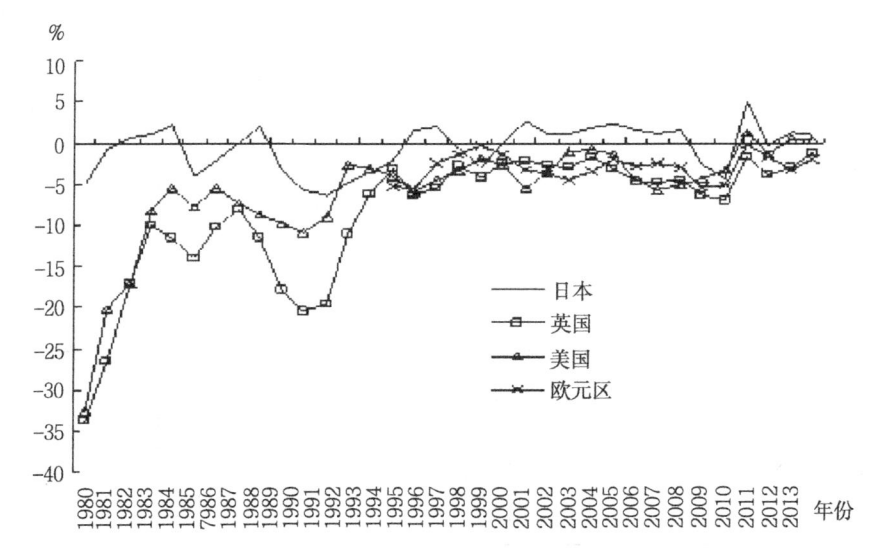

图7-6 主要国际货币发行国/地区GDP实际增速与其CPI利率之和的差（1980—2013）

资料来源：根据表1数据作测算整理。

上述运用经验数据实证分析表明，当前国际货币体系稳定性不容乐观。然而，这并不意味着国际货币体系就可能产生危机，因为这毕竟是从理论分析框架得出的判断，还需要看看现实生活中是否曾经出现货币危机的情形。事实上货币危机的例子并不鲜见，在近半个世纪以来最为典型的例子当属20世纪60年代以来的美元危机。1960年爆发了美国战后第一次美元危机,1968年3月爆发了第二次美元危机。在经历两次美元危机之后,美国竟然没有采取积极的方式重塑美元地位,而是任其发展,其中还寻求通过SDR等"纸黄金"来替代真实黄金,以此推卸责任。在接下来的越南战争中,更是超量发行美元为战争融资,结果导致美元发生第三次危机。图7-7是纽约市场黄金价格,黄金价格从1970年每盎司36美元上升为1980年每盎司613美元,短短十年间价格上升16倍,这从一个侧面反映了美元货币危机可能引起的市场剧烈波动的有力证据。

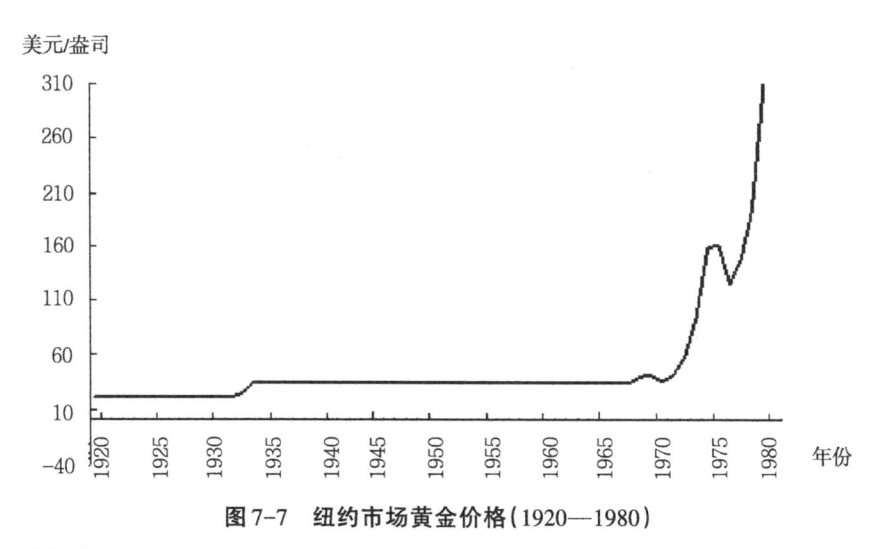

图7-7 纽约市场黄金价格(1920—1980)

数据说明:世界财富价值网(measuringworth)。

总体来看,欧美主权债务风险对国际货币体系稳定性的溢出效应不容忽视。欧美主权债务风险上升本质上反映欧美信用风险升级,动摇了支撑欧元、美元稳定的信用支撑,美元、欧元主导的国际货币体系稳定性将受到影响。通过构建分析框架研究表明,欧美主权债务风险将通过债券市场价格变动而引发国际货币体系稳定性。在现代国际货币体系下,当国际储备货币发行国实际经济增长率大于或者等于通货膨胀率与国际货币发行国国债收益率之和时,国际储备与实际GDP之比的动态路径将收敛,国际货币体系具有内在稳定性;相反的,国际货币体系稳定性难以保证。结合经验数据实证研究发现,欧美主权债务风险升级引发债务风险溢价上升,推升利率水平,促使美欧实际经济增长率小于通货膨胀率与国债利率之和的趋势难以改变,预示美元欧元主导的国际货币稳定性不容乐观。

第8章 降低溢出效应的欧美财政政策空间分析

欧美主权债务高位运行亟待财政整顿,但欧美都是高度开放的经济体,财政整顿有赖于宏观经济的发展状况的评估,较好的宏观经济表现有助于增大财政政策空间,但疲软的经济状况可能进一步缩窄财政政策空间,推高财政风险。结合欧美经济来看,其发展态势的评估不仅与自身经济基本面有关,而且与全球经济发展息息相关,因为全球经济构成欧美经济的重要的宏观环境。

8.1 全球经济复苏增长分化新常态构成欧美宏观经济不确定性环境

观察金融危机以来的世界经济形势,尽管全球经济保持复苏增长态势,但全球经济复苏增长基础尚不稳固,主要国家经济增长分化的现象未见改观。世界主要经济体复苏分化构成了全球经济新常态,既体现在与金融危机之前不同的表现,也体现在主要经济体在危机外生冲击外部失衡调整中所滋生的不同特性,同时也反映在不同经济体所面临的外部环境的变化上。总体来看,全球经济新常态包括以下五个方面。

一是主要经济体复苏增长持续分化。IMF在2015年1月发布了《世界经济展望》报告,表8-1给出了IMF《世界经济展望》报告的2013年及2014年全球经济及世界主要经济体经济增速及未来预测(%)。数据显示,发达经济体2013年至2014年经济增速分别为1.3%及1.8%,2015年及2016年预计增长2.4%、2.4%,而同期新兴和发展中经济体的经济增速分别达到4.7%、4.4%、4.3%、4.7%。从主要经济体来看,尽管新兴经济体整体增速相比危机以来有所放缓,但其对全球经济增量贡献依然占据主要份额,发达经济体持续复苏增长有望拉动新兴经济体外需增长,而且新兴经济体结构改革有望夯实未来的经济增长基础,这些预示全球经济持续复苏增长的事实。但从主要经济体发展来看,分化现象将继续存在,美国在2015年及2016年预计将分别增长3.6%及3.3%,而同期欧元区增速预计分别为1.2%及1.4%,中国增速预计分别为6.8%及6.3%,俄罗斯则预计分别为-3%及-1%,巴西增速预计分别为0.3%及1.5%。

表8-1 IMF发布的全球经济及世界主要经济体经济增速(2013—2016)

(单位:%)

经济体及国家	年度同比				与2014年10月《世界经济展望》预测的差异		第四季度同比		
	实际发生的年份		预测				估计	预测	
	2013	2014	2015	2016	2015	2016	2014	2015	2016
世界产出1/	3.3	3.3	3.5	3.7	-0.3	-0.3	3.1	3.4	3.9
先进经济体	1.3	1.8	2.4	2.4	0.1	0.0	1.7	2.7	2.3
美国	2.2	2.4	3.6	3.3	0.5	0.3	2.6	3.4	3.2
欧元区	-0.5	0.8	1.2	1.4	-0.2	-0.3	0.7	1.4	1.4
德国	0.2	1.5	1.3	1.5	-0.2	-0.3	1.0	1.7	1.3
法国	0.3	0.4	0.9	1.3	-0.1	-0.2	0.3	1.2	1.3
意大利	-1.9	-0.4	0.4	0.8	-0.5	-0.5	-0.5	0.9	0.8
西班牙	-1.2	1.4	2.0	1.8	0.3	0.0	1.9	1.8	1.7
日本	1.6	0.1	0.6	0.8	-0.2	-0.1	-0.3	1.6	0.2
英国	1.7	2.6	2.7	2.4	0.0	-0.1	2.7	2.7	2.2
加拿大	2.0	2.4	2.3	2.1	-0.1	-0.3	2.4	2.1	2.1
其他先进经济体2/	2.2	2.8	3.0	3.2	-0.2	-0.1	2.3	...	...

续表

经济体及国家	实际发生的年份		年度同比				第四季度同比		
			预测		与2014年10月《世界经济展望》预测的差异		估计	预测	
	2013	2014	2015	2016	2015	2016	2014	2015	2016
新兴市场和发展中经济体3/	4.7	4.4	4.3	4.7	−0.6	−0.5	4.5	4.1	5.4
独联体	2.2	0.9	−1.4	0.8	−2.9	−1.7	−1.5	−3.5	1.8
俄罗斯	1.3	0.6	−3.0	−1.0	−3.5	−2.5	0.0	−5.4	1.9
除俄罗斯外	4.3	1.5	2.4	4.4	−1.6	−0.2	…	…	…
新兴和发展中亚洲	6.6	6.5	6.4	6.2	−0.2	−0.3	6.4	6.3	6.2
中国	7.8	7.4	6.8	6.3	−0.3	−0.5	7.4	6.7	6.3
印度4/	5.0	5.8	6.3	6.5	−0.1	0.0	5.6	6.5	6.6
东盟五国5/	5.2	4.5	5.2	5.3	−0.2	−0.1	4.6	5.1	5.5
新兴和发展中欧洲	2.8	2.7	2.9	3.1	0.1	−0.2	2.9	…	…
拉丁美洲和加勒比	2.8	1.2	1.3	2.3	−0.9	−0.5	1.1	…	…
巴西	2.5	0.1	0.3	1.5	−1.1	−0.7	−0.3	0.1	0.2
墨西哥	1.4	2.1	3.2	3.5	−0.3	−0.3	2.6	3.4	3.5
中东、北非、阿富汗和巴基斯坦	2.2	2.8	3.3	3.9	−0.6	−0.5	…	…	…
沙特阿拉伯6/	2.7	3.6	2.8	2.7	−1.6	−1.7	…	…	…
撒哈拉以南非洲	5.2	4.8	4.9	5.2	−0.9	−0.8	…	…	…
尼日利亚	5.4	6.1	4.8	5.2	−2.5	−2.0	…	…	…
南非	2.2	1.4	2.1	2.5	−0.2	−0.3	1.0	1.9	2.8
备忘项									
低收入发展中国家	6.1	5.9	5.9	6.1	−0.6	−0.5	…	…	…
按市场汇率计算的世界增长	2.5	2.6	3.0	3.2	−0.2	−0.2	2.4	2.9	3.2
世界贸易总量（货物和服务）	3.4	3.1	3.8	5.3	−1.1	−0.2	…	…	…
进口									
先进经济体	2.0	3.0	3.7	4.8	−0.6	−0.2	…	…	…

续表

经济体及国家	年度同比						第四季度同比		
	实际发生的年份		预测		与2014年10月《世界经济展望》预测的差异		估计	预测	
	2013	2014	2015	2016	2015	2016	2014	2015	2016
新兴市场和发展中经济体	5.5	3.6	3.2	6.1	-2.9	-0.2	…	…	…
商品价格(美元)									
石油7/	-0.9	-7.5	-4.1	12.6	-37.8	14.6	-28.6	-19.5	9.6
非燃料商品(按世界商品出口权重)	-1.2	-4.0	-9.3	-0.7	-5.2	0.1	-7.4	-4.5	-0.4
消费者价格									
先进经济体	1.4	1.4	1.0	1.5	-0.8	-0.4	1.4	1.0	1.8
新兴市场和发展中经济体3/	5.9	5.4	5.7	0.1	0.2	5.8	6.3	5.6	
伦敦同业拆借利率(百分比)									
美元存款(六个月)	0.4	0.3	0.7	1.9	0.0	0.3	0.3	1.1	2.6
欧元存款(三个月)	0.2	0.2	0.0	0.1	-0.1	-0.1	0.1	0.0	0.1
日元存款(六个月)	0.2	0.2	0.1	0.1	0.0	0.0	0.2	0.1	0.1

数据来源：IMF于2015年1月发布的《世界经济展望》报告。假定实际有效汇率保持在2014年12月8日至2015年1月5日的普遍水平不变。经济体若未按字母顺序排列,则按照经济规模的大小排列。加总季度数据是经过季节调整的数据。1/季度估计和预测占世界购买力平价权重的90％。2/不包括七国集团(加拿大、法国、德国、意大利、日本、英国、美国)和欧元区国家。3/季度估计和预测约占新兴市场和发展中经济体的80％。4/印度数据和预测是按财年列示的,产出增长是基于按市场价格计算的GDP。2013/2014年、2014/2015年、2015/2016年和2016/2017年按要素成本计算的相应的GDP增长率分别为4.7％、5.6％、6.3％和6.5％。5/印度尼西亚、马来西亚、菲律宾、泰国和越南。6/对沙特阿拉伯2015—2016年增长预测的修订在一定程度上是因为将国民账户数据基期调整到2010年,从而导致石油部门在经济中所占比重提高,2013年和2014年估计实际增长率下调。7/英国布伦特、迪拜法塔赫和西得克萨斯中质原油价格的简单平均。2014年以美元计价的平均石油价格为每桶96.26美元;根据期货市场假定的石油价格2015年为每桶56.73美元,2016年为每桶63.88美元。

二是国际金融环境持续分化。图8-1是世界部分主要国家实际有效汇率,数据显示,自金融危机以来,尽管美元、卢布、日元、人民币、巴西货币雷亚尔等货币实际有效汇率在2009年年末以来都呈现稳定的现象,然而,自2011年以来却出现了显著的分化,人民币与美元尽管都有一定的波动,但都出现总体升值的态势,日元、雷亚尔等和卢布却出现持续贬值的迹象。尤其是近来乌克兰事件引发欧美大国对俄罗斯的制裁,促使俄罗斯卢布汇率快速贬值。

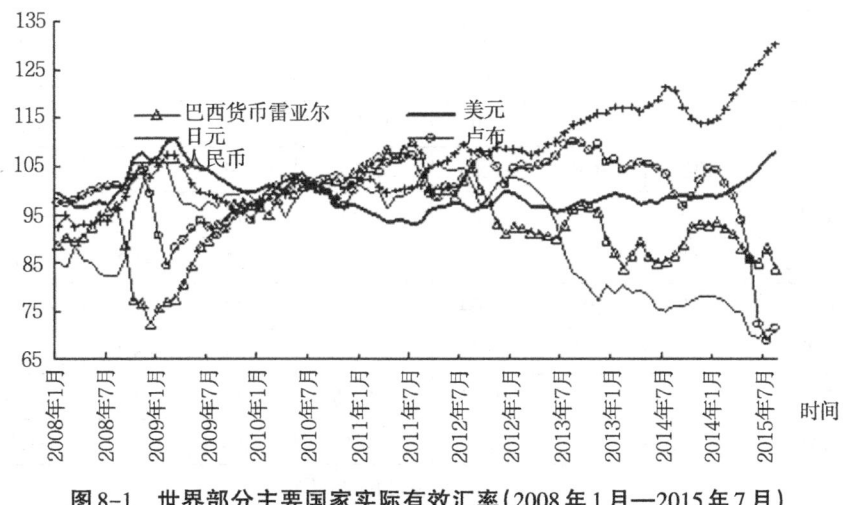

图8-1 世界部分主要国家实际有效汇率(2008年1月—2015年7月)

数据来源:BIS数据库。

三是全球外部失衡缩窄分化。世界主要经济体持续扩大的外部失衡被视为2008年金融危机的重要原因之一,然而,伴随全球外部失衡的缩窄,主要经济体外部失衡出现了分化。从表8-2可以看出,美国经常账户逆差在2006年至2013年均位居全球首位,英国经常账户逆差由2006年的全球排名第三上升到第二,而巴西则由2006年的前十名之外跃居2013年的第三名,同期进入前十名的还有印度、印尼及墨西哥等新兴及发展中经济体。相比之下,发达经济体德国却经历了持续的顺差,经常账户顺差由2006年的全球排名第二上升到2013年的全球首位,超过中国成为世界第一大顺差经济体。这体现了主要经济体外部失衡缩窄但伴随分化的事实。

表8-2 经常账户盈余与赤字最多的前10名经济体外部失衡情况

国家和地区	2006年			国家和地区	2013年		
	绝对量（十亿美元）	占GDP比重	占世界GDP比重		绝对量（十亿美元）	占GDP比重	占世界GDP比重
最大的赤字国							
美国	-807	-5.8	-1.60	美国	-400	-2.4	-0.54
西班牙	-111	-9.0	-0.22	英国	-114	-4.5	-0.15
英国	-71	-2.8	-0.14	巴西	-81	-3.6	-0.11
澳大利亚	-45	-5.8	-0.09	土耳其	-65	-7.9	-0.09
土耳其	-32	-6.0	-0.06	加拿大	-59	-3.2	-0.08
希腊	-30	-11.3	-0.06	澳大利亚	-49	-3.2	-0.07
意大利	-28	-1.5	-0.06	法国	-37	-1.3	-0.05
葡萄牙	-22	-10.7	-0.04	印度	-32	-1.7	-0.04
南非	-14	-5.3	-0.03	印度尼西亚	-28	-3.3	-0.04
波兰	-13	-3.8	-0.03	墨西哥	-26	-2.1	-0.03
合计	-1,172		-2.3	合计	-891		-1.2
最大的顺差国							
中国大陆	232	8.3	0.46	德国	274	7.5	0.37
德国	182	6.3	0.36	中国大陆	183	1.9	0.25
日本	175	4.0	0.35	沙特阿拉伯	133	17.7	0.18
沙特阿拉伯	99	26.3	0.20	瑞士	104	16.0	0.14
俄罗斯	92	9.3	0.18	荷兰	83	10.4	0.11
荷兰	63	9.3	0.13	韩国	80	6.1	0.11
瑞士	58	14.2	0.11	科威特	72	38.9	0.10
挪威	56	16.4	0.11	阿拉伯联合	65	16.1	0.09
科威特	45	44.6	0.09	卡塔尔	63	30.9	0.08
新加坡	37	25.0	0.07	中国台湾	58	11.8	0.08
合计	1,039		2.1	合计	1,113		1.5

数据来源：IMF于2014年10月发布的《世界经济展望》报告。

四是宏观经济政策持续分化。全球主要经济体复苏增长分化促使宏观政策出现分化。表8-3报告了2014年11月以来主要国家的货币政策变化,可以看出,乌克兰、巴西等国家提升了利率水平,俄罗斯既有加息也有降息,美国的利率政策尚未进入上升通道,对于未来货币政策走向的表述尚未明确,但前期量化宽松规模缩减也意味着货币政策的相对紧缩。与此同时,欧洲央行在2015年1月宣布每月购买600亿欧元的债券,预示货币宽松政策的进一步实施。这些验证了宏观政策分化的事实。当然,由于美元等国际货币松紧不仅影响货币发行国的货币环境,而且会引发其他国际资本跨境更加频繁流动,从而对国际金融稳定性具有较强的影响,由此引发的溢出效应值得警惕(陈建奇,2012b)。

表8-3　主要国家和地区货币政策变化

2015-3-18	瑞士	降息15个基点至-0.25%	再购买300亿瑞典克朗国债
2015-3-18	美国		美联储将"保持耐心"的措辞从利率前瞻指引中删除
2015-3-16	俄罗斯	关键利率降息100个基点至14%	
2015-3-11	韩国	1天回购利率降息25个基点至1.75%	
2015-3-11	泰国	基准利率降息25个基点至1.75%	
2015-3-4	乌克兰	加息至30%	
2015-3-4	巴西	加息50个基点至12.75%	
2015-3-4	波兰	降息50个基点至1.5%	
2015-3-4	印度	降息25个基点至7.5%	
2015-2-24	土耳其	降息25个基点至7.5%	
2015-2-23	以色列	降息15个基点至0.1%	
2015-2-17	印尼	降息25个基点至7.50%	
2015-2-12	瑞典	回购利率从0%降到-0.10%	

续表

2015-2-3	澳大利亚	降息25个基点至2.25%	
2015-1-30	俄罗斯	降息200个基点至15%	
2015-1-29	丹麦	存款利率下调15个基点至-0.5%	
2015-1-22	丹麦	存款利率从-0.2%下调至-0.35%	
2015-1-22	欧洲央行		宣布每月600亿欧元购债计划
2015-1-21	巴西	加息50个基点至12.25%	
2015-1-21	加拿大	降息25个基点至0.75%	
2015-1-20	土耳其	下调基准回购利率至7.75%	
2015-1-20	丹麦	存款利率调降至-0.2%,贷款利率调降至0.05%	
2016-1-16	埃及	降息100个基点至8.75%	
2015-1-16	秘鲁	降息25个基点至3.25%	
2015-1-16	印尼	降息25个基点至7.75%	
2015-1-15	瑞士	降息25个基点至-0.75%	取消1欧元兑1.20瑞士法郎的汇率下限,并调高对银行存入该央行的存款的收费
2014-12-16	俄罗斯	加息650个基点至17%	
2014-12-11	俄罗斯	加息100个基点至10.5%	
2014-12-11	挪威	降息25个基点至1.25%	
2014-12-10	冰岛	降息50个基点至5.25%	
2014-11-21	中国	金融机构一年期贷款基准利率下调降至40个基点至5.6%,一年期存款基准利率下调25个基点至2.75%	
2014-11-18	印尼	加息25个基点至7.75%	
2014-11-25	冰岛	降息25个基点至5.75%	

资料来源:兴业证券。

五是地缘政治风险长期化。金融危机以来,利比亚、叙利亚、中东地区、乌克兰、也门等地缘政治问题持续动荡,尤其是俄罗斯与乌克兰之间的地缘政治问题持续发酵,俄罗斯由于将克里米亚并入自身领土,引发欧美大国不满,同时与乌克兰之间也持续出现紧张局面,欧美对俄罗斯实施经济制裁导致俄罗斯卢布大幅贬值,在大宗商品价格暴跌的背景下,俄罗斯的国际收支问题乃至危机的风险大幅上升。然而,俄罗斯并没有改变强硬的态度,俄罗斯与乌克兰之间呈现持久较量的态势,地缘政治问题呈现长期化现象。

全球经济复苏增长分化对欧美经济产生多重不确定性。世界主要国家经济复苏增长分化导致金融危机以来各国超常规的宏观政策协调效率出现下降现象,由此可能导致大国宏观经济政策分化而出现负向溢出效应,美国退出量化宽松政策但欧日却持续实施量化宽松政策,中国等新兴经济体调结构稳增长,由此产生的潜在冲突或者影响不容低估,欧美经济由此也可能受到潜在影响。同时,本次金融危机暴露了全球的结构性问题,未来如果没有进行深层次的结构改革,失衡等问题可能出现反复,由此可能对欧美经济乃至全球经济产生不确定性。另外,欧美与俄罗斯的双向制裁不仅不利于俄罗斯的经济发展,也对美欧经济构成外部冲击,俄罗斯如果发生危机,那么包括欧美在内的全球经济可能受到影响,而且伴随制裁升级,如果俄罗斯切断向欧洲的天然气供应,那么欧洲经济可能遭受重创。

8.2 发达经济体财政债务高位运行状况尚未实质性改变

全球经济新常态最核心的就是改变了金融危机之前世界主要经济体稳步增长的景气现象,而是呈现多速分化,全球经济不仅持续波动,而且由于地缘政治、宏观政策失调等问题而面临较大不确定性,在此背景下,国际经济环境也就不容乐观,倒逼发达经济体在债务高位运行的情况下财政整顿措施分化。当然,目前整体财政债务风险没有出现激化的现象,2014年以来还呈现债务风险缓和的迹象,尤其是"欧猪"集团成员开始结束援助而重返债券市场融资,预示部分国家财政债务整顿取得了短期的效果。

结合当下主要发达经济体及全球经济形势来看,尽管仍然存在不确定性,但复苏增长的态势没有改变,欧美为代表的发达经济体债务问题可能伴随经济复苏增长而逐步缓解,高额的债务具有经济增长的支撑,客观上可能促使发达经济体的债务风险逐步下调,当然,这归根结底有赖于坚实的经济基础。然而,发达经济体未来的经济增长能否确实推动债务率的下降?未来发达经济体债务率会如何变动?这些问题的回答有赖于财政债务风险走势的判断,只有当前经济增速达到维持债务率不上升的条件,由此才能实现债务负担稳定或者下降的目标(陈建奇,2014a)。

从经济理论看,赤字属于流量,而债务属于存量。财政不会单纯因为赤字率的上升而陷入困境,而主要是由于弥补财政赤字的债务水平不断上涨最终导致债务无法偿还,由此才可能出现财政危机,因而,高额赤字率并不意味着马上对财政可持续问题产生影响,还得看债务水平。按照公共财政学债务理论,债务就是赤字的累积,债务与赤字具有如下稳定的关系:当期债务存量是上期债务存量 B 与当期赤字流量 ΔB 之和(此处赤字流量包含债务利息支出)。如果当期的GDP为 Y,名义经济增长率为 $g=\Delta Y/Y$,那么要保持未来债务率不超过当前债务率,必须有以下关系式成立,即 $(B+\Delta B)/(Y+\Delta Y) \leq B/Y$,而 $(B+\Delta B)/(Y+\Delta Y) = B/Y[(1+\Delta B/B)/(1+\Delta Y/Y)]$,因此有 $B/Y[(1+\Delta B/B)/(1+\Delta Y/Y)] \leq B/Y$,由此可以看出:$(1+\Delta B/B)/(1+\Delta Y/Y) \leq 1$,简化得 $\Delta B/B \leq \Delta Y/Y = g$。进一步地,$\Delta B/B = (\Delta B/Y)/(B/Y)$,因而有,$(\Delta B/Y)/(B/Y) \leq g$,即 $\Delta B/Y \leq g(B/Y)$,就是赤字率与债务率之间的内在逻辑关系,要保持债务率不上升,必须使当期赤字率不超过债务率与经济增长率的乘积。

根据上述债务率与赤字率的关系式,如果要保持欧盟《马斯特里赫特条约》(以下简称《马约》)提出的债务率60%、赤字率3%的标准,那么名义经济增长率必须保持在 g≥5%，这样才能保证赤字率 ΔB/Y 在3%以下动态变化时，债务率不会超过60%。同样的，如果要保证债务率不高于90%，赤字率不高于3%，那么对应的名义经济增长率必须保持在3.4%以上，依此类推，理论上可以有无数种类似《马约》财政参考值的组合。但《马约》在众多的配对中选择了3%与60%，这表明《马约》暗含名义经济增长率在5%以上。日常生活中，经济周期性波动在所难免，名义经济增长率不低于5%的要求过于严格，因而经常性经济波动促使赤字率、债务率偏离参考值也就不是小概率事件，全世界两百多个国家和地区每年都可能出现偏离《马约》参考标准的情况。基于这种思想，可以测算出不导致债务负担率上升的赤字率、债务率及GDP增长率组合，具体结果体现在表8-4中。

表8-4 不导致债务负担率上升的赤字率、债务率及GDP增长率组合

（单位：%）

债务率 \ 赤字率 \ GDP	1.00	2.00	3.00	4.00	5.00	6.00	7.00	8.00	9.00	10.00
60	0.60	1.20	1.80	2.40	3.00	3.60	4.20	4.80	5.40	6.00
70	0.70	1.40	2.10	2.80	3.50	4.20	4.90	5.60	6.30	7.00
80	0.80	1.60	2.40	3.20	4.00	4.80	5.60	6.40	7.20	8.00
90	0.90	1.80	2.70	3.60	4.50	5.40	6.30	7.20	8.10	9.00
100	1.00	2.00	3.00	4.00	5.00	6.00	7.00	8.00	9.00	10.00
110	1.10	2.20	3.30	4.40	5.50	6.60	7.70	8.80	9.90	11.00
120	1.20	2.40	3.60	4.80	6.00	7.20	8.40	9.60	10.80	12.00
130	1.30	2.60	3.90	5.20	6.50	7.80	9.10	10.40	11.70	13.00
140	1.40	2.80	4.20	5.60	7.00	8.40	9.80	11.20	12.60	14.00
150	1.50	3.00	4.50	6.00	7.50	9.00	10.50	12.00	13.50	15.00
160	1.60	3.20	4.80	6.40	8.00	9.60	11.20	12.80	14.40	16.00
170	1.70	3.40	5.10	6.80	8.50	10.20	11.90	13.60	15.30	17.00
180	1.80	3.60	5.40	7.20	9.00	10.80	12.60	14.40	16.20	18.00

续表

赤字率 债务率 \ GDP	1.00	2.00	3.00	4.00	5.00	6.00	7.00	8.00	9.00	10.00
190	1.90	3.80	5.70	7.60	9.50	11.40	13.30	15.20	17.10	19.00
200	2.00	4.00	6.00	8.00	10.00	12.00	14.00	16.00	18.00	20.00
210	2.10	4.20	6.30	8.40	10.50	12.60	14.70	16.80	18.90	21.00
220	2.20	4.40	6.60	8.80	11.00	13.20	15.40	17.60	19.80	22.00
230	2.30	4.60	6.90	9.20	11.50	13.80	16.10	18.40	20.70	23.00
240	2.40	4.80	7.20	9.60	12.00	14.40	16.80	19.20	21.60	24.00
250	2.50	5.00	7.50	10.00	12.50	15.00	17.50	20.00	22.50	25.00
260	2.60	5.20	7.80	10.40	13.00	15.60	18.20	20.80	23.40	26.00
270	2.70	5.40	8.10	10.80	13.50	16.20	18.90	21.60	24.30	27.00

从上面保持债务率稳定的条件看,要实现发达经济体2013年债务率105.5%的水平不上升,必须对未来发达经济体的赤字率与经济增长率进行推测。按照上述分析框架,结合发达经济体名义经济增幅,可以测算出不导致债务率上升的赤字率上限水平。当然,上述分析也揭示了经济增长率在保障财政债务水平稳定的关键作用,如果未来能保持较高的经济增长率,那么相对较高的赤字率不仅不一定会导致债务率的上升,相反的还可能出现高赤字率与债务率稳步下降并存的现象,为此,推测未来发达经济体经济增速,是测算保持发达经济体债务率水平不再上升的赤字率上限的前提。

根据国际货币基金组织在2014年10月发布的关于发达经济体未来五年的经济增速测算,如果要保持2013年的债务率不上升,那么未来五年即2014—2018年的赤字率分别不能超过1.9%、2.5%、2.6%、2.5%及2.4%(见表8-5)。当然这是国际货币基金组织的每年预测值,可能会存在偏差,因而必须进一步评估预测值与实际值的差异。根据查询到的IMF自1999年至今每年年末发布的下一年度预测数据来看,IMF的预测数平均意义上存在一定程度的高估,从1999—2013年对发达经济体的增速预测年均高估了0.2%个百分点,误差最大的是本次金融危机后的2009年预测值为0.5%的正增长,但实际上不仅没有增长反而还出现较大衰退,当然这是在金融危机外生冲击背景下出现的,具有其特殊性。除此之外,在21世纪的网络泡沫以来至本次金融危机之前,IMF预测大多呈现低估,而在2011年以来却出现过于乐观的情形,但综合来看误差不超过0.2%(见表8-6),由此预示IMF关于发达经济体增速的预测具有一定的准确性。

表8-5 不导致债务率上升的名义经济增长率与赤字率组合

(单位:%)

年份	经济增速	不导致债务率上升的赤字率
2014	1.8	1.9
2015	2.3	2.5
2016	2.4	2.6
2017	2.4	2.5
2018	2.3	2.4
1981—2013年年平均值	2.5	2.7
1981—2007年年平均值	2.9	3.1
2001—2007年年平均值	2.4	2.6
2001—2013年年平均值	1.6	1.7

数据来源:基础资料来自IMF,并根据本书的分析框架测算。

表8-6 IMF关于全球及主要经济体增速预测值与实际值的偏误

(单位:%)

年份	前一年度10月WEO预测数				当年10月WEO预测数				1.1预测误差			
	全球	发达经济体		发展中经济体	全球	发达经济体		发展中经济体	全球	发达经济体		发展中经济体
		总体	美国			总体	美国			总体	美国	
1999	2.5	1.9	2	3.6	3.6	3.6	4.8	3.6	−1.1	−1.7	−2.8	0.0
2000	3.5	2.7	2.6	4.8	4.7	4.1	4.1	5.7	−1.2	−1.4	−1.5	−0.9

续表

年份	前一年度10月 WEO预测数				当年10月WEO预测数				1.1预测误差			
	全球	发达经济体		发展中经济体	全球	发达经济体		发展中经济体	全球	发达经济体		发展中经济体
		总体	美国			总体	美国			总体	美国	
2001	4.2	3.2	3.2	5.7	2.3	1.4	0.9	3.9	1.9	1.8	2.3	1.8
2002	2.4	0.8	0.7	4.4	2.8	1.7	1.8	4.6	−0.4	−0.9	−1.1	−0.2
2003	3.7	2.5	2.6	5.2	3.8	2.1	2.8	6.4	−0.1	0.4	−0.2	−1.2
2004	4.1	2.9	3.9	5.6	5.1	3.2	3.8	7.7	−1.0	−0.3	0.1	−2.1
2005	4.3	2.9	3.5	5.9	4.7	2.8	3.4	7.3	−0.4	0.1	0.1	−1.4
2006	4.3	2.7	3.3	6.1	5.2	3.0	2.7	8.3	−0.9	−0.3	0.6	−2.2
2007	4.9	2.7	2.9	7.2	5.3	2.7	1.8	8.7	−0.4	0.0	1.1	−1.5
2008	4.8	2.2	1.9	7.4	2.7	0.1	−0.3	5.8	2.1	2.1	2.2	1.6
2009	3	0.5	0.1	6.1	−0.4	−3.4	−2.8	3.1	3.4	3.9	2.9	3.0
2010	3.1	1.3	1.5	5.1	5.2	3.0	2.5	7.5	−2.1	−1.7	−1.0	−2.4
2011	4.2	2.2	2.3	6.4	3.9	1.7	1.8	6.2	0.3	0.5	0.5	0.2
2012	4	1.9	1.8	6.1	3.2	1.5	2.8	4.9	0.8	0.4	−1.0	1.2
2013	3.6	1.5	2.1	5.6	2.9	1.2	1.6	4.5	0.7	0.3	0.5	1.1
平均	3.8	2.1	2.3	5.7	3.7	1.9	2.1	5.9	0.1	0.2	0.2	−0.2

数据来源：历年IMF世界经济展望报告并进行测算。

为了更客观评估发达经济体债务率稳定的条件，根据数据可得性，这里进一步测算1981—2013年、1981—2007年（金融危机前）、2001—2007年（新世纪以来至金融危机前）、2001—2013年发达经济体平均经济增速，并据此分别测算不导致债务率上升的赤字率最高水平，表8-5的测算结果显示，这四种情况分别对应的赤字率为2.7%、3.1%、2.6%及1.7%。总体来看，不管是根据2014年至2018年每年的经济增速预测值测算，还是根据不同时间段的平均值测算，不导致债务率上升的发达经济体赤字率水平最高区间在2.6%~3.1%。图8-2是发达经济体赤字率走势，可以发现，IMF预测2014年以后发达经济体赤字率将稳步下降，而且都不超过2.3%，表明发达经济体在未来几年债务率有望保持稳定并且可能伴随适度的下降,体现了发达经济体债务短期风险降低的趋势。

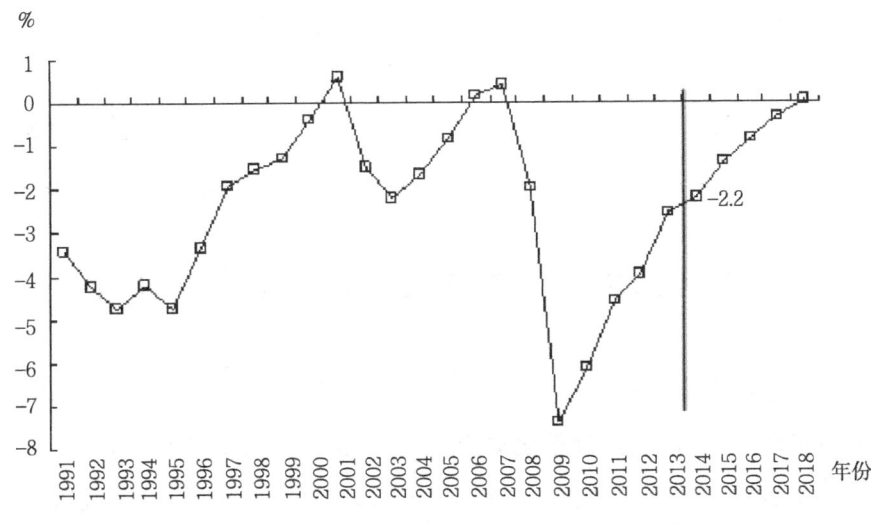

图8-2 发达经济体赤字率走势(1991—2018)

数据来源:IMF数据库,2014年以后为预测值。

尽管发达经济体短期债务风险呈现阶段性企稳的现象,但长期债务风险仍然不容乐观。长期来看,美国财政不可避免面临"婴儿潮"一代对社保依赖度逐步增大的全新压力。评论人士用"银发海啸"形容这一结构性因素对美国财政未来冲击,虽不无夸张但也有几分道理。奥巴马医改的巨大争议也显示医疗保险制约美国长期财政收支矛盾的复杂性,未来医疗保险及医疗救助支出刚性增长将制约财政收支困境的改善。美国财政债务困境的缓解本质上必须诉诸经济增长或者债务货币化,但债务货币化要求美联储提供透支资金,由此带来的通货膨胀压力将考验美国选民的忍耐度。美国两党在财政治理上出现重大分歧,险些导致2011年8月出现债务技术性违约,此后标普下调美债评级更是引发美债风险升级。这种情况在2012年美国大选及应对2013年"财政悬崖""政府关门"等事件中均继续延续,反映出美国财政整顿仍有待观察。

从欧元区来看，银行联盟乃至财政联盟要求各国让渡相应的财政金融主权，本质上涉及主权让渡的一体化改革。尽管陷入欧债危机的多个国家近来已经持续退出援助，但财政联盟等一体化进程并没有取得实质性进展，由此预示欧债危机的深层次病因并未解决，本来通过危机倒逼成员方推进改革并逐步被动接受一体化的路径成为现实的可能选择，但目前短期企稳的债务问题可能对一体化进程的推进没有帮助，这决定了财政联盟为目标的一体化道路是漫长复杂且充满挑战的，也注定了欧债风险的不确定性。

8.3 降低负向溢出效应的欧美财政政策空间分析

宏观财政政策与货币政策并非独立，财政政策空间缩窄可能影响货币政策独立性，央行持续推行量化宽松手段，表面上是独立的货币政策手段，实质上却是债务货币化过程，分析宏观财政政策空间必须将财政政策与货币政策纳入统一的分析框架。显然，通过政府预算等式有助于实现这些目标，既考虑赤字、国债等总量动态变化，还考虑铸币税等与货币供应量相关变量指标的变化。接下来将借鉴 Anand 与 van Wijnbergen（1989）的思想从政府预算约束角度构建理论分析框架。Anand 与 van Wijnbergen（1989）通过中央银行资产负债表与公共部门的预算恒等式构建公共部门赤字与通货膨胀等宏观经济目标的理论分析框架，以此评价土耳其的财政政策与宏观经济目标的一致性。该研究并非用于判断财政政策空间问题，但其提供了建立财政赤字、债务与货币供应量之间关系的理论思想，本书在此基础上创建新的分析框架，接下来将阐述相关过程。

8.3.1 宏观财政政策空间理论分析框架

根据财政预算理论，财政收入等于财政支出。发达经济体政府财政收入来源主要有以下几个方面：税收收入 T、中央银行对政府的透支余额 C、国内债务 B 和外国持有债务 F，由于美日欧货币均为主要的国际货币，其发行的国债大多是以本币标的，为此没必要考虑货币的汇率问题，外债和

内债一样大多是以本币还本付息。相应的政府支出包括正常支出 G 与债务利息支出,从而有式(8-1):

$$G+iB+iF=T+\dot{B}+\dot{F}+\dot{C} \tag{8-1}$$

其中,i 表示国债利率,变量 $\dot{B}$、$\dot{C}$ 分别表示其变化量。国际上一般把赤字分为基本赤字和利息支出两部分,我们令 $D=G-T$ 为基本赤字(不包括国债利息的财政支出减去不包括发行债务和向中央银行借款的财政收入),则可将上式修改为式(8-2):

$$D+iB+iF=\dot{B}+\dot{F}+\dot{C} \tag{8-2}$$

可见,发达经济体政府可以通过向国内发行国债、发行外债以及中央银行透支等方式弥补财政收支缺口(见表8-7)。

表8-7 中央银行资产负债表

资产	负债
A	RR
C	Cu
	N

方程式(8-2)尽管从会计角度看有其合理性,但不足以评价财政政策空间。首先,它并没有反映中央银行的资产负债结构,政府可以很容易地通过改变账务结构的方式将很多的赤字转移到中央银行的账户中。比如,如果外债的利息支出由中央银行负责,那么其将不记录到中央政府的预算中。为了弥补这个缺陷,中央银行的损益表必须引入到预算平衡方程,这种修正的必要性不言而喻。其次,中央银行对政府的债权 C 是政府公共部门间的债务转移,公共部门债务的合并就会导致其消失。为了修正这种不足,考虑一个简单的中央银行资产负债表,如表8-7所示,资产负债表表明中央银行负债包含公众持有的现金 Cu、商业银行的储备金 RR。这些资金主要用于形成公众债权(向市场提供贷款) A 和向政府透支 C,N 是资产负债表平衡的净值。根据基础货币的定义,流通中的现金与商业银行在中央

银行的储备金构成基础货币，即 $M = Cu + RR$。从中央银行资产负债表可以得出式(8-3)：

$$M = A + C - N \tag{8-3}$$

因此，货币发行 M 主要用于向政府透支和增加中央银行的公众债权（贷款）。由于中央银行的公众债权会产生收益，而 N 是资产负债表平衡的净值，从而根据会计上的损益情况可以得出式(8-4)：

$$iA = \dot{N} \tag{8-4}$$

在公共部门包括中央银行时，应将(8-2)式非金融公共部门的赤字减去中央银行的利润，发行的债务减去中央银行的净值增加，即由式(8-2)-式(8-4)可以得出 $A + iB + iF - iA = \dot{B} + \dot{F} + \dot{C} - \dot{N}$，在该等式右端加上同时扣除中央银行对公众债权的变化量 $\dot{A}$，得到：$D + iB + iF - iA = \dot{B} + \dot{F} + \dot{C} - \dot{N} + \dot{A} - \dot{A}$，根据式(8-3)可以进一步得出式(8-5)：

$$D + iB + i(F - A) = \dot{B} + (\dot{F} - \dot{A}) + \dot{M} \tag{8-5}$$

式(8-5)包含了政府的所有筹资方式，既包括从国内公众的借债方式，也包括向外国借款，同时也包括中央银行发行货币予以弥补赤字的情形。

式(8-5)给出了政府基本的名义预算框架，但仍不足以分析评价财政政策空间问题，需要将名义变量转换成实际变量，去除物价因素影响，为此，对式(8-5)两边同时除以物价 P，得到式(8-6)：

$$D/P + iB/P + iF/P - iA/P = \dot{B}/P + \dot{F}/P + \dot{M}/P - \dot{A}/P \tag{8-6}$$

将真实赤字、真实公众持有国债与真实外债、中央银行真实的公众债权、真实基础货币分别以其对应的小写字母表示，即 $d = D/P$, $b = B/P$, $f = F/P$, $a = A/P$, $m = M/P$。对这些变量关于时间取导数可以得出 $\dot{B}/P = \dot{b} + \pi b$、$\dot{F}/P = \dot{f} + \pi f$ 和 $\dot{A}/P = \dot{a} + \pi a$，此外，实际货币需求包含经济增长引致货币需求上升的铸币税与通货膨胀导致的通货膨胀税，即 $\dot{M}/P = \dot{m} + \pi m$，其中 π 为通货膨胀率(即物价变动率)，从而式(8-6)可以得出 $d + ib + if - ia = \dot{b} + \pi b + \dot{f} + \pi f + \dot{m} + \pi m - (\dot{a} + \pi a)$，即 $d + (b + f - a)$

$(\dot{i}-\pi)=\dot{b}+\dot{f}-\dot{a}+\dot{m}+\pi m$,由于真实利率与名义利率存在如下关系 $r=i-\pi$,从而可以得出政府实际变量之间关系式(8-7):

$$d+(b+f-a)r=\dot{b}+\dot{f}-\dot{a}+\dot{m}+\pi m \qquad (8-7)$$

进一步地,假设实际产出 y 的增长率即经济增长率为 n,那么将式(8-7)两边同时除以实际产出水平 y 可以得出政府赤字率的方程式:$d/y+r(b+f-a)/y=\dot{b}/y+\dot{f}/y-\dot{a}/y+(\dot{m}+\pi m)/y$,将赤字产出比例、国内债务与产出比例、外债与产出比例、中央银行真实的公众债权与产出比例分别以其对应的希腊字母表示,即 $\beta=b/y$、$\varphi=f/y$ 和 $\alpha=a/y$。通过求解变量的时间导数可以得出 $\dot{b}/y=\dot{\beta}+n\beta$、$\dot{f}/y=\dot{\varphi}+n\varphi$ 和 $\dot{a}/y=\dot{\alpha}+n\alpha$,从而得出式(8-8):

$$d/y=\dot{\beta}+\dot{\varphi}-\dot{\alpha}+(\beta+\varphi-\alpha)(n-r)+(\dot{m}+\pi m)/y \qquad (8-8)$$

由此可见,政府赤字率不能超过以上等式右边筹集得到的收入总和,即赤字规模取决于发行内债规模、外债规模与货币增长产生的铸币税、通货膨胀税之和❶。在债务增量不变的情况下,债务存量的高低影响赤字占 GDP 比重,可持续的较高的债务 GDP 比重的债务目标将允许更高的赤字与 GDP 占比,增加财政政策空间。量化宽松货币政策会增大财政政策空间,较高的通货膨胀目标也会带来额外的通货膨胀税,增加赤字财政政策空间,另外,财政政策空间缩窄可能倒逼债务货币化的行为,影响货币政策空间。最为关键的是,货币政策空间所蕴含的货币数量扩张及通货膨胀率变化,体现为式(8-8)的右边的变化,最终决定了式(8-8)左边以政府财政赤字率标示的财政政策空间,由此可以得到以下的命题。

命题:货币政策空间的变化最终体现为财政政策空间的变化,从而财政政策空间等价于财政政策空间。特别地,在财政面临内外债发行困难的

---

❶ 尽管目前很多国家都规定中央银行不能直接向财政透支,但财政赤字的增加必然导致国债发行速度加快,特别是在金融危机等情况下,国债的大规模发行往往会导致国债价格大幅度走低,促使国债利率大幅度上升,国债利率作为基准利率必然推升市场利率水平,因而将导致信贷萎缩,中央银行为保持市场流动性,必然需要增加对国债的购买,降低市场利率水平,从而中央银行购买国债投放基础货币为财政赤字融资的现实性便自然成立,也表明本书模型的合理性。

情况下,财政政策空间与货币政策空间在理论上是等价的。

按照上述命题,接下来将讨论不同情形下财政政策空间的变化。根据分析框架的信息,货币政策空间归结为两个方面,即货币供应量的相机抉择扩张 $\dot{m} \neq 0$ 或者通过固定规则增长 $\dot{m}=nm$,为此分别从这两方面讨论。

首先,在固定规则增长 $\dot{m}=nm$ 情况下,即货币供应保持与经济增长水平相适应的情况下,货币增长率等于经济增长率即 $\dot{m}=nm$,同时保持债务负担率不变的稳态特征 $\dot{\beta}=0$、$\dot{\varphi}=0$ 和 $\dot{a}=0$,那么稳态的政府预算方程式演变为式(8-9):

$$d/y = (\beta+\varphi-a)(n-r) + (n+\pi)m/y \qquad (8-9)$$

式(8-9)代表的是货币政策遵循固定规则的情况下可持续的财政赤字水平,即财政政策空间,由上述的命题结论就是财政政策空间。遵循这个方程的财政政策,不会导致目标内债负担率、外债负担率的上升。式(8-9)代表的财政政策空间体现在以下几种选择,即经济增长带来的政府内外债负担率的下降,从而产生了发行内外债的空间,同时经济增长与适度的通货膨胀目标引起铸币税和通货膨胀税的增加,可持续财政赤字水平也因此提高。

其次,在货币供应量的相机抉择 $[\dot{m} \neq 0]$ 的情况下,同时保持债务负担率不变的稳态特征 $\dot{\beta}=0$、$\dot{\varphi}=0$ 和 $\dot{a}=0$,那么稳态的政府预算方程式演变为式(8-10):

$$d/y = (\beta+\varphi-a)(n-r) + (\dot{m}+\pi m)/y \qquad (8-10)$$

式(8-10)代表的是货币政策遵循相机抉择的情况下可持续的财政赤字水平,即财政政策空间,由上述的命题结论就是财政政策空间。遵循这个方程的财政政策,不会导致目标内债负担率、外债负担率的上升。式(8-10)代表的财政政策空间选择与固定规则货币政策情形下基本相似,差异主要在于本情形下增加了货币供给的相机抉择变动,比如量化宽松货币政策引起货币供应量扩张,进而提升财政政策空间。

8.3.2 欧美发达经济体财政政策空间:实证分析

接下来将利用上述的分析框架实证分析美欧发达经济体财政政策空间。结合分析框架的结论,具体将从两个方面进行:一是测算货币政策遵循固定规则的情况下稳态的财政赤字水平;二是测算货币政策遵循相机抉择情况下的财政赤字水平。按照上述两种方式可以测算得出对应的财政赤字水平,尽管当前仍然具有其他不确定性因素,但这种方法有助于我们理解正常情况下的政策调整空间,可以为评价当前财政货币政策提供一个参照系。

根据稳态水平的要求:$\dot{\beta}=0$、$\dot{\varepsilon}=0$、$\dot{\varphi}=0$ 和 $\dot{a}=0$,即财政外债没有增长、内债不会上升以及中央银行对公众债权保持稳定,遵循这种要求的财政政策不会导致债务负担上升。然而,债务负担不上升并不意味着财政不能有赤字,这必须依赖于经济增长与通货膨胀引起的铸币税和通货膨胀税,还与国债的利息水平引致的财政利息支出压力息息相关,从而必须确定经济增长率、通货膨胀率与利息水平。为了估计这些参数,这里采取如下方法:一是经济增长率、通货膨胀率等主要宏观经济指标,采取当年的短期估计值与长期年度平均值相结合的模式,运用长期年度平均值可以反映长期的稳态水平,从而能够为本研究提供一个参照系;同时采取短期估计值的作用是反映当前特定宏观经济形势下可能对稳态水平的偏离。短期数据以IMF的预测值作为替代变量,长期数据根据数据可得性,美国采取1980—2012年的年度平均值,欧元区采取1999—2012年的年度平均值。二是债务占GDP比例、实际公众持有国债占GDP等指标采用当前年度指标,因为这些指标主要是存量指标,反映历史债务等指标的累积变化,包含了历史信息,从而采取当前年度指标能够更客观的测算稳态水平。

(一)美国财政政策空间评估

根据上述思想,测算得到表8-8所示的美国稳态水平的财政政策空间。首先,观察货币政策非超常规(遵循固定规则)的情况下财政政策空间。数据显示,美国财政赤字占GDP比重的长期稳态水平为1.91%,如果财政赤字超过这个水平，那么财政债务水平将会偏离稳态水平，出现不断上升的现象。美国2013年预算报告显示美国财政赤字在2008—2016年都将高于3%，体现财政政策与稳态的财政路径相差甚远。这是基于长期稳态水平的比较得出的结论，然而，当前遭受危机影响的美国经济可能会促使某些变量恶化，而且未来的经济复苏不确定性仍然较大，因而必须结合当前的一些具体指标做进一步的分析。

进一步基于2013年具体经济指标的测算结果，再与稳态水平比较，可以反映2013年短期对稳态水平的偏误（见表8-8）。结果表明，在IMF报告的2013年真实经济增长率为2.11%、通货膨胀率为2.09%的情况下，赤字占GDP为1.15%，即美国2013年赤字不得超过1.15%，才能保证债务负担不会上升；然而，美国2013年预算报告显示当年财政赤字占GDP预计高达5.5%，显示美国财政政策偏离常态的状况的现实。

表8-8 美国稳态水平及其他情形下的财政政策空间

（单位：%）

	前提假设	1980—2012年均经济变量指标			
稳态水平	货币供给与经济增长成固定比例	真实经济增长率	2.63	物价增幅	3.63
		赤字占GDP	1.91		
	量化宽松政策	基础货币按金融危机期间2008—2012年间平均增速36.56%增长		赤字占GDP	7.0
		基础货币按金融危机期间2000—2012年间平均增速14.65%增长		赤字占GDP	3.28
	前提假设	债务保持稳定（$\dot{\beta}=0$、$\dot{\varepsilon}=0$、$\dot{\varphi}=0$和$\dot{a}=0$）			
对稳态水平的偏离	货币供给与经济增长成固定比例	2013年CPI	2.09	2013年经济增速	2.11
		赤字占GDP	1.15		
	量化宽松政策	基础货币按金融危机期间2008—2011年间平均增速36.56%增长		赤字占GDP	7.67
		基础货币按金融危机期间2000—2011年间平均增速14.65%增长		赤字占GDP	3.95

其次，美国财政政策偏离常规预示财政政策空间的缩窄，宏观政策只

能寻求货币扩张,最终反过来支撑财政扩张需求。数据显示,如果基础货币按金融危机期间2008—2011年平均增速36.56%增长,那么美国财政赤字占GDP比重的长期稳态水平为7%;如果基础货币按金融危机期间2000—2012年间平均增速14.65%增长,那么美国财政赤字占GDP比重的长期稳态水平为3.28%。据此分析,美国量化宽松政策有助于解决当前财政政策空间缩窄的难题,但前提是美国需要再次推行金融危机以来的超常规量化宽松货币政策。

由此可见,金融危机促使美国财政状况严重偏离稳态水平,在保持基础货币适度增长的背景下,当前的财政政策已经大幅偏离稳态水平,财政政策空间显著缩窄,而金融危机以来的超常规量化宽松货币政策支撑财政政策空间的扩大。然而,如果不是遭遇金融危机,当前经济下滑属于正常的经济波动,那么美国采取超常规的赤字财政政策是不可取的,因为,当前采取赤字政策背离平滑财政可持续发展引致货币政策被动扩张,对未来通货膨胀产生更大的压力,与财政政策的可持续矛盾。

(二)欧元区财政政策空间评估

首先,观察货币政策遵循固定规则的情况下财政政策空间。表8-9数据显示,欧元区财政赤字占GDP比重的长期稳态水平为-0.64%,如果财政赤字超过这个水平,那么财政债务水平将会偏离稳态水平,出现不断上升的现象。IMF发布的欧元区财政赤字占GDP比重在2008—2017年都将高于1.1%,体现财政政策与稳态的财政路径相差甚远。进一步基于2013年具体经济指标的测算结果,再与稳态水平比较,可以反映2013年短期对稳态水平的偏误(见表8-9)。结果表明,在IMF报告的2013年真实经济增长率为-0.3%、通货膨胀率为2.7%的情况下,赤字占GDP为-1.85%,即欧元区2013年财政盈余占GDP必须达到1.85%,才能保证债务负担不会上升;然而,欧元区2013年预算报告显示当年财政赤字占GDP预计高达2.7%,显示欧元区财政政策偏离常态的状况的现实。

表 8-9　欧元区稳态水平及其他情形下的财政政策空间

(单位:%)

	前提假设	1999—2012年均经济变量指标			
稳态水平	货币供给与经济增长成固定比例	真实经济增长率	1.5	物价增幅	2.06
		赤字占GDP	−0.64		
	量化宽松政策	货币重复金融危机期间2008—2012年间平均增速13.63%增长	赤字占GDP		1.08
		货币重复金融危机期间2000—2012年间平均增速10.27%增长	赤字占GDP		0.60
	前提假设	债务保持稳定($\dot{\beta}=0$、$\dot{\varepsilon}=0$、$\dot{\varphi}=0$ 和 $\dot{a}=0$)			
对稳态水平的偏离	货币供给与经济增长成固定比例	2013年CPI	2.7	2013年经济增速	−0.3
		赤字占GDP	−1.85		
	量化宽松政策	货币重复金融危机期间2008—2012年间平均增速13.63%增长	赤字占GDP		0.12
		货币重复金融危机期间2000—2012年间平均增速10.27%增长	赤字占GDP		−0.35

其次,欧元区财政政策偏离常规预示财政政策空间的缩窄,宏观政策只能寻求货币扩张,最终反过来支撑财政扩张需求。数据显示,如果基础货币按金融危机期间 2008—2012 年间平均增速 13.63% 增长,那么欧元区财政赤字占 GDP 比重的长期稳态水平为 1.08%;如果基础货币按金融危机期间 2000—2012 年间平均增速 10.27% 增长,那么欧元区财政赤字占 GDP 比重的长期稳态水平为 0.60%。如果以 IMF 发布的 2013 年通货膨胀率及经济增长率来测算,那么相应的值分别为 0.12%、−0.35%。可见,金融危机促使欧元区财政状况严重偏离稳态水平,在保持基础货币适度增长的背景下,当前的财政政策已经大幅偏离稳态水平,财政政策空间显著缩窄,而金融危机以来的超常规量化宽松货币政策也无助于支撑财政政策空间的扩大。

第9章 中国外汇储备应对欧美主权债务风险升级的选择

截至2014年,我国外汇储备达到3.8万亿美元,位居全球首位,其中购买美国国债1.2万亿美元左右,成为当年美国国债最大的海外投资者。如此大量外汇储备客观上反映了近年来外贸高速发展对于我国国际支付能力提升的巨大贡献,体现了我国应对国际金融波动风险的能力上升,但如此大量的外汇储备也带来管理难题,特别是金融危机以来美国等发达经济体持续实施量化宽松货币政策,引起主要国际储备货币出现贬值预期,对我国外汇储备构成巨大的贬值压力。欧债危机的爆发警示国债"金边"无风险债券美誉不再成立,国际评级公司标普2011年8月5日下调美国国债评级预示美国国债风险上升。国债作为外汇储备当前的主要投资对象,欧美债务风险升级开始影响外汇储备的安全性,由此更加迫切要求推动经济金融管理体制改革,破解外汇储备管理难题。

9.1 欧美主权债务风险升级对中国外汇储备的影响

欧美主权债务风险演变对中国外汇储备的影响可以从两个层面展开:一是中国所持美国国债及欧洲国债遭受的直接损失;二是中国由于欧美主权债务外汇资产变化而引起中央银行资产负债表变化,特别是引起外汇储备的货币占款的冲销成本变化,形成对货币政策对冲成本的潜在影响。

关于直接损失,欧洲并没有报告中国持有的国债情况,而美国财政部公布了具体的持有情况,这有助于评估中国所持美国国债的直接影响。表9-1报告了购买美国国债的前十位国家、地区及购买数量。数据显示,截至

2015年2月,中国大陆持有美国国债总额高达12237亿美元,占外国政府及地区持有美国国债总额的五分之一,位居世界第二位,仅仅比第一位的日本少7亿美元。如果加上台湾与香港持有的国债,那么中国持有美国国债总额上升为15650亿美元。由此可以预见,如果美国财政风险急剧升高,国债违约成为现实,那么当前中国遭受的直接损失最高为15650亿美元,如果未来中国外汇储备仍持续增长,那么未来购买美国国债的数量还可能上升,美国债务风险上升的潜在直接损失可能更大。

当然,美国短期内债务违约的概率并不大,尽管美国债务当前或者未来仍将经常触及上限,要么提高债务上限,要么就面临违约。但在美国,提高债务上限的做法经常发生,自1962年3月以来,美国已70多次提高了债务上限,债务上限并不构成实质性的约束。美国可以通过美联储购买国债而持续实施债务货币化,将财政风险问题持续往后推延,但债务货币化的结果是通货膨胀压力的增大,由此变相降低债务负担,因而,中国短期内面临的是美国国债资产由于通货膨胀等因素而逐步缩水,再考虑到美国实施债务货币化引起的美元汇率贬值,那么美国国债资产持续下降的可能性较大,保值增值的难度持续加大。

表9-1 购买美国国债的前十位国家、地区及购买数量(截至2015年2月)

(单位:10亿美元)

时间	日本	中国	加勒比海地区	比利时	石油输出国组织	巴西	瑞士	英国	卢森堡
2014年2月	1210.8	1272.9	300.6	341.2	243.8	243.9	168.1	175.6	136.9
2014年3月	1200.2	1272.1	312.1	381.4	247.4	245.3	175.8	176.3	144.8
2014年4月	1209.7	1263.2	307.7	366.4	255.4	245.8	177.6	185.4	141.2
2014年5月	1220.1	1270.9	310.1	362.4	257.9	250.1	174	179.8	141.5

续表

时间	日本	中国	加勒比海地区	比利时	石油输出国组织	巴西	瑞士	英国	卢森堡
2014年6月	1219.3	1268.4	314.7	364.1	262.1	253.7	175.9	173.6	145.3
2014年7月	1219	1264.9	318.3	352.6	261.3	258.6	184.1	173	145.6
2014年8月	1230.1	1269.7	316.4	359.9	267.5	261.7	189.1	172.7	150.5
2014年9月	1221.8	1266.3	318.8	353.9	279.4	262.3	186.2	167.8	156.1
2014年10月	1222.4	1252.7	328.9	348.1	281.8	261.7	184.3	171.3	162.5
2014年11月	1241.5	1250.4	335.7	335.7	278.9	264.2	183.8	174.3	166.6
2014年12月	1230.9	1244.3	335.9	335.4	285.9	255.8	190.1	188.9	171.8
2015年1月	1238.6	1239.1	340.1	354.6	290.8	256.5	205.5	207.4	176
2015年2月	1224.4	1223.7	350.6	345.3	296.8	259.9	201.7	192.3	179.2

数据来源：美国财政部网站的表格"MAJOR FOREIGN HOLDERS OF TREASURY SECURITIES"。

从上面分析可见，欧美如果违约可能造成的直接潜在损失数额巨大，显然值得重点关注。但与直接损失容易测算相比，间接的影响则略显复杂，而且难以界定。由于中国外汇储备购买美国国债与中美贸易及投资格局具有密切的关系，美国具有强大的金融市场，中国将资金投入美国获取较高收益本来无可辩驳，但当前美国债务高位运行必然影响中美之间的资金运作及国际经济互补关系，并由此演变为对宏观经济的影响，因而这里关注的间接影响重点也在于此。

一方面，观察近年来国际贸易发展，有一个重要特征，就是中美贸易互为顺差与逆差的"镜像"关系。中国长时期快速增长与改革开放政策息息相关,但经济高速增长与消费率较低并存,导致储蓄率持续高位运行,根据开放宏观经济等式,高储蓄率伴随着高顺差,而美国则出现低储蓄率与逆差并存格局。结果是中国对美国贸易顺差构成外汇储备增长的重要因素(陈建奇,2013b),同时美国对华直接投资也促使中国外汇储备增长,中国金融市场相比美国发展相对滞后,中国将外汇储备购买美国国债获取收益,同时促使资金流入美国,美国通过其强大金融市场运作获取较高投资收益,资金的大量流入以弥补美国外部赤字,这种模式在金融危机前表现得尤其突出。

然而,如果当前美国财政债务风险升级,中国不仅不会在增量上增加美国国债的购买,而且还逐步缩减已经购买的存量美国国债,其他国家也可能采取相似的措施,那么美国外部资金流入将趋于减少甚至衰竭,美国外部赤字难以弥补,美国将面临再平衡,这对维持中美之间"镜像"关系的机制将形成深层次的影响。中国出口可能由于美国再平衡而大幅减弱,美国由于再平衡而可能导致经济增速下降甚至衰退,鉴于中美在全球经济中的重要地位,中美经济的调整无疑对全球产生影响,从而反过来将影响中国经济的发展。在这种模式下,中国将被迫实施经济结构调整,使经济由外需和投资拉动转向外需、投资、消费协调发展的格局。

另一方面,由于目前中国所持美国国债是中国人民银行(中国央行)通过其外汇储备购买的资产,美国国债价格变化将直接影响中国央行的资产负债表,由此将影响中国宏观货币政策调控。中国人民银行外汇储备通过发行货币向企业或者个人结汇所得,而同时通过发行央行票据、提高存款准备金率等手段回收外汇占款。根据中国人民银行发布的金融机构信贷收支数据显示,截至2015年2月外汇占款已经达到29.3万亿元人民币,占2014年GDP总额的46%,体现了外汇占款颇为巨大的事实。

如果采取央行票据滚动发行来对冲外汇占款,目前央行票据余额至少应在20万亿元以上。再考虑每年央行票据利息支付产生的额外对冲压力,那么央行票据余额将越滚越大,由此导致每年央行需要支付的央票利息达到几千亿元以上。如此高额的对冲成本显然不能忽视,更何况未来外汇储备还可能继续攀升,对冲压力十分严峻。

对此,中国人民银行采取多种措施:一是通过压低利率来降低央行票据的对冲成本,中国在21世纪以来通货膨胀时期较长时间保持负利率就是明证;二是运用非常规的冲销手段,隐性转嫁调控成本,即央行采取存款准备金率和财政在央行的存款(以下简称财政存款)两种工具。截至2015年2月尽管商业银行存款准备金率已下调至19%,但相比发达经济体仍然高达10个百分点左右,由此收缩基础货币达12万亿元左右,对冲外汇占款比例高达40%左右。同时,截至2015年2月政府在中国人民银行的财政存款余额达到3.2万亿元人民币,对冲外汇占款比重超过10%(财政存款增加,相当于从流通中吸收等量基础货币)。

存款准备金与财政存款累计对冲外汇占款比重超过50%,而截至2015年2月央行票据余额仅为6522亿元,占外汇占款比重仅仅为2%左右。央行为何更倾向于用前两个工具来对冲外汇占款?究其根源,在于利息成本的低廉。截至2015年2月法定存款准备金利率为1.62%,财政存款的利率仅为0.35%,都显著低于央行票据利率。根据央行票据各年的利率来估算,政府利用存款准备金与财政存款对冲外汇占款,为央行节约利息支出累计超过3000亿元以上。

然而,天下没有免费的午餐。央行通过存款准备金和财政存款节约了3000多亿元的对冲成本,这是央行冲销制度创新带来的福利改进吗?如何评估这一事实,成为判断当下央行外汇占款冲销操作的关键。

一方面,存款准备金本质上是存款性金融机构"上缴"的资金。央行通过压低存款准备金利率获取的收益,源于商业银行等存款性金融机构的利润让步。然而,存款性金融机构根据其垄断竞争程度,可以通过提高贷款利率等手段,部分或者全部将存款准备金负担转嫁给接受贷款的主体。最后可能出现的局面是,存款性金融机构、企业或居民等微观主体,共同分担存款准备金对冲外汇占款的隐性成本。

另一方面,财政在中央银行的存款源自政府税费及债务收入,属于全体中国公民的资产。政府理应通过市场化手段管理国库现金,实现财政闲置现金最小化和投资收益最大化,促进财政存款的保值增值。但央行却将其压在库底对冲外汇占款,并以低利率支付利息,由此节约的对冲成本显然是以财政存款利息损失为代价,这将增加未来全国公众的纳税负担。换句话说,财政存款对冲外汇占款的成本,由全国纳税人共同承担。

总体来看,中国人民银行一手在积累欧美国债等外汇储备,另一手在应对外汇占款对冲压力,采取央行票据、存款准备金及财政存款等多样化手段,虽然换来了货币政策操作空间,但却以巨额冲销隐性成本为代价。存款性金融机构及社会公众承担了大规模的对冲成本。对冲成本随着无休止的冲销如滚雪球式爆炸性增长,将显著影响社会福利。而且,上述宏观政策的扭曲是在美国国债没有违约的情况下发生的,如果考虑到美国国债违约导致的央行资产急剧下降的情况,那么宏观政策特别是货币政策受到的冲击更加巨大。

9.2 "走出去"战略成为应对外汇储备管理困境的占优选择

如何解决外汇储备管理问题？通常的想法是优化外汇储备投资结构,实现外汇储备安全性、流动性和收益性。目前来看,欧债危机尚未完全企稳,"安倍经济学"使日本经济增长不确定性增大,美国退出量化宽松政策并且提高利率的预期增强促使国际资本跨境流动更加频繁,对新兴市场汇率、股市等金融市场负面影响持续加大,在此背景下,全球经济不确定性依然较大,金融债券市场面临短期波动甚至风险升级,通过大量减持国债而增持其他金融产品的外汇储备结构调整显然不是占优策略。

对此,有专家建议用外汇储备增持黄金,黄金从历史上看具有投资保值功能,如此调整不仅有效解决外汇储备保值增值难题,更能提升我国在全球金融的话语权。然而,这种思路忽视了外汇储备"体量"巨大的事实,意大利2013年GDP为2.07万亿美元,2014年中国外汇储备是其1.9倍,是2013年英国GDP的1.6倍、法国GDP的1.5倍、德国GDP的1.1倍(陈建奇,2014c)。超过世界大国经济总量的外汇储备投资黄金将面临新的难题,截至2014年9月,世界各国官方持有黄金储备31866.1吨,总额1.5万亿美元左右,占中国外储40%左右,表明我国外汇储备大量转换成黄金不具有可行性,更何况很多国家不愿意将黄金拍卖,即使我国可以大量增持,但如此"巨量"的买家出手将导致黄金价格暴涨,反过来可能导致外汇储备出现潜在损失。

外汇储备管理困境亟待创新思路,跳出资产投资结构优化的思维。既然资产投资结构的存量调整难以有效解决问题,潜在的选择落在了存量规模的缩减,即采取有效措施降低外汇储备规模。近些年业界为此提出了务实简单容易操作的思路,即外汇储备是国家的资产,那么将其分给老百姓,让全国人民在国外购买商品、旅游或者投资,既提升社会整体福利水平,又降低或者解决政府管理外汇储备的压力。这种说法具有内在的合理性,然而其有效性前提在于外汇储备是我国政府的净资产,否则就不能"一分了之"。结合实际来看,外汇储备是我国人民银行通过发行货币购买的,当前3.8万亿美元外汇储备对应着我国央行29万亿元人民币的投放,央行发行人民币是央行的负债,而外汇储备也形成了央行的资产,表明外汇储备并非政府的净资产,如果央行将外汇储备分给民众,那么它对应的负债将如何处理?显然这种方式难以有效实施。

金融产品结构调整难以有效解决外汇储备管理难题,而高额外汇储备也不能简单分给老百姓,那么外汇储备管理难题应如何解决?目前可选的方案转向对外直接投资,即通过增加对外直接投资从而实现将外汇储备投资于实体经济,部分外汇储备置换为股权或者石油、矿产等资源性商品,在此方式下,外汇投资真正实现多元化,虚拟资产和实体资产之间实现平衡,既满足应对国际金融市场波动的流动性对冲需求,同时也确实降低主要国际货币发行国货币量化宽松、债务危机等引发外汇资产大幅贬值的潜在风险。因此,实施"走出去"战略,促进对外直接投资发展成为当前应对我国外汇储备管理困境的占有选择。

9.3 对外资产负债结构失衡倒逼"走出去"战略提速

"走出去"战略尽管是应对外汇储备管理困境的需要,但2008年我国外汇储备已经超过1.9万亿美元,为何六年多后"走出去"战略会比以前更加迫切？这不仅在于当前外汇储备规模比之前更高的原因,深层次的根源还在于高额外汇储备对应的是对外资产负债结构的严重失衡,内在引发我国国际投资状况的恶化,导致每年发生潜在的收益损失。最核心的表现是我国国际投资账户上拥有近两万美元的净资产,但每年的对外净收益却是负的,而美国国际资产负债表呈现的是净负债,但每年却从海外获得高额的净收益。

从20世纪80年代以来,随着我国改革开放融入经济全球化,大量引进外资、承接全球产业分工、释放比较优势,国际收支账户持续改善,经常账户余额由20世纪80年代的间歇性逆差转变为持续的顺差,顺差占GDP比重在2007年达到了11%的峰值,经常账户长时间顺差提升了创汇能力,直接推动我国对外资产负债表的改善,我国国际投资头寸由原来的净负债转为净资产,特别是2000年来净资产快速上升,直到金融危机以来随着我国国际收支逐步平衡,这种上升态势才减弱并逐步放缓(见图9-1),从2007年到现在,我国对外净资产头寸总量一直位居世界第二。从对外资产负债规模看,2012年我国对外资产总量是5.2万亿美元,对外负债3.4万亿美元,对外净资产达到1.7万亿美元。对外资产远大于对外负债,直接的判断是我国可能从中获得很高的投资回报。

然而,从统计数据看,却呈现相反的现象。图9-2是我国国际投资净头寸及经常账户收益项走势,数据显示,尽管我国2004年来对外资产净头寸持续上升并且稳定在较高的水平,但经常账户收益项却是负的,这个跟美国形成鲜明的对比。图9-3是美国国际投资净头寸及经常账户收益项走势,数据显示,美国自20世纪80年代中期净资产变为净负债,2012年净负债上升到4.4万亿美元,但是它的收益项却始终是正的,而且2012年达到近

2000亿美元的收益。为什么出现这个情况?究其根源有多方面的原因,但最核心的在于我国和美国对外资产负债结构存在显著差异。

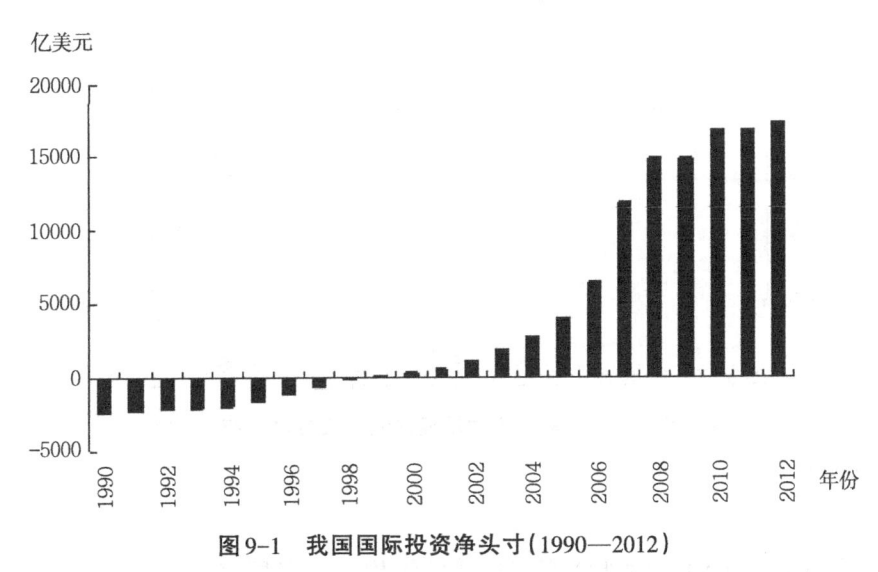

图9-1 我国国际投资净头寸(1990—2012)

数据说明:数据来自我国外汇储备管理局,2004年以前为逆推法得出的数据。

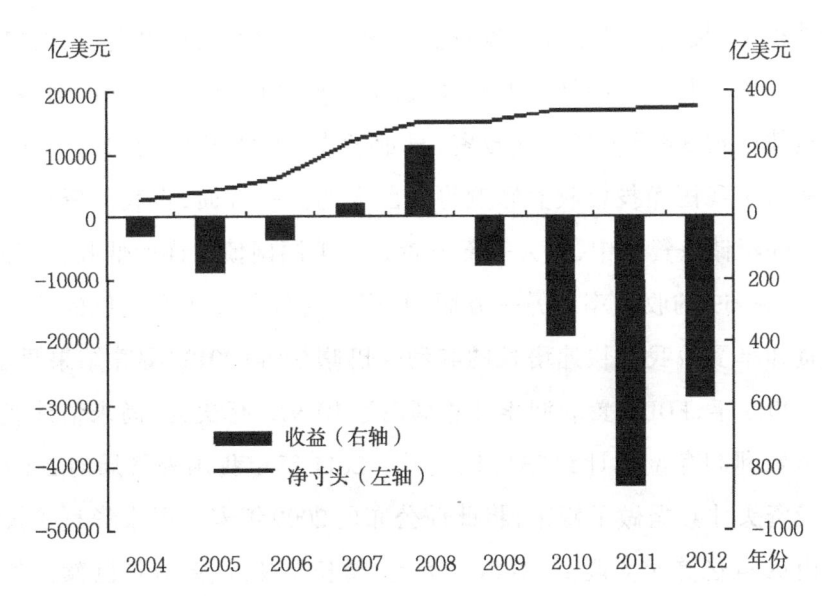

图9-2 我国国际投资净头寸及经常账户收益项(2004—2012)

数据说明:数据来自我国外汇储备管理局。

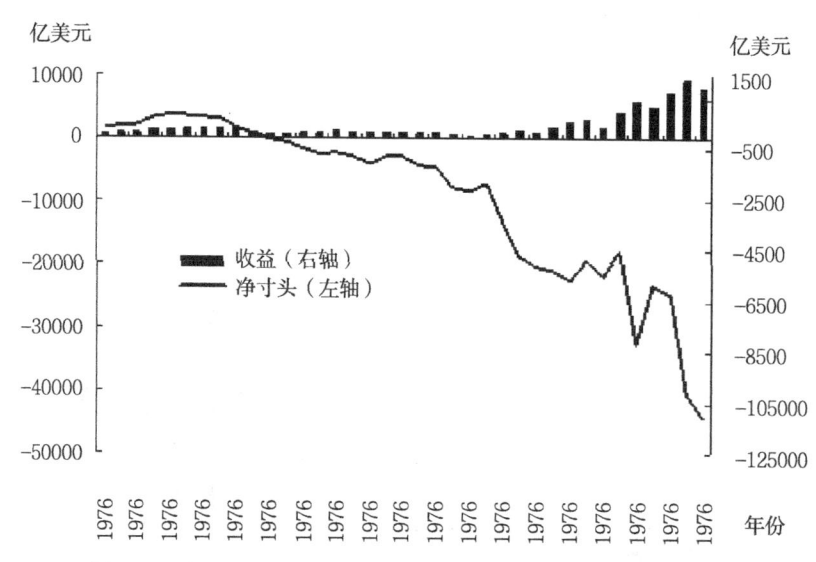

图9-3 美国国际投资净头寸及经常账户收益项(1976—2012)

数据说明：数据来自BEA。

图9-4是了中美对外资产与负债的结构。从美国来看，对外资产与负债的结构基本是平衡匹配的，扣除其他投资以后，2012年对外资产与对外负债的结构中，最大的都是证券投资。相比之下，扣除其他投资后，2012年我国对外资产与负债的结构差异很大，对外资产中65.5%是外汇储备，而对外负债中62.8%是外商直接投资，显示了我国资产负债结构的失衡，这种失衡对于我国净投资收益影响将是巨大的。一方面，占我国资产绝大多数的外汇储备资产中，很大一部分投资于美国国债这样的低收益产品，大概是3%~5%的收益率。另一方面，我国占对外负债主导地位的外商直接投资却享受着我国快速增长的红利。巴曙松等(2013)测算结果显示，1979—2011年，FDI留置利润累计总额高达10791.7亿美元，尚未估计或低估的留置利润存量累计约7334亿美元。2011年年我国外管局对2009年国际投资头寸数据做了修正，将此前公布的2009年末外国来华直接投资余额由9974亿美元上调到13148亿美元，增长32%，误差直指巨额的外资未汇出利润。

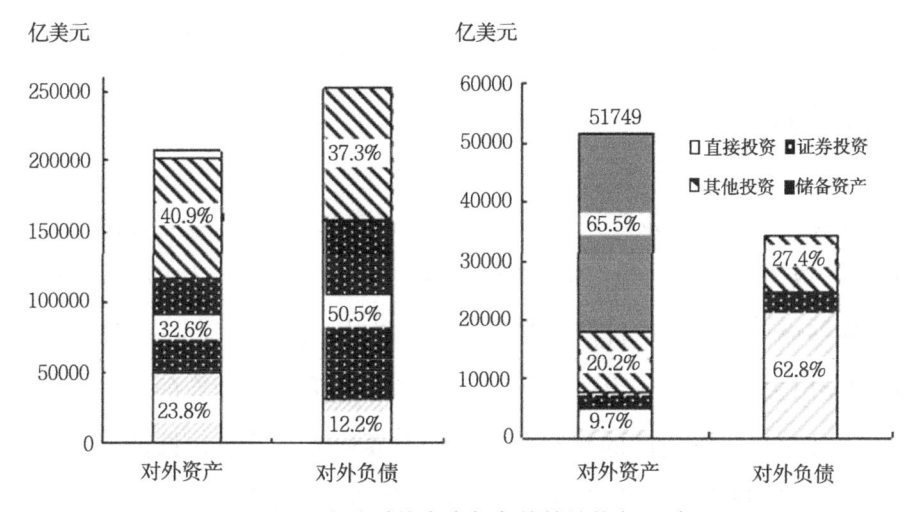

图 9-4 中美对外资产与负债的结构(2012)

资料来源:BEA、我国外汇储备管理局。

综合来看,外商直接投资享受着我国改革开放所带来的经济快速成长的红利,其收益率远远高于我国巨额外汇资产获得的投资收益,成为造成我国对外资产负债表中长期净资产为正但净收益却为负的现象,而支撑这种现象持续存在的根源在于我国对外资产负债结构的失衡,表现为外汇储备主导的对外资产与外商直接投资主导的对外负债之间不平衡的特征。巨大的损失深层次上要求我国采取积极有力的措施,遏制这种问题的发展。

结合上述的分析,当务之急就是改善对外资产负债结构,因为外商直接投资是我国对外开放政策的结果,它尽管获得了较高的投资回报,但也对我国经济发展发挥重要的促进作用,所以优化结构重在改变对外资产中外汇储备占比太高的问题,为了促进资产负债表的平衡,潜在要求降低外汇储备占比,进而大幅增加对外直接投资的比重,实现内外直接投资的相对平衡,由此改变资产负债结构不同引发的收益损失。但降低外汇储备而增加对外直接投资根本上就是要加快"走出去"战略的实施,因而对外资产负债结构失衡将倒逼"走出去"战略提速。

9.4 "走出去"战略如何解决外汇储备难题:对外投资空间评估

通过扩大对外直接投资优化我国对外资产负债结构,有效降低外汇储备规模,成为应对当前外汇储备管理困境的理论突破口。然而,"走出去"战略能够成功实现上述目标的前提在于我国对外直接投资空间仍然较大,否则"走出去"战略将成为一厢情愿,难以主导或者影响现有的结构。这就涉及对外直接投资空间的判断,一方面,需要厘清对外直接投资与经济增长的关系,解释我国当前对外投资存量仍然不高的原因。另一方面,需要测算未来我国对外直接投资空间有多大,并且达到合理对外投资空间需要多少时间?

9.4.1 大国经济增长伴随对外直接投资稳步扩张是客观规律

尽管现代意义的对外直接投资可以追溯到16世纪的东印度公司,但对外直接投资规模增长与经济增长关系,一直是理论与政策部门共同关心的话题。其中最具代表性的是1981年英国里丁大学教授邓宁提出的经济增长与对外直接投资演变规律,他基于国际生产折中理论的"三优势模型"(所有权优势、内部化优势和区位优势),阐明了企业进行对外投资的基础、载体和充分条件。并在1981年《投资发展周期的理论》的著作中,将一国人均GNP与该国对外直接投资联系起来,形成国际直接投资四阶段理论(Dunning,1981)。

不管邓宁对相关阶段划分所设置的人均收入水平线是否科学,但其揭示了一个基本的规律,即一国对外直接投资与其经济增长呈现正相关关系,随着经济水平的不断上升,对外直接投资将保持稳步上升的态势,这在当代仍然适用。表9-2是主要国家与地区对外FDI存量的演变情况。数据显示,随着世界经济及主要发达大国在二战以来的持续发展,对外直接投资也持续扩张,1967年世界各国对外直接投资存量1123亿美元,占世界GDP的4%,而1980年上升为5239亿美元,占比上升至5.3%,2005年更是增长到106719亿美元,占比为23.9%。从战后德日大国发展来看也呈现同样的趋势,德国1967年对外直接投资存量仅为30亿美元,占GDP比重为1.6%,而1980年增加到431亿美元,占GDP比重为4.7%,2005年上升到9673亿美元,占GDP比重为34.6%。日本1967年对外直接投资存量仅为15亿美元,占GDP比重为0.9%,而1980年增加到196亿美元,占GDP比重为1.9%,2005年上升到3866亿美元,占GDP比重为8.5%。

表9-2 主要国家与地区对外FDI存量占GDP比重

（单位:%）

国家或地区	1967年	1973年	1980年	1990年	2000年	2005年
发达经济体	4.8	5.1	6.2	9.6	22.8	27.9
欧盟	na	na	6.2	11.5	36.8	40.7
英国	14.5	9.1	15	23.2	62.4	56.2
法国	7	3.8	3.6	9	33.5	40.5
德国	1.6	3.4	4.7	9.1	29	34.6
西班牙	na	na	0.9	3	28.9	33.8
意大利	2.8	2.4	1.6	5.5	16.8	16.6
北美	na	na	8.2	8.1	14.8	18
美国	7.1	7.7	8.1	7.5	13.5	16.4
加拿大	5.3	6.1	9	14.8	33.3	35.3
日本	0.9	2.5	1.9	6.6	5.9	8.5
澳大利亚	na	na	1.5	9.8	22	22.5
发展中经济体	0.6	0.6	0.9	4.3	13.4	12.8
世界	4	4.2	5.3	8.6	20.6	23.9

数据来源:1967年、1973年数据来自Dunning and Cantwell(1987);1980年数据来自UNCTAD(2001),1990年、2000年和2005年数据来自UNCTAD(2006),相关数据源于Dunning(2010)整理。

从美英等老牌发达大国来看，对外直接投资也随着经济增长而呈现稳中有升的态势。美国1967年对外直接投资存量仅为566亿美元，占GDP比重为7.1%，而1980年增加到2202亿美元，占GDP比重为8.1%，2005年上升到20513亿美元，占GDP比重为16.4%。英国1967年对外直接投资存量仅为158亿美元，占GDP比重为14.5%，而1980年增加到804亿美元，占GDP比重为15%，2005年上升到12380亿美元，占GDP比重为56.2%。进一步从发达经济体整体表现来看，也显示经济增长与对外直接投资的正相关性，发达经济体1967年对外直接投资存量仅为1093亿美元，占GDP比重为4.8%，而1980年增加到5074亿美元，占GDP比重为6.2%，2005年上升到92719亿美元，占GDP比重为27.9%。

9.4.2 中国对外直接投资空间评估

上述经验表明，经济增长与对外直接投资具有正相关关系，预示未来随着我国经济继续稳步增长，那么对外直接投资将持续提升。然而，未来我国对外直接投资空间有多大？这就涉及对我国对外直接投资存量的分析。尽管我国2012年对外直接投资已经达到700多亿美元，进入对外直接投资大国的行列，但从存量来看，2010年我国对外直接投资存量占GDP的比重刚刚超过5%，跟世界平均水平20%~30%相比还有很大的差距。说明我国未来对外直接投资是有很大空间的。另外，结合邓宁的经济发展阶段理论，我国人均GDP已经超过5000美元，预示我国已经进入对外直接投资的"黄金期"。

关于未来10年到20年我国对外直接投资扩张空间，这里根据G20国家的经验进行测算。截至2010年我国对外直接投资存量占GDP比重刚超过5%，如果未来我国持续发展，那么按照客观规律我国对外直接投资存量占GDP比重有望达到世界平均水平即20%以上。表9-3是G20国家在1980—2011年出现对外直接投资存量占GDP比重从5%上升至20%以上的6个国家,这些国家实现转变的时间间隔平均为13年,最低为6年,最高为19年。为更客观评估我国对外投资空间,这里采取平均水平13年与最高时限19年分别测算。

表9-3 G20国家对外直接投资存量占GDP比重从5%增至20%情况(1980—2011年)

国家	超过5%的年份			超过20%的年份			超过20%年份与超过5%年份存量之比	由超过5%增长至超过20%的间隔年份
	年份	占比(%)	存量(亿美元)	年份	占比(%)	存量(亿美元)		
澳大利亚	1987	6.5	148.8	1998	22.1	864.0	5.8	11
加拿大	1980	8.8	237.8	1995	20.0	1181.1	5.0	15
法国	1982	5.7	325.9	1995	24.1	3800.0	11.7	13
意大利	1990	5.3	601.8	2009	23.0	5122.0	8.5	19
俄罗斯	2000	7.8	201.4	2006	21.9	1466.8	7.3	6
美国	1982	7.0	2266.4	1996	20.5	16083.4	7.1	14
世界	1981	5.0	5873.9	1998	20.0	59407.7	10.1	17
国别平均		6.8			21.9		7.6	13

数据来源:UNCTAD并进行测算整理。

党的十八大报告指出,2020年我国GDP将比2010年翻一番,这为上述测算提供了重要依据。如果按照上述国际经验的世界平均水平13年测算,那么2010年再经过13年即2023年我国对外直接投资存量占GDP比重将达到20%的平均水平,按照不考虑通胀、考虑2%通胀率及考虑20%汇率升值等三种情况分别测算(见表9-4),那么2023年我国对外直接投资存量有望达到2.8万至4.4万亿美元的水平,其中2010年至2023年对外直接投资增量将达到2.5万亿美元以上。

表9-4 我国对外直接投资存量占GDP比重由5%升至20%的测算

(单位:亿美元)

按照G20国家对外直接投资占GDP比重5%上升到超过20%世界平均水平13年测算			
测算依据 (2020年GDP比2010年翻一番)	2023年GDP	20%的GDP	2010—2023年对外直接投资增量
2020—2023年均增长6%	141260	28252.77	25268.66
2020—2023年均增长6%,每年2%通胀率	182740	36547.97	33563.86
2020—2023年均增长6%,每年2%通胀率,20%汇率升值	219290	43857.57	40873.46
按照G20国家对外直接投资占GDP比重5%上升到超过20%最高时间19年测算			
测算依据 (2020年GDP比2010年翻一番)	2029年GDP	20%的GDP	2010—2029年对外直接投资增量
2020—2029年均增长5%	184000	36799.94	33815.83
2020—2029年均增长5%,每年2%通胀率	268050	53610.57	50626.46
2020—2029年均增长5%,每年2%通胀率,20%汇率升值	321660	64332.68	61348.57

如果按照上述经验的世界最高时限19年测算,那么2010年再经过19年即2029年我国对外直接投资存量占GDP比重将达到20%的平均水平,按照不考虑通胀、考虑2%通胀率及考虑20%汇率升值三种情况分别测算,那么2029年我国对外直接投资存量有望达到3.7万至6.4万亿美元的水平,2010年至2029年对外直接投资增量将达到3.3万亿美元以上,据此进一步测算,未来10年对外直接投资增量将达到1.6万亿美元以上。由此可见,如果不考虑我国未来国际收支带来的外汇资产变化,那么未来10年我国对外直接投资扩张将有助于消化外汇储备1.6万亿美元以上,极大缓解高额外汇储备管理难题。因此,当前我国实施"走出去"战略,既符合增强国际合作的客观需求,促进我国作为对外投资的重要力量在更高水平、更大范围和更深层次上参与经济全球化和国际分工,也有助于破解外汇储备管理困境。

9.5 加快"走出去"步伐应对外汇储备管理困境的政策建议

加快"走出去"步伐促进我国对外直接投资的较快发展,既是当下应对外汇储备管理困境的内在要求,也是促进我国充分利用国内国外两个市场、实现全球范围资源配置、促进产业升级的重要手段。然而,"走出去"既涉及国内企业开展国际投资便利性及相关开放体制机制问题,也涉及投资目标国市场准入等问题,而通过"走出去"战略降低外汇储备还涉及外汇储备如何支持企业"走出去"的问题,这些预示应对外汇储备管理困境而亟待提速的"走出去"战略,是一项系统性工程,需要多方面的协调配合。

首先,加快"走出去"步伐必须兼顾"走出去"的收益与外汇储备变化对市场的影响之间的平衡。"走出去"既有助于促进经济增长,也能解决外汇储备管理难题,由此往往导致"走出去"越快越好的倾向。然而,当前我国外汇储备已经投资于外国政府国债等金融产品,如果对外直接投资过于巨大,将导致央行必须在国际市场上出售大量国际金融产品,由此可能导致市场过度波动,比如央行短期内拍卖6000亿美元国债而换取外汇现金来满足企业走出去需求,此举对国际市场而言,相当于美联储QE2的规模,由此造成的影响不言自明;而此举对于国内市场而言,使用6000亿美元外汇的企业必须向央行提交超过3.6万亿元左右的人民币,导致央行从市场大幅紧缩货币,国内宏观经济稳定性必然受到冲击。同时,当前美国经济复苏引发美联储退出量化宽松的政策预期加强,促使国际资本从新兴市场撤出,新兴市场金融风险陡然上升,我国也出现了资本流出的迹象,在此背景下,需要权衡外汇储备结构调整所引发的潜在问题,预示加快"走出去"步伐也必须考虑时机的选择。为此,加快"走出去"决不能没有限度,必须考虑其可行性,尽量降低其负面影响。

其次,外汇储备支持企业"走出去"必须坚持市场原则,而不能强化行政分配。巨额外汇储备支持企业"走出去"最简单的一种方式就是政府将外汇储备直接分给企业特别是国有企业，由此支持相关企业做大做强，服务于国家战略需要。这种方式尽管合乎一定的逻辑，但这种方式需要两个很重要的前提：一是政府具有正当的理由将外汇储备给予某些企业而其他私人部门无权获得；二是财政部必须发行巨额国债从央行购买外汇储备（1万亿美元外汇对应6万多亿元人民币国债），否则政府无权分配。上述两个方面都揭示政府主导巨额外汇储备的海外投资所可能产生的效率损失问题，同时政府大量发债导致其面临巨大财政风险，预示外汇储备支持企业"走出去"不能采取行政主导的方式，政府重点应放在营造国际投资环境上，强化市场机制的作用，同时实行信贷利息优惠、构建海外投资产业基金等激励措施促进企业积极开展对外直接投资的意愿，培育海外投资的市场主体。

第三，积极推动国际投资规则创新调整，逐步提升我国海外投资话语权。与国际贸易相比，我国应更加注重推动国际投资规则的创新调整，使之有利于我国对外直接投资的发展壮大。结合前面的测算，未来十年到二十年我国对外直接投资将增加3万亿~5万亿美元，不久我国将成为世界上对外直接投资最大的国家。在此背景下，我国应注重海外投资利益的保障，更重要的是推动其他国家降低投资壁垒，避免出现类似国际安全等各种非常规审查，营造良好的国际投资环境。今年举行的第五轮中美经济战略对话，中美双方同意，以准入前国民待遇和负面清单为基础开展中美双边投资协定实质性谈判，未来应加大力度促成准入前国民待遇与负面清单的谈判，深层次上解决我国巨大海外投资需求问题（陈建奇，2015）。

第四，强化"走出去"不能否定"引进来"，客观评估外商直接投资对我国的贡献，积极倡导国际投资合作。强调对外直接投资并不是简单的否定外资。客观评估外商直接投资应该超过其直接收益，不仅看到它较高的收益率，更要认识到外商直接投资对我国的积极作用。改革开放以来，外商直接投资对我国整个工业经济、税收、就业都有巨大贡献，同时还包括对出口结构优化、管理、技术创新等也有显著的促进作用。因而，必须注重开展

"走出去"与"引进来"相结合的国际投资合作。尽管我国已经是引进外资较多的国家,但从存量来看,2011年我国引进外资的存量占GDP总额为10%,离世界平均数20%~30%的水平依然有较大空间,即使包括外商直接投资未汇出的利润,我国外商直接投资依然具有其继续发展的空间。

第10章　中国宏观经济应对主权欧美债务风险升级的选择

欧美债务风险升级预示欧美经济面临潜在的结构性问题,在没有深层次结构性改革之前,欧美经济难以回到金融危机之前较高的增速水平,促使欧美总需求增长速度放缓。欧美是中国最重要的出口市场,欧美经济放缓引发的中国出口下降直接导致了中国总需求不足,结果是产能过剩问题凸显。从历史上看,最值得借鉴的经验可以追溯到第二次世界大战后的产能过剩问题,当时英德等欧洲大国由于战争重创而百废待兴,倚重欧洲市场的美国经济出现产能过剩难题,美国此后通过"马歇尔计划"帮助欧洲重建,既确立自身在欧洲的地位,也化解了美国的产能过剩难题。审时度势,历史经验是否能够为中国提供经验借鉴？欧美债务高位运行背景下中国产能过剩的形成机制是什么？中国产能过剩问题短期内能否自动化解？等等,一系列的问题都有待深入的研究,本书接下来将从全球化背景下的开放宏观视角对此进行分析与探讨。

10.1　欧美主权债务风险升级影响中国宏观经济的表现:产能过剩

欧美债务风险升级对中国宏观经济最重要的影响在于欧美需求波动引发中国外需调整。事实上,在当代经济全球化大背景下,各国经济联系日益紧密,外部经济波动容易引发外需被动调整,对产业链构成外部冲击,形成产能过剩等问题。因此,理解深入融入全球化的中国经济,欧美债务风险波动对中国宏观经济的影响显然应从开放视角进行分析,欧美债务引发的宏观经济疲软,直接影响就是中国外需下降,由此容易得出产能过剩问题与欧美债务风险息息相关的推测。

结合2000年以来的经验数据(见表10-1),可以看出,中国出口占GDP比重由2000年20.8%上升到金融危机前2007年的35.2%,而该指标在1978年时仅仅为4.6%,体现了中国宏观经济与欧美等开放经济息息相关的经验事实。表10-1的数据显示,中国2000年以来经济经历了改革开放以来最快增速的时期,2000—2012年GDP年均增速达到10%,不仅在大国际经济发展历史中少见,而且在世界经济史中也不多见。然而,通过对GDP作HP滤波测算其趋势,并由此得出GDP增速与趋势值的偏离。数据显示,2000—2012年,有七年时间出现总需求低于潜在增速的情形,占总时间段的61.5%,表明超过一半的时间中国出现总需求不足,产能较长时间出现不同程度的闲置,从而预示中国尽管在新世纪以来经济快速发展,但产能过剩的问题出现常态化或者长期化。

表10-1 新世纪以来GDP增速及其结构分解

(单位:%)

时间	GDP增速	GDP增速HP趋势	GDP增速偏离趋势值	出口占GDP比重	净出口对GDP拉动率	消费对GDP拉动率	投资对GDP拉动率
2000年	8.4	9.0	−0.6	20.8	1.0	5.5	1.9
2001年	8.3	9.4	−1.1	20.1	0.0	4.2	4.1
2002年	9.1	9.7	−0.7	22.4	0.7	4.0	4.4
2003年	10.0	10.1	0.0	26.7	0.1	3.6	6.3
2004年	10.1	10.3	−0.3	30.7	0.6	4.0	5.5
2005年	11.3	10.5	0.8	33.9	2.6	4.4	4.3
2006年	12.7	10.7	2.0	35.9	2.1	5.1	5.5
2007年	14.2	10.6	3.5	35.2	2.6	5.6	6.0
2008年	9.6	10.5	−0.9	32.0	0.9	4.2	4.5
2009年	9.2	10.3	−1.1	24.1	−3.5	4.6	8.1

续表

时间	GDP增速	GDP增速HP趋势	GDP增速偏离趋势值	出口占GDP比重	净出口对GDP拉动率	消费对GDP拉动率	投资对GDP拉动率
2010年	10.4	10.0	0.4	26.7	0.4	4.5	5.5
2011年	9.3	9.7	−0.4	26.0	−0.4	5.2	4.5
2012年	7.8	9.4	−1.6	24.9	−0.2	4.0	3.9
1978—1989年	n.a	n.a	n.a	n.a	74.7	44.4	−2.3
1990—1999年	n.a	n.a	n.a	n.a	54.8	38.9	6.2
2000—2007年	n.a	n.a	n.a	n.a	36.4	38.2	9.7

数据来源：中国统计数据库、2012年国民经济和社会发展统计公报、CEIC。

为了更客观评估当前产能过剩问题，这里进一步分析2000年以来中国产能过剩的总体变化。可以看出，在2000年以来中国持续多年出现产能过剩，但总需求偏离趋势值的缺口越来越小（见表10-1），预示产能过剩程度逐步减弱，产生这种现象的原因在于总需求的持续走强。什么力量推动这一良好局势的发生呢？图10-1是中国GDP增速与净出口的拉动率，数据显示，中国新世纪以来净出口对GDP拉动率与GDP增速呈现高度相关的同向变化态势，表明外需可能成为中国新世纪以来化解产能过剩的主导力量。这种观点在表10-1的数据中得到了验证，1978—1989年12年间净出口对GDP拉动率累计为−2.3%，1990—1999年10年净出口对GDP拉动率累计为6.2%，但2000年至金融危机之前的2007年的8年时间里，净出口对GDP的拉动率累计就达到9.7%，呈现显著的上升，体现了新世纪以来外需在提升总需求化解产能过剩问题的重要作用。而且，更为重要的是，图10-1显示2008年金融危机以来随着外需贡献的减弱，中国GDP增速出现了明显减速，结合表10-1可以看出，2008—2012年五年间中国出现了四年的总需求低于潜在产出的现象，表明产能过剩难问题再次凸显。

图10-1 中国GDP增速与净出口的拉动率(2000—2012)

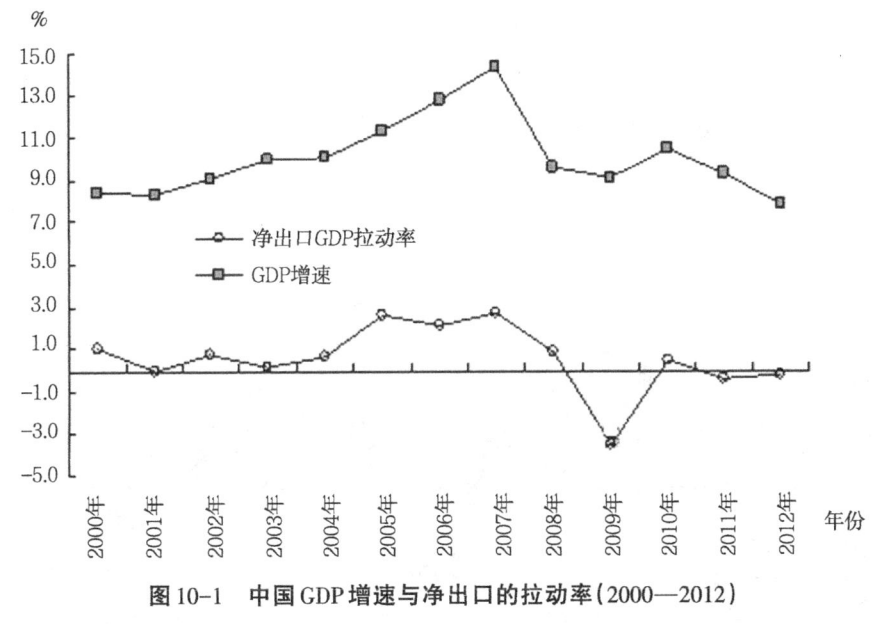

资料来源:CEIC数据库。

上述事实表明,本次中国经济出现产能过剩问题的导火索在于外需的减速,然而外需为何会减速呢?从表面上看,危机引发的美欧经济持续低迷是主因。美欧等发达经济体危机导致经济减速甚至衰退,美欧是中国最重要的贸易伙伴,其经济减速自然引起需求下降。图10-2是中国对美欧的出口月度同比增速。数据显示,2008年金融危机导致中国对美欧出口月度增速由高点到低点下降约60个百分点,尽管2010年以来出口出现回升的现象,但欧债危机等风险未能缓解,美欧经济复苏增长低于预期,中国对美欧出口月度增速从2010年下半年以来持续下降,在2012年年底月度增速再次出现负增长的现象。

然而,美欧经济为何会持续低迷?反思本次金融危机之前,全球经济经历了一轮景气周期,这是继美国网络泡沫之后经济全球化形成的新的发展阶段,美国等发达国家外部经济出现持续膨胀的赤字,而中国等新兴经济体出现持续扩大的外部盈余。在此背景下,美国等发达国家以金融创新为经济动力,以开发高收益的金融产品为导向,向世界各国出售金融衍生产品,具有外部盈余的国家的储蓄资金源源不断流入美国等国际金融市场,美国等发达国家吸收资本流入弥补外部失衡,如此循环,支撑着发达国家依赖金融产品透支消费模式的持续进行。

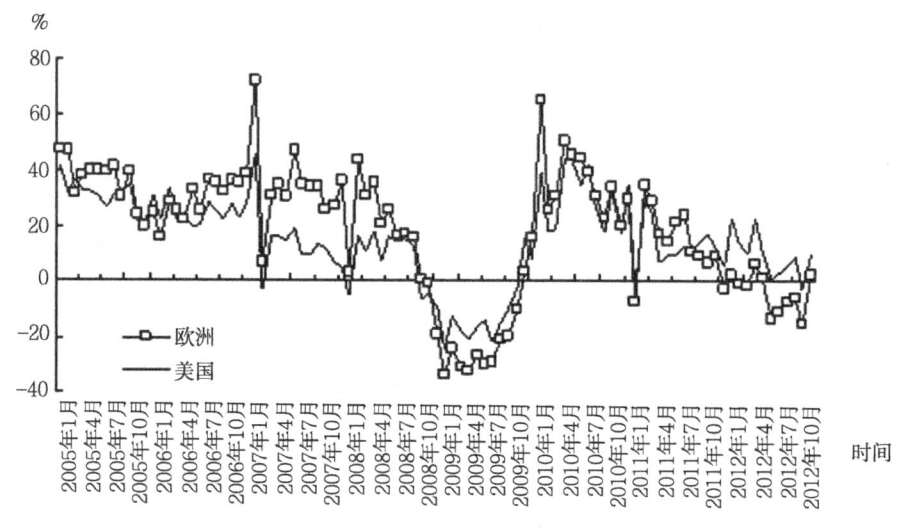

图10-2　中国对美欧的出口月度同比增速(2005年1—2012年10月)

数据来源:中国统计数据库、CEIC数据库。

"天下没有免费的午餐",依赖金融创新维系的全球失衡模式难以持续。美国主导的消费驱动模式首先遭遇冲击,住房市场出现次贷危机,由此动摇了基于住房抵押债券发展的各类为数众多的金融衍生产品,持有相关资产的金融机构资产大幅度减值,以雷曼兄弟公司为代表的众多金融机构资不抵债而纷纷倒闭,金融市场遭受重大打击,维系全球经济外部失衡的发达国家外部资本借贷戛然而止,全球经济失衡的模式难以持续,全球经济出现外部强制性平衡。中国等新兴市场国家出口大幅下降,而发达国家外部赤字也急剧缩小,全球贸易急剧萎缩,金融危机对全球经济的影响骤然扩大。

金融危机、欧美债务风险升级促使世界各国都在反思全球经济发展模式,危机前的世界主要国家外部失衡的模式已被证明为不可持续,G20组织也提出实现全球经济强劲、可持续、平衡增长的目标。然而,发达国家与发展中国家产生外部失衡具有内在的深层次逻辑,即经济全球化以来,资本恢复自由流动的趋势,但劳动力无法自由流动的事实却没有改变,即便在欧元区经济一体化的环境下,劳动力也没能实现充分流动,结果是全球资本基本实现了收益(资金成本)的趋同,但劳动力工资在发达国家与发展中国家之间却相差悬殊,具有劳动力优势的主要发展中国家竞争力相比发达国家也就更强,这就必然导致全球经济不平衡。

国际金融危机及欧美债务风险升级以来,全球经济失衡随着全球经济复苏而呈现复苏扩大的态势,市场机制难以自发解决全球经济失衡问题,全球经济面临再平衡的重大挑战。全球经济目前仍未形成有效的调整机制,从而滋生了各国对外部失衡调整的非对称性,发达国家出现贸易保护、设置贸易壁垒、对外国货币汇率施压等手段,而发展中国家则极力反对,全球经济出现不稳定、不协调,经济政策上升为"政治化"。可见,中国等经济体由于外部需求减弱而出现产能过剩,"导火索"在于全球经济的不平衡性。

10.2 "马歇尔计划"不是中国应对欧美主权债务风险的占优选择

上面的研究显示,中国出现产能过剩问题的"导火索"在于全球经济再平衡,而直接的因素则在于美欧债务风险等引发欧美发达经济体经济疲软,引起中国外需疲软。因而,治理中国产能过剩可能有两种途径:一是中国进行结构性调整,扩大国内需求,促使总需求与潜在总供给相适应;二是采取非常规措施,促进美欧经济复苏增长,以此促进中国的出口需求增加。尽管理论上两种手段各有道理,但具体采取什么措施则往往需要结合经验。

根据历史经验,第二次世界大战时期美国治理产能过剩的手段值得评估。当时欧洲遭受战争重创,英法德等主要国家百废待兴,倚重欧洲市场的美国出口急剧下降,美国出现严重的产能过剩问题。对此,美国采取超常规的措施,实施"马歇尔计划"。1947年6月5日,美国国务卿乔治·马歇尔在哈佛大学发表演说提出援助欧洲经济复兴的方案,并因此被命名为"马歇尔计划"。该计划原定期限5年(1948年至1952年),马歇尔计划涉及130亿美元。根据当时每盎司黄金对35美元的价格测算,130亿美元相当于1.05万吨黄金,大约相当于美国1945年黄金储备总额的58%,超过美国1950年出口总量。显示马歇尔计划的非常规特征,事后证明,此举尽管让美国耗费巨额财力,但既确立了美国在欧洲的地位,同时也解决了美国的产能过剩难题。

美国"马歇尔计划"为中国治理产能过剩提供了重要思路,直接的问题是中国能否也实行"中国式的马歇尔计划",通过非常规手段促进主要贸易伙伴经济增长,然后解决中国的产能过剩难题?结合当下的情况来看,欧债危机构成美欧经济乃至全球经济的重大不确定性,因而欧债危机的治理确实将给美欧经济注入强心剂。因此,遏制产能过剩的"中国式马歇尔计划"重心应落在欧债危机的治理,截至2014年年底中国具有3.8万亿美元的巨额外汇储备客观上也为马歇尔计划的实施创造了良好的条件。

然而,进一步分析容易发现当前美欧经济状况与第二次世界大战后的欧洲经济显然具有较大差异。第二次世界大战后的欧洲是受到外部冲击而导致其总需求急剧下降,大幅低于战前的均衡水平,美国实施马歇尔计划帮助其重建,有助于恢复欧洲经济基本面,促使其总需求快速回升,美国对欧洲的出口扩张也就顺理成章。但本次美欧经济并非源于外部冲击,而是其内部经济问题激化导致金融危机及欧债危机的发生,表面上是危机导致美欧经济疲软,实质上则是美欧危机前的经济发展模式难以持续,过度消费支撑的美欧经济增长模式亟待改变。在此背景下,中国如果扮演"消防员"实施马歇尔计划为美欧危机灭火,等于中国继续为美欧过度消费融资,那么将促使美欧过度消费模式继续延续,未来美欧经济仍然会再次出现资不抵债的困境,危机只是延后而不是根治。从这个意义上说,"中国式马歇尔计划"难以治理美欧危机难题,更难以借此实现化解中国产能过剩难题的目标。

当然,有些评论认为美欧经济自金融危机以来持续多年疲软是由于美欧等发达经济体宏观政策空间缩窄,如果美欧能像中国等新兴国家那样具有较大的财政刺激空间,那么美欧经济或许已经恢复。根据美国财政部的数据显示,当前美国财政债务绝对值已经超过17万亿美元,位居全球第一,2011年美国两党对债务上限之争险些让美国出现技术性违约,2012年美国两党关于"财政悬崖"的争论加大了美国财政债务风险,2013年美国政府关门更显示美国财政债务技术性风险。与此同时,欧洲持续深陷债务危机困境,欧债危机难以企稳,美欧财政政策空间缩窄是不争的事实。如果中国能够通过"马歇尔计划"向美欧继续大规模融资,那么美欧财政政策空间将显著增大,由此推进结构性改革,逐步改变过度消费的经济增长模式,结果将促使美欧经济再次焕发活力,中国对美欧的出口也将继续提升,产能过剩的难题也将化解。

要评估上述观点,可以结合发达国家近年来的经验来判断。事实上,在2008年国际金融危机期间,世界主要国家并没有财政扩张的"硬约束",当时借助G20平台携手共推大规模刺激计划,中国推出"四万亿"刺激计划,美国布什政府推出7000亿美元、奥巴马政府推出7870亿美元的刺激计划,欧洲发达国家也纷纷推出大规模的赤字扩张政策。然而,金融危机以来,中国等新兴国家经济增长呈"V"形回升甚至转向经济过热,但截至当前六年多的时间发达国家仍然处于复苏增长阶段,有些发达国家甚至还处于衰退。

发达国家与新兴国家采取同一"药方"应对危机,但结果大相径庭,"刺激药方"对新兴国家很管用,但发达国家并不适应,表明发达国家经济减速并不是宏观政策空间缩窄,而是在产品内分工为微观特征的当代全球化开放环境下,新兴经济体快速追赶在相对竞争力变动意义上对美欧中心国地位带来阶段性压力和挑战,是美欧问题的本质根源。除非美欧能在利用其研发能力、资本市场、企业制度等综合优势基础上推动和激发新一轮大规模产业技术革命,否则仅采用数量宽松等超强刺激措施难以根本改变增长乏力新常态。当前发达国家经济减速预示其回归正常的增长通道,即发达国家潜在经济增速下调是总体趋势,未来较长时间内发达国家将难以改变经济低速甚至某些经济体衰退的现象,如果没有出现类似科技革命等新的增长点,发达国家经济减速将呈现常态化。

另外,中国即使能够通过"马歇尔计划"拯救美欧经济,但这不一定符合中国的利益。中国当前正处于工业化、城镇化的关键时期,在这个发展阶段上,中国对石油、铁矿石等大宗商品具有巨大需求,大宗商品价格直接影响中国经济发展的成本及社会福利水平。观察图10-3石油及铁矿石价格走势,在金融危机之前全球经济出现稳步增长的良好态势,但由此也对石油等大宗商品产生巨大需求,石油价格上涨到每桶140美元,而铁矿石也持续飙升到历史高位。金融危机爆发后,美欧经济持续低迷,石油、铁矿石等大宗商品价格暴跌,客观上直接提高了中国外汇储备的购买力,从而美欧经济低迷引发的大宗商品价格低位徘徊有助于支撑中国经济发展。如果中国通过"马歇尔计划"助推美欧经济复苏,那么石油价格可能由当前的每桶90美元左右上升到140美元以上,外汇储备由此缩水近一半。从这个角度看,中国通过"马歇尔计划"解决产能过剩难题并非占优策略。

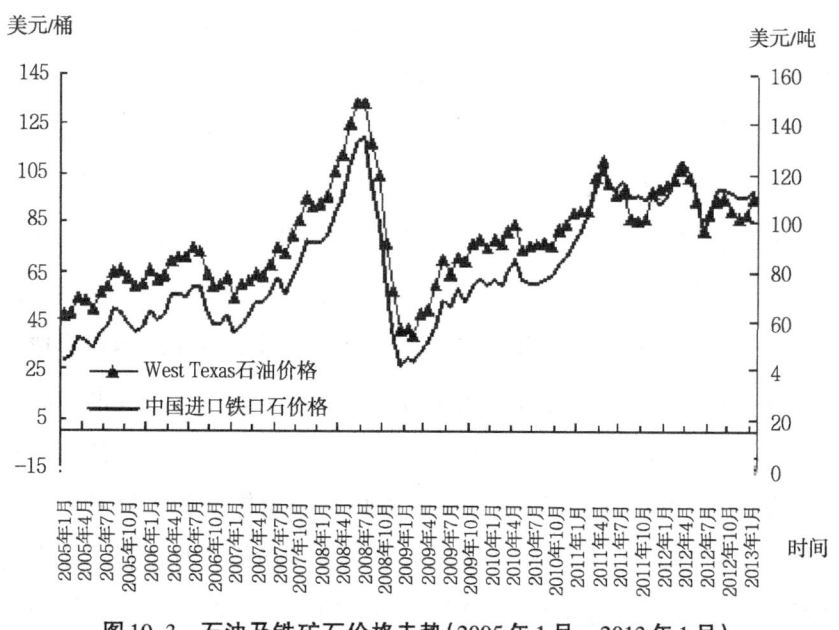

图10-3 石油及铁矿石价格走势(2005年1月—2013年1月)

数据来源:IMF数据库。

10.3 中国宏观经济应对欧美主权债务风险的宏观政策困境

欧美债务风险升级加剧了中国产能过剩问题,但相关问题的治理不能通过"马歇尔计划"的历史经验来实现,美欧发达经济体减速常态化预示通过促进外需回升应对产能过剩问题的思路难以奏效,产能过剩难题亟待新解。但中国产能过剩的问题已经提出多年,截至目前仍然没有取得实质性进展,是什么因素阻碍了产能过剩问题的治理?该问题的回答将有助于揭示中国治理产能过剩问题的宏观经济政策困境。

要回答上升问题,必然需要分析中国为什么如此倚重外需?其过剩产能是怎么累积起来的?观察中国开放宏观经济发展,其中有一个重要的制度安排从20世纪末期至今没有实现大的转变,那就是汇率制度,中国自1994年以来一直实行的是"以市场供求为基础、参考一篮子货币进行调节、有管理的浮动汇率制度"。图10-4是人民币对美元月末汇率,数据显示,1997年至2004年汇率基本实行的是典型意义的固定汇率制度,人民币对美元汇率保持基本不变,尽管2005年以来中国开启了人民币汇率改革的升值通道,但2008年金融危机促使汇率改革步伐受阻,汇率尽管稳中有升,但短期内保持汇率基本稳定仍然是主基调,这种汇率机制在开放宏观经济中具有其合理性,但对近年来持续快速生产率追赶的中国经济来说,却具有内在的缺陷。

具体来看,给定中国人民币汇率机制保持相对稳定,而中国劳动生产率持续成倍上升,根据巴拉萨—萨缪尔森效应,中国会由于贸易部门劳动生产率上升而助推非贸易部门工资大幅提升,最终导致整体工资快速增加,国内必然面临通货膨胀难题。然而,由于中国二元结构导致大量剩余劳动力滞留农村,新世纪以来开放经济持续发展引发的劳动生产率上升伴随着源源不断的大量农民工转入城市务工,结果是劳动生产率的上升并没有伴随工资的上涨,在汇率缺乏动态灵活调整的背景下,中国持续的劳动力成本优势助推产品具有国际竞争力,支撑中国持续的出口较进口更快增长,经常账户顺差不断增加,反过来推动均衡汇率上升,但政府对汇率的刚性限制促使其没能实时反映真实汇率水平,市场产生强烈的人民币升值预期。基于保值的需求,出口企业获得的外汇收入要求兑换成人民币,外部"热钱"也希望进入中国市场获得人民币的套利套汇。为此,中国央行被迫发行人民币以购买外汇,从而维持汇率的相对稳定目标,否则汇率可能会出现大幅升值的情形。

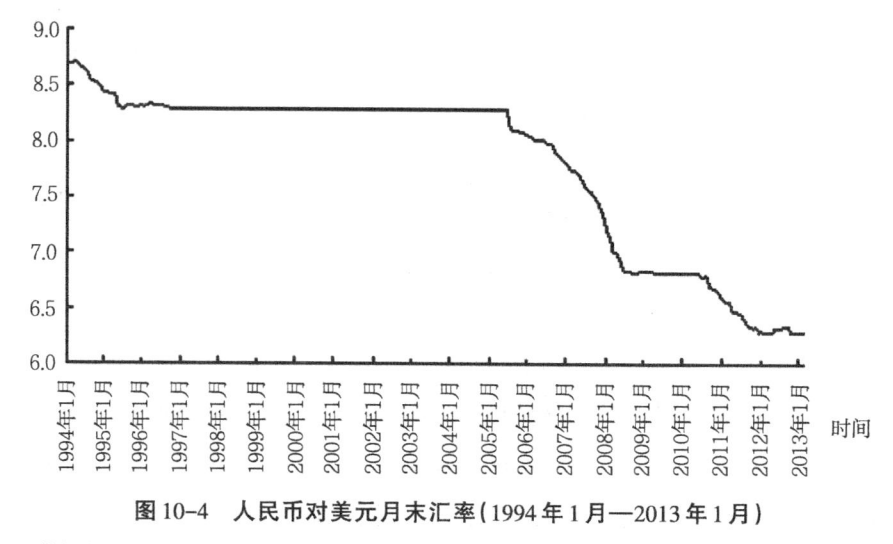

图10-4　人民币对美元月末汇率(1994年1月—2013年1月)

数据来源:CEIC数据库。

中国央行释放货币购买外汇实现汇率稳定目标的政策对中国货币市场造成了重大的扰动,或者说中国央行货币政策独立性受到了显著影响。货币供应量不是根据经济发展的需求而释放,而是根据经常项目等结汇需求而被动投放货币。截至2014年年底中国外汇储备余额为3.8万亿美元,中国央行为此投放了将近30万亿元人民币基础货币,通过货币乘数的作用将导致货币供应量爆炸式增长。按照中国人民银行《二〇〇八年第二季度中国货币政策执行报告》公布的货币乘数3.8来测算,央行购买外汇投放30万亿元基础货币直接形成的货币供应量为90万亿元以上。如此大量的货币供应量,导致中国货币超宽松的局面。图10-5是2014年主要G20国家的M2及M2/GDP。数据显示,2014年中国货币供应量占GDP比重已超过

190%,位居世界首位,而美国同期仅为65%左右,这从一个侧面反映"谁在放水"的庐山真面目。

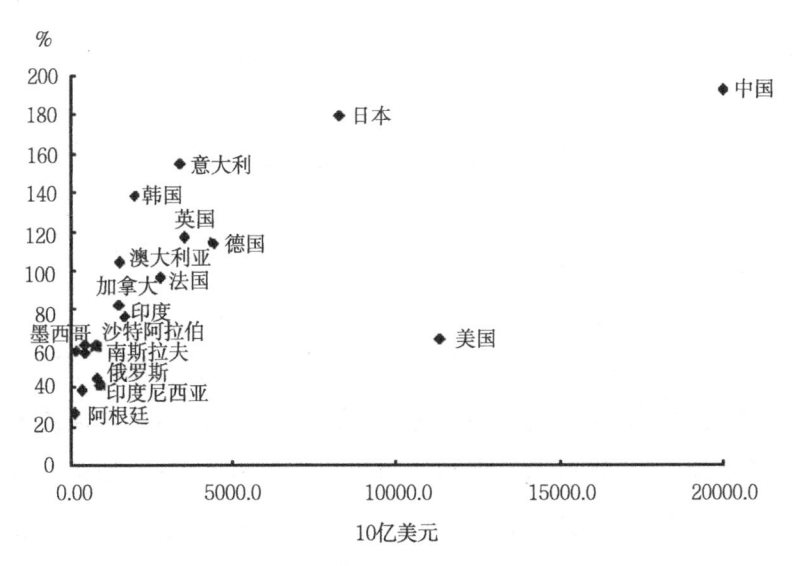

图10-5　2014年G20国家M2(10亿美元)及M2/GDP

资料来源:EIU Countrydata—各国宏观经济指标宝典数据库。

中国央行维持汇率相对稳定的目标促使中国被动投放大量货币,中国超宽松的货币供给助推投资大幅上升。表10-1显示2001—2012年以来投资对GDP拉动率年均超过5个百分点,投资成为中国经济近年来增长的主引擎。但大幅投资积累起来的是巨大的生产能力,由此不断强化中国制造、中国生产。然而,与此同时,居民收入占GDP比重却出现持续下降,制约着消费的扩大。一方面是投资高速增长滋生巨大产能,另一方面是居民收入低位徘徊制约消费需求增加,结果是大量的产能必须依靠外部市场消化,这就是中国需要倚重外需的主因。

由此可见,在开放宏观经济环境中,中国形成了产能过剩的恶性循环。即汇率稳定目标促使中国劳动生产率追赶释放竞争力优势而累积外部顺差,央行为维持汇率稳定被动发行货币购买顺差累积的外汇收入,货币超常规被动扩张助推投资高位运行,投资持续增长累积巨大产能,过剩产能需要保持汇率稳定以维持海外需求,汇率稳定反过来又促使中国劳动生产率追赶释放竞争力优势而累积外部顺差,央行为维持汇率稳定被动发行货币购买顺差累积的外汇收入……如此恶性循环,揭示了中国产能过剩问题为何没能解决的深层次原因,相关的宏观政策陷入了困境。

10.4 中国宏观经济应对欧美主权债务风险的战略选择

欧美债务负担高位运行制约宏观经济的改善,加剧了中国产能过剩问题。然而,中国产能过剩不仅源于外部需求疲软的冲击,更在于内部宏观政策失调引发恶性循环的结果,中国产能过剩难题的治理陷入了困境。然而,仔细理解中国相关宏观政策的逻辑,容易发现当前中国宏观政策的制定具有重要的前提,那就是中国缺乏内需特别是消费需求,如果能将中国的消费需求稳步提升,那么不仅有助于消化由于外需减弱而形成的过剩产能,而且将降低中国对外部市场的依赖。因而,扩大内需尤其是消费需求成为治理产能过剩的主导战略,十八大、十八届三中全会等也明确扩大内需的战略取向,如何落实消费需求主导的扩大内需战略成为产能过剩难题治理的关键。

首先,中国应理性评估债务风险,注重构建可持续的公共财政体制,避免重蹈覆辙。相比国外风险,国内的财政风险也受到社会各界的重视。2013年12月的中央经济工作会议提出要着力防控债务风险。要把控制和化解地方政府性债务风险作为经济工作的重要任务,把短期应对措施和长期制度建设结合起来,做好化解地方政府性债务风险各项工作。加强源头规范,把地方政府性债务分门别类纳入全口径预算管理,严格政府举债程序。明确责任落实,省区市政府要对本地区地方政府性债务负责任。强化教育和考核,从思想上纠正不正确的政绩导向。这不仅体现中国政府对政府债务风险的重视,同时也提出了应对这一风险的若干措施。目前中国遵循的是《马约》规定的赤字率3%、债务率60%的财经纪律标准。《马约》的具体参考值可以探讨,但这种约束财经纪律的方式却值得我国长期实行,因为当前陷入危机的国家都违背了《马约》的要求。同时,医疗保障、养老保险等社会保障是民生重要内容,未来将逐步发展为公共财政的主体内容,但人口老龄化、技术进步引发的医疗成本上升等因素都将造成社会保障支出刚性增长,须着重关注相关制度建设对公共财政可持续性的影响。

其次,稳外需与扩内需并举,稳步化解产能过剩。本次危机倒逼美国等发达经济体重视再工业化战略以推动出口增长,美国甚至推出TPP与TTIP谈判,这些都预示未来国际贸易竞争将更加剧烈。中国当前进出口贸易总额已经位居世界前列,未来开拓国际市场的边际提升空间不大,为此,当务之急是稳定现有市场,目前中国的外部市场大部分是基于WTO框架取得的,从而短期内中国应坚持WTO谈判,促进中国外部市场的稳定。另外,加强与周边协调合作,积极推进"一带一路"、亚洲或者东亚自贸区的建立,注重区域一体化对贸易增量的贡献。目前美洲有北美自由贸易区,而欧洲有欧盟经济一体化,但亚洲仍然没有自贸区。中国通过积极推动周边国家贸易自由化并最终实现亚洲或者东亚经济一体化,并在中长期内稳步推动"一带一路"战略的稳步推进,那么将有望在增量上提升国际贸易空间。

然而,当前发达国家经济减速成为新的常态,在外需难以回到金融危机之前高速发展的背景下,短期内中国产能过剩难题难以完全依靠外部来解决。为此,中国应着力扩大内需实现经济结构调整,稳步化解产能过剩。短期来看,投资在扩大内需中仍将扮演重要作用,可以通过结构性减税等举措促进投资以保持宏观经济稳定。长期来看消费将成为主导扩大内需的核心,稳步推进城镇化战略,通过社会保障制度建设、收入分配改革提振消费需求等举措亟待稳步推进。不管与发达国家比较,还是与发展中国家比较,中国的消费率仍然处于较低水平,消费需求具有较大的空间。尽管消费的增长与诸多因素相关,但最核心还取决于居民的可支配收入。因此,未来应加快社会保障制度改革,降低居民的不确定性预期。同时,尽快启动收入分配改革,特别是推行房产税等主导的收入分配税收二次调节机制,提高居民消费倾向,实现促进消费从而增大内需的目标。

第三,加快对外经济发展方式转变,促进产业由低附加值向高附加值延伸。要加快转变对外经济发展方式,推动开放朝着优化结构、拓展深度、提高效益方向转变。转变外贸增长方式要求促进中国产业升级换代,提升出口产品附加值,提高中国产业在全球分工中的地位,提升中国整合全球资源的能力和效率,以保障和促进经济结构调整和发展方式转变。上述目标的实现有赖于现代产业体系的构建,即以高科技含量、高附加值、低能耗、低污染、自主创新能力强的有机产业群为核心,以技术、人才、资本、信息等高效运转的产业辅助系统为支撑,构建具有核心竞争力的新型产业体系。

综合来看,创新不仅是当下中国实现产业升级的重要手段,也是促进经济长期可持续发展的必由之路。政府需要大力推进体制机制改革,破除制约创新发展的体制机制,通过进一步推进要素市场化改革增强企业创新意愿,加大力度实施知识产权保护予以鼓励创新。结合国际经验来看,标示一国综合技术创新能力的全要素生产率与人力资本存量存在正相关关系,而人均收入水平的高低与人才教育水平成正比,预示政府通过支持教育、健康等人力资本投资,将构成经济持续创新发展的持久动力。

第四,理性看待开放宏观调控架构的完善对于中国产能过剩治理的积极意义。当前中国的开放宏观政策具有滋生产能过剩的内在恶性循环机制。对此,我们需要总结过去十余年宏观调控实践经验与教训,对开放型市场经济下宏观调控政策的功能、目标与定位加以反思,针对转型期宏观失衡现象的深层体制根源进行调整改革,使短期总需求管理政策与长期结构性改革措施形成合理匹配与动态协调。结合治理产能过剩的宏观政策问题,当前尤其需要进一步完善开放宏观金融制度建设,理性权衡大国货币政策独立性与汇率制度的关系,适时适度继续推进汇率机制改革、资本账户可兑换改革,同时稳步推动利率市场化改革,促使内外价格机制反映市场均衡状况,最大限度降低要素扭曲,为产能过剩治理奠定良好的体制机制环境。

最后,积极推动国际经济规则调整,提升国际话语权。作为全球贸易大国,中国不仅在国际经济规则制定方面缺乏话语权,更遭遇外部经济体在贸易金融方面设置的各种障碍。传统的国际经济规则亟待适时调整(陈建奇,2015),中国应积极推动国际经济规则调整,这是开放大国维护自身利益的重要渠道。习近平总书记就任国家主席后就出席金砖国家峰会、上合组织峰会及APEC峰会等,体现了新的领导集体对开放经济治理秩序的关注,未来随着中国在金砖国家开发银行、上合组织开发银行、亚洲基础设施投资银行等合作中的作用加强(陈建奇,2015),有望稳步提升中国在国际治理平台的话语权。

另外,本次金融危机以来,中国国家领导人尤其重视G20峰会的作用,借此平台积极参与并持续推动全球经济治理创新,重要的表现是推动IMF、世界银行的改革,2010年G20韩国首尔峰会确定了相关的改革方案,重新确定会员国在基金组织和世界银行的决策权。时任IMF总裁卡恩称此次改革是60多年来国际货币基金组织历史上最重要的一次改革,尽管中国仍然不能主导该机构的运行,但上述改革彰显了中国在主要国际机构话语权的提升。未来中国应继续积极推动完善国际双边多边贸易规则、完善全球经济金融体系等国际经济治理,这不仅是深化开放改革的诉求,也是当前外经贸战略调整和深入发展的重要内容。

参考文献

ALPER E, 2011.Public Debt in Advanced Economies and Its Spillover Effects on Long-term Yields[R].International Monetary Fund.

ALTMAN O L, 1961.Professor Triffin on International Liquidity and the Role of the Fund[R].Staff Papers International Monetary Fund:151-191.

ANAND R, VAN WIJNBERGEN S.Inflation and the Financing of Government Expenditure:an Introductory Analysis with an Application to Turkey[J].The World Bank Economic Review, 1989, 3(1):17-38.

AUERBACH A J, GORODNICHENKO Y, 2012.Output Spillovers from Fiscal Policy[R].National Bureau of Economic Research working paper.

BAGLIANO F C, MORANA C, 2012.The Great Recession:US Dynamics and Spillovers to the World Economy[J].Journal of Banking & Finance, 36(1):1-13.

BEETSMA R, GIULIODORI M, KLAASSEN F, 2006.Trade Spillovers of Fiscal Policy in the European Union: a Panel Analysis[J].Economic policy, 21(48):639-687.

CBO, 2009. The Long-Term Budget Outlook[R]. Reports, 9(2):377-396.

CBO, 2005.TheLong-TermBudget Outlook[R].Reports, 9(2):360-387.

CLARK P B, POLAK J J, 2004.International Liquidity and the Role of the SDR in the International Monetary System[R].IMF Staff Papers:49-71.

COVA P, PISANI M, REBUCCI A, 2010.Macroeconomic Effects of China's Fiscal Stimulus[R].Inter-American Development Bank.

DICKEY D A, FULLER W A, 1979. Distribution of the Estimators for Autoregressive Time Series with a Unit Root[J].Journal of the American Statistical Association, 74(366):427-431.

DICKEY D A, FULLER W A, 1981.Likelihood Ratio Statistics for Autoregressive Time Series with a Unit Root[J].Econometrica, 49(4):1057-1072.

DUNNING J H, 1981.International Production and the Multinational Enter.Prise [M].London: Allen & Unwin.

DUNNING J H, CANTWELL J C, 1987.The IRM Directory of Statistics of International Investment and Production Statistics[M].Basingstoke: Macmillan.

DUNNING J H, LUNDAN S M, 2008.Multinational Enterprises and the Global Economy, Second Edition[M]. Massachusetts: Edward Elgar Publishing Limited.

FRANKEL J, 1991.On the Dollar[R].Working Paper.

FRIEDLAND R B, SUMMER L, 2005.Demography is not Destiny, Revisited[R]. Center on an Aging Society, Georgetown University.

GIULIODORI M, BEETSMA R, 2005.What are the Trade Spill-Overs from Fiscal Shocks in Europe?An Empirical Analysis[J].De Economist, 153(2):167-197.

GRANGER C W J, 1969.Investigating Causal Relations by Econometric Models and Cross-Spectral Models[J]. Econometrica, 37(3):424-438.

GRANGER C W J, 1986.Developments in the Study of Cointegrated Economic Variables[J].Oxford Bullentin of Economics and Statistics, 48(3):213-228.

GRANGER C W J, 1988.Some Recent Development in a Concept of Causality[J]. Journal of Econometrics, 39(1-2):199-211.

GRANGER C W J, WEISS A A, 1982.Time Series Analysis of Error-Correction Models[R].UCSD Discussion Paper no.82-28.

HAMILTON J D, 1994.Time Series Analysis[M].NewJersey:Princeton University Press.

HUME D, 1752.Political Discourses[M].Edinburgh: A Kincaid & A Donald.son.

IMF, 2007.World Economic Outlook:Globalization and Inequality[R].Imf Occasional Paper.

IMF, 2011.Consolidated Spillover Report—Implication from the Analysis of the

Systemic-5[R].IMF Policy Paper, working paper.

IMF, 2011.Japan:Spillover Report for the 2011 Article IV Consultation and Selected Issues[R].IMF Country Report 11/183.

IVANOVA A, WEBER S, 2011.Do Fiscal Spillovers Matter?[R].International Monetary Fund.

JAN IN'T VELD, 2013.Fiscal Consolidations and Spillovers in the Euro area Periphery and Core, Economic Papers working paper.

JOHANSEN S, 1988.Statistical Analysis of Cointegration Vectors[J].Journal of Economic Dynamics and Control, 12(3):231-254.

JOHANSEN S, 1991.Estimation and Hypothesis Testing of Cointegration Vectors in Gaussian Vector Autoregressive Models[J].Econometrics, 59(6):1551-1580.

KENEN P B, 1960.International Liquidity and the Balance of Payments of a Reserve-Currency Country[J].The Quarterly Journal of Economics, 74(4):572-586.

KOOPMAN R, POEERS W, Wang Z, Wei S J, 2010.Give Credit Where Credit is Due: Tracing Value Added in Global Production Chains[R].NBER Working Paper.

LORENZ E N, 1972.Does the Flap of a Butterfly's Wings in Brazil Set off a Tornado in Texas?[R].American Association for the Advancement of Science, Global Atmospheric Research Program, 139th Meeting of the American Association for the Advancement of Science.

MARK A.An Empirical Study of Fiscal Policy Spillovers and Fiscal Policy Coordination [EB/OL]. (2012-05-04) [2016-10-10], http://business.pages.tcnj.edu/files/2013/07/Mark-Azic-2012.pdf.

MEADE J E, 1955.The Theory of International Economic Policy[M].London: Oxford University Press.

MILLS T C, 1999.The Econometric Modelling of Financial Time Series[M].Cambridge: Cambridge University Press.

NELSON C R, PLOSSER C I, 1982.Trends and Random Walks in Macroeconomic

Time Series[J].Journal of Monetary Economics, 10(2):139-162.

PESARAN M H, SCHUERMANN T, WEINER S M, 2004.Modeling Regional Interdependencies Using a Global Error-correcting Macro econometric Mode[J]. Journal of Business & Economic Statistics, 22(2):129-162.

PHILLIPS P C B, PERRON P, 1988.Testing for a Unit Root in Time Series Regression[J].Biometrika, 75(2):335-346.

REINHART C M, KEMMETH R, 2002.The Modem History of Exchange Rate Arrangements:A Reinterpretation[R].NBER Working Paper 8963.

REINHART C M, ROGOFF K S, 2009.The Challenge of Implementing:This Time is Different[M].NewJersey:Princeton Universiy Press.

ROBERT B, FRIEDLAND L S, 2005.Demography Is Not Destiny, Revisited, Center on an Aging Society[R].Georgetown University.

SOLOMON R, 1977.The International Monetary System 1945-76[M].New York: Harper and Row.

STANDARD & POOR. "AAA/A-1+" Rating On United States of America Affirmed, Outlook Revised To Negative [EB/OL]. (2011-04-18)[2012-04-10], http://www.standardandpoors.com/ratings/articles/en/ap/?assetID= 1245302886884.

STANDARD & POOR.United States of America Long-Term Rating Low.ered To "AA+" On Political Risks And Rising Debt Burden;Outlook Negative [EB/OL]. (2011-08-5)[2012-04-10], http://www.standardandpoors.com/.

STIGLITZ J E, 2002.Global Greenbacks[J].Economic Times(22).

THAKUR S, 1994.The "Hard" SDR:An exploratory analysis[J].Staff Papers International Monetary Fund, 41(3):460-487.

TRIFFIN R, 1960.Gold and the Dollar Crisis:the Future of Convertibility[M].New Haven:Yale University Press.

UNCTAD, 2001.World Investment Report 2001:Promoting Linkages[R].New York and Geneva.

UNCTAD,2006.World Investment Report 2006:FDI from Developing and Transition Economies-implications for Development[R].New York and Geneva.

USGAO.Debt Ceiling:Analysis of Actions Taken during the 2003 Debt Issuance Suspension Period[EB/OL].(2004-05-20)[2016-10-10],http://www.gao.gov/products/GAO-04-526.

巴曙松,唐红,华中炜,2013.外商直接投资留置利润估算及利润汇回对国际收支的影响[J].经济纵横(8):21-26.

曹永福,2006.格兰杰因果性检验评述[J].数量经济技术经济研究(1):155-160.

陈建奇,2010.美国赤字政策演化路径及债务货币化风险研究[J].世界经济(5):27-50.

陈建奇,2011.霸权的危机——美国巨额财赤与债务风险研究[M].北京:中国社会科学出版社.

陈建奇,2011.后危机时代美国财政可持续性研究[J].世界经济研究(3):75-80,89.

陈建奇,2012b.美国量化宽松政策对我国经济的影响[J].党课参考(11):26-49.

陈建奇,2012a.欧债危机为何难以企稳?——制度设计缺陷的经验证据及前景推测[J].国际贸易(4):30-37.

陈建奇,2012c.世界经济形势变化及我国的应变之策[J].党课参考(8):34-53.

陈建奇,2013.G20主要经济体宏观经济政策溢出效应研究[J].世界经济研究(8):3-8,15,87.

陈建奇,2014a.发达经济体财政政策空间研究[J].世界经济研究(1):22-28,87-88.

陈建奇,2014b.金融全球化与中国金融开放战略调整[J].理论视野(10):66-69.

陈建奇,张原,2014.中国金融开放改革如何提速[J].中国党政干部论坛(11):56-59.

陈建奇,张原,2015.中国在国际经济秩序中的定位及战略选择[J].国际贸易(1):30-35.

陈建奇.警惕世界经济战"常态化"[N].学习时报,2015-01-26(002).

陈建奇.理性看待"亚投行现象"[N].学习时报,2015-03-30(002).

费尔德斯坦.希腊违约只是时间问题[EB/OL].英国金融时报,(2011-06-24)[2016-10-10],http://www.ftchinese.com/story/001039257.

李荣谦,2006.国际货币与金融(第三版)[M].北京:中国人民大学出版社.

梁琳,黄蕊,2013.美国量化宽松政策对中国通货膨胀的溢出效应[J].税务与经济(6):37-40.

刘璐,武月,2014.欧债危机对保险业的影响研究[J].宏观经济研究(1):135-143.

陆蓉,2003.资本市场的货币政策效应[M].上海:上海财经大学出版社.

罗伯特·斯基德尔斯基,2003.凯恩斯传[M].上海:上海三联书店.

欧阳雪艳,杨晓光,李应求,2014.欧元区国家金融市场的风险溢出效应研究[J].经济数学(6):94-101.

钱争鸣,郭鹏辉,李智,2006.宏观主要经济变量对物价影响的动态分析[J].厦门大学学报(哲学社会科学版)(1):95-102.

施建淮,2009.现行国际货币体系的问题与改革[R].北京大学CCER中国经济观察.

展礼香,2012.欧洲主权债务危机的溢出效应及其对中国经济的影响[D].北京:中国海洋大学硕士论文(6).

张明,徐以升,2008.全口径测算中国当前的热钱规模[J].当代亚太(4):126-142.

张延群,2012.全球向量自回归模型的理论、方法及其应用[J].数量经济技术经济研究(4):136-149.

张原,陈建奇,2013.中国经济增长与货币供应如何实现均衡[J].党课参考(9):44-61.

周劲,2011.产能过剩的内涵、评价及表现特征[J].中国投资(9):61-66.

周其仁.产能过剩的原因[N].经济观察报,2005-12-11(040).

周小川,2009.关于改革国际货币体系的思考[J].中国金融(7):8-9.

周新民,1992.国际货币体系论[M].武汉:武汉大学出版社